해설된
표준
일본어교본
1

朴 成媛 著 / 元 英浩 註解

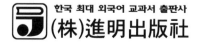

한국 최대 외국어 교과서 출판사

(株)進明出版社

책머리에

외국어 학습의 기본적인 태도는 항상 예습과 복습을 철저히 하는 일입니다. 이러한 뜻에서 著者는, 현재 日本語 學習 教材로 전국에서 널리 쓰이고 있는 「標準 日本語教本(朴成媛 著)」의 내용을 보다 상세히 解説함으로써, 日本語 강의를 직접 듣는 분들의 예습과 복습은 물론, 日本語를 혼자 공부하고자 하는 분이나 강의를 들을 충분한 시간적 여유가 없는 분들의 자습에 도움을 주기 위하여 이 自習書를 엮어내게 된 것입니다.

따라서, 이 책 한 권으로 충분히 日本語를 공부할 수 있도록 다음과 같이 유의하여 엮었읍니다.

1. 전체적인 내용의 구성은 〈교본의 본문〉〈한자 읽기〉〈본문 번역〉〈낱말 풀이〉〈한자 풀이〉〈본문 해설〉〈연습 문제·해답〉편 순으로 분류·설명하였다.
2. 〈본문 해설〉은 基本文型에 역점을 두어 설명하였으며, 학습 효과를 높이기 위하여 例文을 풍부히 실었다.
3. 〈한자 읽기〉는 教本에 씌어 있지 않은 漢字라도 대체로 日常生活에서 사용하는 것은 모두 열거해 놓았다.
4. 〈낱말 풀이〉는 새로 나온 낱말에 품사의 표시와 함께 간단하게 풀이를 붙였다.
5. 〈한자 풀이〉는 한자의 훈독과 음독을 달고 그 풀이를 간단하게 붙였다.
6. 본문 해설 중 참고 사항이나 구체적인 설명을 요하는 사항은 주 및 각주로 다루었다.

이상과 같이, 이 책은 教本을 根幹으로 하여 이에 자세한 해설을 덧붙였으므로, 여러분들이 日本語의 기초를 익히는 데 좋은 지침서가 되리라 믿어 마지않습니다.

1986년 10월

註解者 씀

目　　次

第一章　日本語란 어떠한 것인가

1. 現代의 日本語

(1) 口語와 文語

우리가 여기에서 취급하려고 하는 것은 現代의 日本에서 使用되는 言語이다. 日本에서는 現代語라는 뜻으로 「口語」라는 말을 使用하는데, 「口語」라고 하면, 音声으로써 日常談話에 쓰이는 말만을 뜻하기도 하나, 그보다도 日常談話時에 使用되는 말투로 된 文章도 함께 포함시켜서 말하는 것이 보통이다. 그러니까 即, 우리가 지금부터 배우는 것이 「口語」인 것이다.

예전부터 伝해온 文章体의 말을 「文語」라고 하는데, 이것은 現代語의 文法과는 다르다. 이 「文語文」은 最近까지 法令이나 公用文 等에 使用되었으나, 이제는 使用되지 않게 되고, 다만 日本古有의 形式을 지닌 詩歌 等에서 使用되는 정도이다.

(2) 方言과 標準語

「口語」는 現代의 談話体이므로 各 地域에 따라, 또는 職業이나 男女·老少에 따라 特色있는 말이 쓰이게 된다. 日本語의 方言은 한국의 方言보다 더 甚하다고 할 수 있다. 그러나 全国 어디서든지, 또 어느 社会層에서든지, 共通으로 使用되는 말로서 標準語가 보편화되어 있으며, 日本語를 대표하는 것으로 생각되는 말이 標準語로 간주되고 있다.

2. 日本語의 特質

(1) 音　韻

① 日本語의 音韻組織은 간단하여, 一母音의 音節 以外는 대개 「一子音 플러스 一母音」으로 되어 있다. 이것이 우리말하고 比較하여 현저하게 다른 점이다. 우리말은 子音을 받침으로 하여 子音으로 끝날 수 있으나, 日本語에서는 子音은 母音 앞에 붙어서만 発音된다. 撥音의 「ん」만이 例外로서, 말의 끝에 올 수 있으며, 促音의 「つ」가 끝에 오는 일이, 놀랐을 때에 나오는 외마디 소리에 있을 뿐이다.

② 日本語의 「액센트」는 高低액센트이다(英語는 強弱액센트). 그러나 日本語 액센트는 英語처럼 뚜렷하지 않고, 地方에 따라서 다르므로, 액센트가 틀려서 理解가 되지 않는다든가 하는 일은 별로 없다. 따라서, 처음 배우는 사람으로서는 「액센트」에 그다지 신경을 쓰지 않아도 된다. 전체적으로 日本語의 소리는 母音이 많고, 입술의 움직임이나 숨소리내기도 強하지 않으며, 또 音節의 数도 적으므로 単調롭고 명료하다.

(2) 語 彙

① 日本語의 語彙에는 순수한 日本 古来의 말 以外에 여러 外国에서 들어와서 日本語化해 버린 것이 많다. 그 中에는 外来語라는 意識이 없어져 버린 것도 많이 있다. 特히 中国으로부터 들어온 漢語와, 漢語로 된 仏教語 等은 外来語라는 意識이 아주 희박하게 되어 있고, 그 外 우리말에서 건너간 것도 많이 있을 것이나, 너무 오래 前의 일이어서 일일이 찾아내기 어렵게 되어 있다. 또 漢字로 된 말에는 日本人이 漢字를 利用해서 만든 말도 많이 있다.

英語·独逸語·仏語 등 여러 西洋語로부터 들어온 말들은, 들어온 時期가 그다지 오래지 않으므로 外来語라는 意識이 뚜렷하며, 表記할 때에는 「かたかな」로 한다 (ラジオ, デパート, タクシー).

② 어떤 소리나 모양을 흉내내서 만들어진 말, 即 擬声語(ガタガタ, サラサラ 等), 擬態語(キラキラ, ニコニコ 等)가 많고 그것을 語源으로 하는 말들이 많이 있다.

(3) 文 法

日本語도 우리말과 마찬가지로 우랄알타이 語族의 膠着語(교착어)의 性質을 가지고 있으며, 用言의 語尾가 변화한다. 그 밖에 性이나 単·複数의 区別이 없고, 冠詞가 없는 점, 또 敬語法의 発達 等, 우리 말과 흡사한 점이 많다.

(4) 文 字

日本에서 現在 使用되고 있는 글자는 「ひらがな」 「かたかな」의 두 가지 日本글자와, 漢字인데, 이 글자에 関해서는 第二章에서 자세히 설명하기로 한다.

第二章　日本語의 글자와 発音

1. 글　자

日本語에서는 앞에서 말한 바와 같이, 漢字와 「ひらがな(hiragana)」와 「かたかな(katakana)」가 아울러 使用된다. 이 두 가지가 다 漢字로부터 만들어진 것으로서 音節을 単位로 하는 表音文字이다.

「ひらがな」는 漢字의 草書体에서 만들어졌으며, 印刷·筆記를 막론하고 모든 경우에 使用되며, 「かたかな」는 外国語, 擬声語·擬態語의 記写, 動·植物의 이름 等의 경우와 電報文 等에 쓰인다. 또 어떠한 語感을 두드러지게 나타내고 싶을 때에도 쓰인다. 前에는 児童用 책은 「かたかな」로 썼으나, 지금은 어린아이들에게도 처음부터 「ひらがな」를 가르친다.

「ひらがな」와 「かたかな」를 통틀어서 「かな」라고 하며, 「かな」를 一定한 順序로 五字씩 十行으로 配列한 것을 五十音図라고 한다. 五十音図에서 가로의 줄을 「行」이라고 하고, 세로의 줄을 「段」이라고 하는데, 같은 子音의 것이 같은 行에 있고, 같은 母音의 것이 같은 段에 있다.

　　五十音図에는 日本語의 基本이 되는 音節이 나와 있는데, 거기에 濁音・半濁音・拗音을 添加하여, 그 発音을 로마字로 記写하면 다음과 같다.

あ	い	う	え	お		ら	り	る	れ	ろ
a	i	u	e	o		ra	ri	ru	re	ro
か	き	く	け	こ		わ	(ゐ)	(う)	(ゑ)	(を)
ka	ki	ku	ke	ko		wa	(i)	(u)	(e)	o (wo)
さ	し	す	せ	そ		が	ぎ	ぐ	げ	ご
sa	si (shi)	su	se	so		ga	gi	gu	ge	go
た	ち	つ	て	と		ざ	じ	ず	ぜ	ぞ
ta	ti (chi)	tu (tsu)	te	to		za	zi (ji)	zu	ze	zo
な	に	ぬ	ね	の		だ	(ぢ)	(づ)	で	ど
na	ni	nu	ne	no		da	zi (ji)	zu	de	do
は	ひ	ふ	へ	ほ		ば	び	ぶ	べ	ぼ
ha	hi	hu (fu)	he	ho		ba	bi	bu	be	bo
ま	み	む	め	も		ぱ	ぴ	ぷ	ぺ	ぽ
ma	mi	mu	me	mo		pa	pi	pu	pe	po
や	(い)	ゆ	(え)	よ		ん				
ya	(i)	yu	(e)	yo		n				

きゃ	きゅ	きょ		ひゃ	ひゅ	ひょ		じゃ	じゅ	じょ
kya	kyu	kyo		hya	hyu	hyo		zya (ja)	zyu (ju)	zyo (jo)
しゃ	しゅ	しょ		みゃ	みゅ	みょ		ぢゃ	ぢゅ	ぢょ
sya (sha)	syu (shu)	syo (sho)		mya	myu	myo		zya (ja)	zyu (ju)	zyo (jo)
ちゃ	ちゅ	ちょ		りゃ	りゅ	りょ		びゃ	びゅ	びょ
tya (cha)	tyu (chu)	tyo (cho)		rya	ryu	ryo		bya	byu	byo
にゃ	にゅ	にょ		ぎゃ	ぎゅ	ぎょ		ぴゃ	ぴゅ	ぴょ
nya	nyu	nyo		gya	gyu	gyo		pya	pyu	pyo

日本語를 로마字로 表記하는 데는 標準式과 訓令式의 두 가지가 있는데, 괄호 안에 있는 것이 標準式이며, 이것이 実際 発音에 가깝다.

이 中「や」行의「い·え」는「あ」行의「い·え」와 같은 것이며,「わ」行의「う」도「あ」行의「う」와 같다. 또「わ」行의「ゐ·ゑ」의 発音은「あ」行의「い·え」와 같으므로 発音을 위주로 하는「現代式 철자법」에서는 使用되지 않는다.

「わ」行의「を」는「あ」行의「お」와 같은 発音이지만, 助詞의 경우에 使用되고,「だ」行의「ぢ·づ」도「ざ」行의「じ·ず」와 発音은 같으나 따로 使用된다.

2. 各 音節의 発音과 表記法

(1) **清音** (せいおん) (清音이라 함은 日本語에서 말하는 이름이다)

① **母音** (ぼいん·ぼおん)

「あ·い·う·え·お」의 다섯 개인데, 発音은 우리말의「아·이·우·에·오」와 같다.

　あさ〔asa〕아침.　　　　いま〔ima〕지금.　　　　うし〔ushi〕소.

　えり〔eri〕깃.　　　　おか〔oka〕언덕.

② **半母音** (はんぼいん)

1. 「や·ゆ·よ」…우리말의「야·유·요」와 같이 発音한다.

　やま〔yama〕산.　　　　ゆび〔yubi〕손가락.　　　　よこ〔yoko〕가로.

2. 「わ」…우리말의「와」와 같이 発音한다.

　わるい〔warui〕나쁘다.

「わ」行의「ゐ·ゑ·を」는「あ」行의「い·え·お」와 発音이 같게 되어 버렸으므로 〔w〕의 半母音은「わ」하나뿐이다.

③ **子音** (しおん·しいん)

日本語에서는 子音은 独立되어 쓰이지 않고, 언제나 母音의 앞에 있어서 母音과 合하여 소리가 난다. (撥音·促音은 例外)

1. か行

「か·き·く·け·こ」…「か」行의 音은 우리말의「ㄱ」과 英語의 〔k〕의 中間音이라고 할 수 있다. 우리말의「ㄱ」音은 다른 말의 뒤에 올 때에 〔g〕로 되는 때가 있지만, 日本語의 か行音은 그렇지 않고 언제나 〔k〕音과 비슷하다고 생각하여 発音하여야 한다. 그러니까 우리말과 비교하면, 이 音은 말의 처음에 올 때에는「ㄱ」音과 같으나 뒤에 올 때에는「ㄲ」音처럼 된다.

　かお〔kao〕얼굴.　　　　きく〔kiku〕국화.　　　　くち〔kuchi〕입.

　けしき〔keshiki〕경치.　　　こころ〔kokoro〕마음.

○**参考** 다음의 말을 읽어 보면 우리말의 경우와 비교할 수 있다.

　家屋(가옥) かおく〔kaoku〕, 農家(농가) のうか〔nôka〕, 大家(대가) たいか〔taika〕.

2. さ行

「さ・し・す・せ・そ」…「さ」行의 音은 우리말의 「ㅅ」과 같다. 「す」는 「스」와 같이 発音되며, 때로는 母音〔u〕가 無声化하여〔s〕만 発音되기도 한다.

　　さしみ〔sashimi〕생선회.　　かさ〔kasa〕우산.　　　　すし〔sushi〕초밥.
　　しま〔shima〕섬.　　　　　いす〔isu〕의자.　　　　　あせ〔ase〕땀.
　　そら〔sora〕하늘.

3. た行

「た・て・と」…우리말의 「ㄷ」과 英語의〔t〕音의 中間音이라고 할 수 있다. 우리말의 「ㄷ」은 다른 말의 뒤에 올 때에〔d〕로 변하지만, 이것은 언제나〔t〕音과 비슷하다고 생각하여 発音하는 것이 좋다.

　　たね〔tane〕씨앗.　　　　　かた〔kata〕어깨.　　　　こて〔kote〕인두.
　　てら〔tera〕절(寺).　　　　せいと〔seito〕생도.　　　とり〔tori〕새.
　　「ち」…ちから〔chikara〕힘.　ちちおや〔chichioya〕부친.　くち〔kuchi〕입.
　　「つ」…つき〔tsuki〕달.　　　くつ〔kutsu〕구두.　　　なつ〔natsu〕여름.

　이「ち」와「つ」音은 우리말에는 해당되는 発音이 없다. 特히「つ」는 우리 발음에 없는 것이기 때문에 연습하여 잘 발음해야 한다. 잘못하면「쓰」나「쯔」가 되기 쉽다.

4. な行

「な・に・ぬ・ね・の」…우리말의 「나・니・누・네・노」와 같다.

　　なまえ〔namae〕이름.　　くに〔kuni〕나라.　　　いぬ〔inu〕개.
　　むね〔mune〕가슴.　　　のはら〔nohara〕들판.

5. は行

「は・ひ・ふ・へ・ほ」

　이 中「は・へ・ほ」는 우리말의 「하・헤・호」와 같고, 「ひ」와「ふ」는 우리말의 「히」「후」보다 세게 発音되기도 한다. 이「は」行의 音은 대개 말의 처음에 온다.

　　はた〔hata〕깃발.　　　　ひと〔hito〕사람.　　　ふたつ〔hutatsu〕둘.
　　へや〔heya〕방.　　　　　ほし〔hoshi〕별.　　　ははおや〔hahaoya〕모친.

6. ま行

「ま・み・む・め・も」…우리말의 「마・미・무・메・모」와 같다.

　　まめ〔mame〕콩.　　　　みち〔michi〕길.　　　むし〔mushi〕벌레.
　　こめ〔kome〕쌀.　　　　もち〔mochi〕떡.

7. ら行

「ら・り・る・れ・ろ」…우리말의 「라・리・루・레・로」와 같다.

　　むら〔mura〕마을.　　　はり〔hari〕바늘.　　　さる〔saru〕원숭이.
　　これ〔kore〕이것.　　　しろい〔shiroi〕희다.

　이 音은 순수한 日語에서는 말의 처음에 오지 않는다.

(2) 濁音 (だくおん)

1. が行

「が・ぎ・ぐ・げ・ご」…이것은 清音「か」行에 對応하는 濁音으로서, 英語의 〔g〕音같이 發音하며, 東京地方에서는 다른 말의 밑에서는 「ŋ」으로 發音되기도 한다.

がく〔gaku〕 액자.　　　　　グラム〔guramu〕 그램.　　　げた〔geta〕 나막신.

ごみ〔gomi〕 먼지.　　　　　かぎ〔kaŋi〕 열쇠.　　　かがみ〔kaŋami〕 거울.

あご〔aŋo〕 턱.　　　　　すぐ〔suŋu〕 곧.　　　ひげ〔hiŋe〕 수염.

2. ざ行

「ざ・じ・ず・ぜ・ぞ」…우리말의 「자」行하고 비슷하지만 똑같다고는 할 수 없다.

ざる〔zaru〕 소쿠리.　　　　にじ〔niji〕 무지개.　　　すずめ〔suzume〕 참새.

かぜ〔kaze〕 바람.　　　　　なぞ〔nazo〕 수수께끼.　　　ぞう〔zô〕 코끼리.

3. だ行

「だ」行 中에서 「ぢ」와 「づ」는 「ざ」行의 「じ・ず」와 發音이 같다.

「だ・で・ど」…清音「た・て・と」에 対応하는 濁音으로서, 英語의 〔d〕音과 같다.

だれ〔dare〕 누구.　　　　　そで〔sode〕 소매.　　　まど〔mado〕 窓.

でんしゃ〔denshya〕 電車.　　どろ〔doro〕 진흙.

4. ば行

「ば・び・ぶ・べ・ぼ」…우리말의 「ㅂ」音이라기보다 英語의 〔b〕音이라고 할 수 있다.

ばか〔baka〕 바보.　　　　　くび〔kubi〕 목.　　　ぶた〔buta〕 돼지.

かべ〔kabe〕 벽.　　　　　つぼみ〔tsubomi〕 꽃봉오리.

(3) 半濁音 (はんだくおん)

「ぱ・ぴ・ぷ・ぺ・ぽ」…이 行의 말은 대개 外来語이며, 英語의 〔p〕音보다 약간 弱하게 發音한다.

パラソル〔parasoru〕 파라솔.　　　　ピアノ〔piano〕 피아노.

プロペラ〔puropera〕 프로펠러.　　　ポプラ〔popura〕 포플러.

(4) 拗音 (ようおん)

各 子音의 「い」段에 半母音 「や・ゆ・よ」를 작은 글자로 써서 나타낸다.

きゃく〔kyaku〕 (客) 손님.　ぎゃく〔gyaku〕 거꾸로.　　かいしゃ〔kaisha〕 会社.

じゃま〔jama〕 妨害.　　おちゃ〔ocha〕 茶.　　ひゃく〔hyaku〕 百.

みゃく〔myaku〕 脈.　　りゃく〔ryaku〕 略.　　きゅうじゅう〔kyûjû〕 九十.

ぎゅうにゅう〔gyûnyû〕 牛乳.　しゅみ〔shumi〕 趣味.　しゅじゅつ〔shujutsu〕 手術.

ちゅうしゃ〔chûsha〕 注射.　りゅうこう〔ryûkô〕 流行.　きょり〔kyori〕 距離.

きんぎょ〔kingyo〕 금붕어.　しょさい〔shosai〕 書斎.　じょせい〔josei〕 女性.

にょらい〔nyorai〕 如来.　　　　ひょうし〔hyôshi〕 表紙.

チョコレート〔chokorêto〕 초콜렛.　　びょうき〔byôki〕 (病気) 病.

(5) 撥音 (はつおん・はねるおん)

撥音「ん」을 다른 글자 밑에 써서 받침으로 쓰는데, 우리말의 받침과는 달리, 하나의 音節의 길이를 갖는다. 그 発音은 다음에 오는 音을 따라서 〔m〕〔n〕〔ŋ〕〔N〕으로 변한다. 우리말에서는 위의 받침이 아래의 音을 변화시키는데(例 : 안양→아냥, 친우→치누), 日語에서는 反対로 아래의 소리가 위의 音을 변화시킨다. 이것은 어렵게 생각되기 쉬우나, 다음 소리를 내기에 편하게 자연스럽게 되는 것이므로, 그 요령만 알게 되면 곧 익숙해질 수 있다.

로마字로 쓸 때에는 언제나 그냥 〔n〕으로만 쓰는데, ほんや〔hon'ya〕와 같이 表示하기도 한다.

1. 〔m〕이 되는 경우…「ま・ば・ぱ」行의 앞에 있을 때
　ぶんめい〔bummei〕 文明.　　こんぶ〔kombu〕 다시마.　　さんぽ〔sampo〕 散歩.

2. 〔n〕이 되는 경우…「な・た・だ・ざ・ら」行의 앞에 있을 때
　おんな〔onna〕 여자.　　えんとつ〔entotsu〕 굴뚝.　　うんどう〔undô〕 운동.

3. 〔ŋ〕이 되는 경우…「か・が」行의 앞에 있을 때
　けんか〔keŋka〕 싸움.　　さんがい〔saŋŋai〕 三층.

4. 위 세 가지 것과 다르게 되는 경우가 또 하나 있는데 이것을 〔N〕으로 나타내며, 母音이나 半母音, 「さ・は」行의 앞에 있을 때, 그리고 「ん」으로 끝마칠 때의 音이다.
　まんいん〔maNiN〕 満員.　　でんわ〔deNwa〕 電話.　　ほんや〔hoNya〕 책방.
　しんゆう〔shiNyû〕 親友.　　せんそう〔seNsô〕 戦争.
　まんねんひつ〔manneNhitsu〕 만년필.

(6) 促音 (そくおん)

「つ」字를 다른 글자 밑에 써서 받침으로 使用하는데, 이것도 다음에 오는 音에 따라 그 소리가 변한다. 即, 다음에 오는 子音과 같은 子音이 되며, 音節 하나의 길이를 갖는다. 그리고 「か・さ・た・ぱ」行의 위에만 오며, 다음의 세 가지로 구분된다.

1. 〔k〕音…「か」行의 앞에 올 때. 우리말의 「ㄱ」받침과 같다.
　いっかい〔ikkai〕 一층.　　　　　　みっか〔mikka〕 3 일.

2. 〔s〕혹은 〔t〕音…「さ・た」行의 앞에 올 때. 우리말의 「ㅅ」혹은 「ㄷ」받침과 같다.
　まっすぐ〔massugu〕 똑바로.　　　　いっとう〔ittô〕 일등.

3. 〔p〕音…「ぱ」行의 앞에 올 때. 우리말의 「ㅂ」받침과 같다.
　いっぱい〔ippai〕 가득.　　　　　　きっぷ〔kippu〕 표.

(7) 長音 (ちょうおん)

長音을 나타내려면 「あ」段의 音 밑에는 「あ」, 「い」段에는 「い」, 「う」段에는 「う」, 「え」段에는 「え」, 「お」段에는 「う」(特히 「お」를 쓰는 경우도 있음)를 각각 그 音 뒤에 써서 길게 発音하도록 한다. 音이 길고 짧은 데 따라서 뜻이 달라지므로, 특히 주의해야 한다.

おばさん〔obassan〕 아주머니.　　　おばあさん〔obâsan〕 할머니.

おじさん〔ojisan〕 아저씨.　　　おじいさん〔ojiisan〕 할아버지.

くつ〔kutsu〕 구두.　　　くつう〔kutsû〕 고통.

ここ〔koko〕 여기.　　　こうこう〔kôkô〕 효도.

로마字로 쓸 때에는 母音 위에〔^〕 또는 〔-〕를 쓰며, 〔i〕의 長音은 〔ii〕와 같이 둘을 連書한다.

3. 外来語

外来語는 「かたかな」로 쓴다. 中国에서 건너온 漢語는 이미 外来語로서의 意識이 사라져 버렸으며, 그 밖에 西洋語 中에도 同化되어 버려서 「ひらがな」로 쓰는 것들이 있다.

(1) 長音을 「ー」로 나타낸다.

　カーテン〔kâten〕 curtain.　　　ボール〔bôru〕 ball.

(2) 〔f〕의 音은 「ファ・フィ・フ・フェ・フォ」로 쓴다.

　ファースト〔fâsuto〕 first.　　フィルム〔firumu〕 film.　　フランス〔furansu〕 France.

　フェアプレー〔feaprê〕 fairplay.　　　フォーム〔fômu〕 form.

(3) 〔v〕의 音은 「バ・ビ・ブ・ベ・ボ」로 쓴다. 그러나 「ヴァ」「ヴィ」「ヴ」「ヴェ」「ヴォ」로 쓰기도 한다.

　バイオリン〔baiorin〕 violin.　ビタミン〔bitamin〕 vitamin　ベール〔bêru〕 veil.

　ボルト〔boruto〕 volt.　　　ヴォキャブラリー〔vokyaburari〕 vocabulary.

(4) 〔ti〕〔di〕는 「ティ」「ディ」, 〔tw〕는 「ツ」, 〔t〕는 「ツ」 또는 「ト」로 쓴다.

　ティー〔tii〕 tea.　　　ディナー〔dinâ〕 dinner.　　　ツー〔tsû〕 two.

　ツリー〔tsurii〕 tree.　　　トライ〔torai〕 try.

○かたかな練習

(1) ワシントン。シカゴ。テキサス。ニューヨーク。カリフォルニア。シドニー。フィラデルフィア。ベルリン。ロンドン。パリ。ベトナム。ハリウッド。ロサンジェルス。スウェーデン。ヨーロッパ。ウルグァイ。

(2) エリザベス。マーガレット。ションソン。ケネディ。ロバート。シェークスピア。ヘミングウェイ。

(3) フットボール。ボクシング。レスリング。マラソン。スケート。ボート。キャムピング。トレーニング。

(4) レストラン。ディナー。ビーフステーキ。ポークカツレツ。エッグフライ。アップルパイ。

(5) クリスマス・ツリー。プレゼント。サンタクロス。イエス・キリスト。

(6) ファッション。ツーピース。カクテルドレス。タキシード。ハンド・バッグ。スプリング・コート。

4. 漢 字

日本語에서는 漢字를 使用하는 데 있어서 音読과 訓読의 두 가지 方法을 使用하며, 같은 字에도 音이나 訓이 한 가지 以上인 경우가 많다.

(1) 音読(おんどく・おんよみ) 漢字를 中国의 音을 따라서 읽는 것.

国民(こくみん)　　　　　白紙(はくし)　　　　　　頭髪(とうはつ)

乗馬(じょうば)　　　　　山川(さんせん)

(2) 訓読(くんどく・くんよみ) 漢字의 뜻을 새겨서 읽는 것.

国(くに)　　　　民(たみ)　　　　白(しろ)　　　　紙(かみ)　　　　頭(あたま)

髪(かみ)　　　　乗(のる)　　　　馬(うま)　　　　山(やま)　　　　川(かわ)

＊日本에서 만든 漢字도 있다.

峠(とうげ)　　　　俥(くるま)　　　　凪(なぎ)　　　　辻(つじ)

現在, 日本에서는 常用漢字라고 하여 日常 使用하는 漢字를 一九四五字로 制限하고, 그 外의 글자는 될 수 있는 대로 쓰지 않기로 하고 있다. 또, 그 中에서 特히 九九六字를 学習漢字라고 하여 義務教育期間에 지도하는 漢字로 定하고 있다. 이와 같이 글자의 수효를 制限함과 同時에, 그 읽기도 制限함으로써 복잡한 읽기는 안하도록 하여 常用漢字音訓表에 있는 범위 内에서만 읽게 하고, 그 字体表를 만들어 字体도 一定하게 하고 있다. 그러나 이것은 強制的인 것이 아니며, 어려운 漢字를 쓰지 않으면 안 되는 경우도 있으므로 水準이 높은 書籍에는 그 以外의 漢字도 쓰여 있다.

5. 現代かなづかい (現代 철자법)

日本語를 表記하는 데는「歴史的かなづかい」와「現代かなづかい」의 두 가지가 있는데 現在는 一般的으로 後者가 使用되며, 이 책에서도 물론 이 철자법에 의한다. 現代 철자법의 重要한 原則은 発音대로 쓰자는 것인데, 다음 助詞들의 경우만은 例外이다.

「は」…「わ」라고 읽음.　　　　　　　　これは (이것은)

「へ」…「え」라고 읽음.　　　　　　　　こちらへ (이쪽으로)

「を」…「お」를 쓰지 않음.　　　　　　　ほんを (책을)

以上으로써 日本語의 글자와 発音에 대하여 대강 설명했으므로 이에 따라서 읽으면 되지만, 처음 배우는 사람으로서는 発音은 説明만 가지고는 알기 어렵겠고, 역시 実地指導를 받아야만 할 것이다.

이 책으로 日語를 배우려고 하는 분들은, 지금까지 英語나 그 밖의 外国語를 배워 본 경험이 많이 있었을 것이라고 생각된다. 語学을 공부하는 데는 文法의 知識보다 練習이 重要하므로 어린이가 말을 배우듯이 새로운 말을 배워 외고 構成해 나가야 된다. 이 책에 나오는 文法 説明은 말을 構成하는 데 最少限 必要한 規則을 説明한 것으로서, 어린 아이가 아니고 成人인만큼 이것으로 応用해 나갈 수 있도록 한 것이다. 어디까지나 理論보다 実際의 말에 重点을 두고, 되풀이해서 練習하여 自己의 것으로 만들어야 한다.

原書를 읽는 것을 目標로 日語를 배우는 사람들 중에는, 文法의 規則을 외고 助詞·助動詞 等을 외어 가지고 어떻게 뜯어맞추어 가며 읽으면 될 것같이 생각하는 사람이 있는데, 그렇게 하면 지름길인 것 같지만 사실은 그렇지 않다. 역시 日語의 文章構成을 習得하려면 살아 있는 말을 외어가며 공부해야 되는 것이다.

一. これは ほんです

これは　ほんです。

これは　かみです。

これは　えんぴつです。

これは　つくえですか。

　はい，そうです。

これも　つくえですか。

　はい，そうです。

それも　つくえですか。

　いいえ，そうでは　ありません。

では，それは　なんですか。

　いすです。

あれは　なんですか。

とです。

では，あれは　とですか，まどですか。

　まどです。

漢字읽기[1]

一　本　紙　鉛筆　机　何　椅子　戸　窓
（いち）（ほん）（かみ）（えんぴつ）（つくえ）（なに・なん）（いす）（と）（まど）

第1課　이것은 책입니다

이것은 책입니다.	이것은 종이입니다.	이것은 연필입니다.
이것은 책상입니까?		예, 그렇습니다.
이것도 책상입니까?		예, 그렇습니다.
그것도 책상입니까?		아니오, 그렇지 않습니다.

---

1) 本文에 나오지 않는 漢字라도 보통 漢字로 쓰는 것은 적어 두었다.

그러면, 그것은 무엇입니까?　　　　　의자입니다.

저것은 무엇입니까?　　　　　　　　문입니다.

그러면, 저것은 문입니까, 창문입니까?　창문입니다.

낱말풀이

えんぴつ(鉛筆)：图 연필

つくえ(机)：图 책상

~か：图 문장의 끝에 붙어 의문·질문등을 나타낸다. 예 それはつくえですか。(그것은 책상입니까?)

はい：갑 예

そうです：그렇습니다〈「そう 갑(그래)＋です」의 꼴〉

これ：图 이것

~は：图 ~은, ~는〈「は」가 助詞로 쓰일 때는 「wa」로 읽는다.〉 예 これは本です。(이것은 책입니다.)

ほん(本)：图 책

~です：조동 ~입니다〈体言 및 그에 준하는 말에 붙어서 공손한 단정을 나타낸다〉 예 あれは紙です。(저것은 종이입니다.)

かみ(紙)：图 종이

~も：图 ~도 예 あれも机です。(저것도 책상입니다.)

いいえ：갑 아니오

~ではありません：~이(가) 아닙니다〈体言 및 그에 준하는 말에 붙어서 쓰이고 「~です」의 부정을 나타낸다. 「~じゃありません」이라고도 한다.〉 예 そうではありません。(그렇지 않습니다.)これは鉛筆ではありません。(이것은 연필이 아닙니다.)

では：접 그러면〈 それでは(그러면)의 준말이다. 「じゃ」라고도 한다.〉

なんですか：무엇입니까?〈 なん(무엇)의 원래형은 「なに(무엇)」라고 한다. 「なん」은 「なに」의 音便된 것이다.〉

いす(椅子)：图 의자

あれ：图 저것

と(戸)：图 문　　　まど(窓)：图 창문

한자풀이

一 {
ひとつ：一(ひと)つ 하나, 한 개
イチ：一時(イチジ) 한 시
イッ：一生(イッショウ) 일생
}

本 {
もと：根本(ねもと) 뿌리, 밑
ホン：本(ほん) 책, 本国(ホンゴク) 본국
}

紙 {
かみ：紙(かみ) 종이
シ：表紙(ヒョウシ) 표지
}

鉛 {
なまり：鉛(なまり) 납
エン：鉛筆(エンピツ) 연필
}

筆 {
ふで：筆(ふで) 붓
ヒツ：代筆(ダイヒツ) 대필
筆頭(ヒットウ) 필두
鉛筆(エンピツ) 연필
}

机 {
つくえ：机(つくえ) 책상
キ：机上(キジョウ) 탁상
}

何 {
なに：何(なに) 무엇
なん：何(なん) 무엇, 몇~
カ：幾何(キカ) 기하
}

椅 { イ：椅子(イス) 의자 }

子 {
こ ：子供(こども) 어린이
シ ：弟子(デシ) 제자
　　　王子(オウジ) 왕자
ス ：椅子(イス) 의자
}

戸 {
と ：戸(と) 문
コ ：戸籍(コセキ) 호적
}

窓 {
まど ：窓(まど) 창문
ソウ ：同窓(ドウソウ) 동창
}

解 說

■ 日本語에도 우리말과 마찬가지로 높임말과 낮춤말이 있다. 이 教本은 높임말로 되어 있으므로 낮춤말의 경우는 그때 그때 說明해 나가기로 한다.

■ 指示代名詞[2]……事物에 관한 것만을 표로 나타내면 다음과 같다.

近　稱	中　稱	遠　稱	不 定 稱
こ　れ	そ　れ	あ　れ	ど　れ
(이 것)	(그 것)	(저 것)	(어느것)

■ ～は(助詞)……우리말의 助詞「～은(는)」에 해당된다. 쓸 때에는 「～は」로 쓰지만, 읽을 때에는 「～わ」로 읽어야 한다.

　　ほんは これです。(책은 이것입니다.)

　　かみは あれです。(종이는 저것입니다.)

　　まどは どれですか。(창문은 어느 것입니까?)

■ ～も(助詞)[3]……우리말의 助詞「～도」에 해당된다.

　　あれも これも いすです。[4] (이것도 저것도 의자입니다.)

　　あれもつくえです。(저것도 책상입니다.)

　　それも とです。(그것도 문입니다.)

■ ～か(助詞)……文의 맨 끝에 붙어 의문을 나타낸다. 의문부호「?」는 붙이지 않고 종지부「。」를 붙인다. 会話에서는 「か」를 종종 생략하기도 하나, 그 경우에는 文의 끝의 억양을 높여 말한다.

　　そうですか。(그렇습니까?)

　　いすは どれですか。(의자는 어느 것입니까?)

　　これは えんぴつじゃありませんか。(이것은 연필이 아닙니까?)

■ ～です(助動詞)……体言 및 그에 준하는 단어에 붙어서 말하는 이의 단정을 나타낸다. 우리말의 「～입니다」에 해당된다.

　　それは まどです。(그것은 창문입니다.)

---

2) 名詞 대신에 쓰이는 단어를 代名詞라 하고, 事物·場所·方向을 가리키는 것을 指示代名詞라 한다.

3) 우리말의 助詞는 主로 体言에 연결되어 쓰이는 경우가 많으나, 日本語의 助詞는 여러 単語에 연결되어 쓰이기도 하고, 文의 맨 끝에 붙어 쓰이기도 한다.

4) 우리말은 가까운 것부터 먼저 말하나, 日本語는 먼 것부터 먼저 말하는 것이 일반적이다.

いすは これです。(의자는 이것입니다.)

あれも とです。(저것도 문입니다.)

■「~ではありません」은「です」의 부정형으로「~이(가) 아닙니다」의 뜻이다. 「です」의 원꼴은「~であります」이다. 강연 등에는「であります」체가 쓰인다. 「です」를 부정할 때에는 원꼴인「であります」를 부정해야 하며, 그 부정은「でありません」이다. 「です」의 부정으로「でありません」이 쓰이기도 하나, 보통 말할 때는 助詞「は (강조를 나타냄)」를「で」다음에 넣어「ではありません」이라 한다.「じゃありません」은「ではありません」의 준말이다.

これは えんぴつじゃありません。(이것은 연필이 아닙니다.)

まどは それではありません。(창문은 그것이 아닙니다.)

そうではありません＝そうじゃありません。(그렇지 않습니다.)

■「~도 아닙니다」라고 할 때에는「~도」에 해당되는 助詞「~も」를「でありません」의「で」다음에 넣어「~でもありません」이라고 하고, 「~도 ~도 아닙니다」의 경우는「~でも~でも ありません」이라고 하면 된다.

これは つくえでもありません。(이것은 책상도 아닙니다.)

そうでもありません。(그렇지도 않습니다.)

なんでもありません。(아무것도 아닙니다.)

これは ほんでもかみでもありません。(이것은 책도 종이도 아닙니다.)

■ 우리말의「~이다」에 해당되는 말은 助動詞[5]「~だ」라고 한다.

これは えんぴつだ。(이것은 연필이다.)

いすは それだ。(의자는 그것이다.)

あれもつくえだ。(저것도 책상이다.)

또 하나「~이다」에 해당되는 말로「~である」가 있다. 이「である」는 문장체이다.

これは ほんである。(이것은 책이다.)

それはかみである。(그것은 종이이다.)

|||||||||||| 연습문제 ||||||||||||

다음 글을 日本語로 번역하시오.

1. 이것은 책상입니다.

2. 그것도 책상입니다.

3. 저것은 책입니까?

4. 아니오, 저것은 책이 아닙니다.

5. 그러면 저것은 무엇입니까?

6. 그것은 창문입니다.

7. 저것도 창문입니까?

8. 아니오, 그렇지 않습니다.

9. 그것은 문입니다.

10. 종이는 저것입니까? 예, 그렇습니다.

---

5) 助動詞나 助詞나 付属語로서 単独으로 文節을 形成하지 못하고, 항상 自立語(名詞・動詞 등)에 붙어서 文節을 形成하는 単語이다. 助動詞와 助詞의 제일 큰 差異는 助動詞는 語形変化를 하고, 助詞는 語形変化를 하지 않는다는 点이다.

◁해답▷

1. これはつくえです。　**2.** それもつくえです。　**3.** あれはほんですか。　**4.** いいえ，あれは ほんじゃありません。또는 いいえ，あれは ほんではありません。　**5.** では，あれは なんですか。　**6.** それは まどです。　**7.** あれも まどですか。　**8.** いいえ，そうではありません。또는 いいえ，そうじゃありません。　**9.** それは とです。**10.** かみは あれですか。はい，そうです。

二. あなたは　生徒です

あなたは　生徒です。

わたくしは　生徒では　ありません。先生です。

あなたは　どなたですか。

　わたくしは　木村です。

田中さんは　どなたですか。

　わたくしです。

あの　かたは　富田さんですか。

　いいえ，そうでは　ありません。山田さんです。

あなたの　お友だちですか。

　はい，そうです。わたくしの　友だちです。

あの　かたは　この　学校の　生徒ですか。

　はい，そうです。

あなたも　この　学校の　生徒ですか。

　いいえ，わたくしは　この　学校の　先生です。

なんの　先生ですか。

　日本語の　先生です。

ベーカーさんは　なんの　先生ですか。

　英語の　先生です。

その　かたは　アメリカ人ですか，イギリス人ですか。

　アメリカ人です。

あなたも　アメリカ人ですか。

　いいえ，わたくしは　韓国人です。

漢字읽기 ─────────

二 ・生徒 先生 木村 田中 富田 山田 友達 学校
に　せいと　せんせい　きむら　たなか　とみた　やまだ　ともだち　がっこう

日本語 英語 アメリカ人 韓国人
にほんご　えいご　　　　じん　かんこくじん

第 2 課 당신은 학생입니다

당신은 학생입니다. 나는 학생이 아닙니다. 선생입니다.

당신은 누구십니까? 　　　　　　　나는 기무라입니다.

다나카 씨는 어느 분입니까? 　　　접니다.

저분은 도미타 씨입니까? 　아니오, 그렇지 않습니다. 야마다 씨입니다.

당신 친구분입니까?・ 　　　　　　예, 그렇습니다. 내 친구입니다.

저분은 이 학교 학생입니까? 　　　예, 그렇습니다.

당신도 이 학교 학생입니까? 　　　아니오, 나는 이 학교 선생입니다.

무슨 선생님입니까? 　　　　　　일본어 선생입니다.

베이커 씨는 무슨 선생님입니까? 　영어 선생님입니다.

그분은 미국인입니까, 영국인입니까? 미국인입니다.

당신도 미국인입니까? 　　　　　아니오, 나는 한국인입니다.

낱 말 풀 이

あなた: 몡 당신

せいと(生徒): 몡 학생, 생도

わたくし(私): 몡 저, 나

せんせい(先生): 몡 선생, 선생님

どなた: 몡 어느 분, 누구

~さん: 접미 ~씨, ~님 예 金さん (김씨)

あの: 옌 저

かた(方): 몡 분

~の: 조 ~의 예 あなたの お友だち(당신 친구분)

お~: 접두 존경·공손의 기분을 나타내

는 말 예 お友だち(친구분)

ともだち(友達): 몡 친구

この: 옌 이

がっこう(学校): 몡 학교

なん(何)の: 무슨 〈「なん+の」의 꼴〉

その: 옌 그

アメリカじん(人): 몡 미국인

イギリスじん(人): 몡 영국인

かんこくじん(韓国人): 몡 한국인

にほんご(日本語): 몡 일본어

えいご(英語): 몡 영어

한 자 풀 이

二 ┤ ふたつ: 二(ふた)つ 둘, 두 개
　 └ ニ　：二世(ニセイ) 이세

生 ┤ いきる: 生(い)きる 살다
　 └ うむ: 生(う)む 낳다

う：生(う)まれる 태어나다
き：生娘(きむすめ) 숫처녀
なま：生(なま)ビール 생맥주
セイ：先生(センセイ) 선생님
ショウ：一生(イッショウ) 일생

徒 { ト：生徒(セイト) 학생

先 { さき：先(さき) 앞
セン：先輩(センパイ) 선배

木 { き：木(き) 나무
モク：木版(モクハン) 목판
ボク：木石(ボクセキ) 목석

村 { むら：村(むら) 마을
ソン：農村(ノウソン) 농촌

田 { た：田(た) 논
デン：田園(デンエン) 전원

中 { なか：中(なか) 가운데, 안
チュウ：中央(チュウオウ) 중앙

富 { とむ：富(と)む 풍부하다
フ：富国(フコク) 부국

山 { やま：山(やま) 산
サン：山川(サンセン) 산천
火山(カザン) 화산

友 { とも：友(とも) 친구
ユウ：友人(ユウジン) 친구

達 { タツ：発達(ハッタツ) 발달
達筆(タッピツ) 달필
ダチ：友達(ともダチ) 친구

学 { まなぶ：学(まな)ぶ 배우다
ガク：学生(ガクセイ) 학생
学校(ガッコウ) 학교

校 { コウ：校長(コウチョウ) 교장

日 { ひ：日(ひ) 날, 해
か：三日(みっか) 삼일
ニチ：日曜日(ニチヨウビ) 일요일
日記(ニッキ) 일기
ジツ：元日(ガンジツ) 정월초하루

語 { かたる：語(かた)る 말하다
ゴ：語学(ゴガク) 어학

英 { エイ：英語(エイゴ) 영어
和英(ワエイ) 일영

人 { ひと：人(ひと) 사람
ジン：人口(ジンコウ) 인구
ニン：人間(ニンゲン) 인간

韓 { カン：韓国(カンコク) 한국

国 { くに：国(くに) 나라, 고향
国国(くにぐに) 나라들
コク：国民(コクミン) 국민
国家(コッカ) 국가

解　説

■ 人称代名詞

自　　称	対　　称	他		称	
		近　称	中　称	遠　称	不定称
わたくし わたし (나, 저) ぼく (나)	あなた (당신) きみ (자네)	このかた (이 분)	そのかた (그　분)	あのかた (저　분) かれ (그 남자) かのじょ (그 여자)	どのかた (어느 분) だれ どなた (누 구)

격식을 차릴 때에는 「わたくし」라고 하지만, 보통은 「わたし」라고 한다. 「ぼく」
「きみ」는 男子말이다.

「どなた」는 「だれ」보다 공손한 말이다.

■ **連体詞**……体言 앞에 연결되어 그 体言을 수식하는 역할만을 하는 단어를 연체사라
한다.

この 이	その 그	あの 저	どの 어느

この生徒(이 학생)　　　　　そのいす(그 의자)
あの先生(저 선생님)　　　　どの学校(어느 학교)

■ **~さん**……접미어로서 「~씨, 님」에 해당된다. 남녀 구분 없이 쓰이며, 보통은 성에
「~さん」을 붙여 부른다. 친한 사이면 이름에 붙여서 쓰기도 한다.

金さん (김씨)　　　　　　木村さん (기무라 씨)

「先生」의 경우는 「先生さん」이라고는 하지 않는다. 그냥 「先生」이라고만 한다.

■ **お~**……접두어로서 존경·공손의 기분을 나타내는 말이다.

あなたの **お**ともだち(당신 친구분)

先生の **お**ともだち(선생님 친구분)

자기측이 될 때는 「**お**」를 붙이지 않는다.

わたしの ともだち(내 친구)

■ **~の (助詞)**……「体言[1]＋の＋体言」의 모양으로 뒤의 체언이 어떠한 것인지를 상세히
설명하는 데 쓰인다.

우리말의 경우는 「일본어 선생님」이라고 말할 때 「일본어」와 「선생님」 사이의 助詞
「의」가 필요 없이 그냥 쓰이나, 일본어의 경우는 体言과 体言 사이에는 반드시 「の」가
있어야 한다.

日本語の 先生(일본어 선생님)
この 学校の 生徒(이 학교 학생)

わたしの えんぴつ(내 연필)

■ **~人**……접미어로서 국명에 붙여 그 나라 사람임을 나타낸다.

韓国人(한국인)　　　　　　日本人(일본인)
イタリア人(이탈리아인)

■ **~語**……접미어로서 국명 등에 붙여 그 나라 말임을 나타낸다.

韓国語(한국어)　　　　　　日本語(일본어)
スペイン語(스페인어)　　　フランス語(불어)

---

1) 体言이란 語尾変化를 하지 않고, 主語가 될 수 있는 単語를 가리킨다. 즉, 名詞·代名詞·
数詞가 이에 속한다.

||||||||||||||||||| 연습문제 |||||||||||||||||||

다음 글을 日本語로 번역하시오.

1. 당신은 이 学校의 先生입니까?

2. 아니오, 나는 이 学校의 学生입니다.

3. 저 분은 당신의 친구분이십니까?

4. 아니오, 나의 친구가 아닙니다.
   先生님입니다.

5. 그 책은 무슨 책입니까?

6. 日本語책입니다.

7. 그 분은 日本 사람입니까?

8. 아니오, 日本 사람이 아닙니다.
   韓国 사람입니다.

9. 영어 선생님은 어느 분입니까?

10. 영어 선생님은 저 분입니다.

◁ 해답 ▷

1. あなたは この学校の 先生ですか。 图 学校와 先生을 「の」로 연결하는 데 주의할 것.
2. いいえ, わたしは この 学校の 生徒です。   3. あのかたは あなたの おともだち
ですか。   4. いいえ, わたしの ともだちじゃありません。 先生です。 图 자기 친구의
경우는 「ともだち」 앞에 접두어 「お」를 붙이지 않는다.   5. そのほんは なんの ほんです
か。   6. 日本語の ほんです。   7. そのかたは 日本人ですか。   8. いいえ, 日本人
では ありません。 韓国人です。 9. 英語の 先生は どなたですか。   10. 英語の 先生
は あのかたです。

三. わたくしの ハンカチです

これは　うわぎです。

これは　チョッキです。

これは　ズボンです。

これは　靴で, これは　靴下です。

それは　帽子で, あれは　外套です。

これは　わたくしの　ハンカチです。

それは　あなたの　手袋ですか。

　いいえ, そうでは　ありません。木村さんのです。

あれは　どなたの　かばんですか。

　富田さんのです。

この　万年筆は　あなたのですか。

　いいえ, わたくしのでは　ありません。

どなたのですか。

　久保田さんのです。

その　本と　雑誌は　どなたのですか。

　本は　清水さんので, 雑誌は　加藤さんのです。

漢字읽기――――――――――

三　上着　靴　靴下　帽子　外套　手袋　万年筆　久保田
雑誌　清水　加藤

第 3 課　내 손수건입니다

이것은 웃저고리입니다.　이것은 조끼입니다.　이것은 양복바지입니다.

이것은 구두이고, 이것은 양말입니다.

그것은 모자이고, 저것은 외투입니다.　이것은 내 손수건입니다.

그것은 당신 장갑입니까?　　　　　　아니오, 그렇지 않습니다.

기무라 씨의 것입니다.

저것은 어느 분의 가방입니까?　　　　도미타 씨 것입니다.

이 만년필은 당신 것입니까?　　　　　아니오, 내 것이 아닙니다.

어느 분의 것입니까?　　　　　　　　구보타 씨 것입니다.

그 책과 잡지는 어느 분의 것입니까?

책은 시미즈 씨 것이고, 잡지는 가토 씨 것입니다.

낱말풀이

うわぎ(上着)： 명 웃도리

チョッキ： 명 조끼

ズボン： 명 바지

くつ(靴)： 명 구두

~で： 조동 ~이고. 예 これは 本で, あれ は 紙です.(이것은 책이고, 저것은 종이 입니다.)

くつした(靴下)： 명 양말

ぼうし(帽子)： 명 모자

がいとう(外套)： 명 외투

ハンカチ： 명 손수건

てぶくろ(手袋)： 명 장갑

~の： 조 ~의 것 예 それはあなたのです. (그것은 당신 것입니다.)

かばん： 명 가방

まんねんひつ(万年筆)： 명 만년필

~と： 조 ~와, ~과 예 あなたとわたくし (당신과 나)

ざっし(雑誌)： 명 잡지

한자풀이

三	みつ：	三(み, みっ)つ 셋, 세 개
	サン：	三軍(サングン) 삼군
上	うえ：	上(うえ) 위
	かみ：	川上(かわかみ) 강 상류
	のぼる：	上(のぼ)る 오르다
	あげる：	上(あ)げる 올리다
	ジョウ：	上下(ジョウゲ) 상하
着	きる：	着(き)る 입다
	つく：	着(つ)く 도착하다
	チャク：	着手(チャクシュ) 착수
靴	くつ：	靴(くつ) 구두
		靴下(くつした) 양말
	した：	下(した) 아래, 밑
	しも：	川下(かわしも) 강 하류

下	もと：	親(おや)の下(もと) 부모의 슬하
	さげる：	下(さ)げる 내리다
	くだる：	下(くだ)る 내려가다
	カ：	以下(イカ) 이하
	ゲ：	下向(ゲコウ) 하향
帽	ボウ：	帽子(ボウシ) 모자
外	そと：	外(そと) 밖
	ほか：	外(ほか) 다른 것
	ガイ：	外国(ガイコク) 외국
	ゲ：	外科(ゲカ) 욋과
套	トウ：	外套(ガイトウ) 외투
手	て：	手(て) 손
	シュ：	手話(シュワ) 수화

袋 {
ふくろ：袋(ふくろ) 보자기
手袋(てぶくろ) 장갑
タイ：郵袋(ユウタイ) 우편행낭
}

万 {
マン：万一(マンイチ) 만일
バン：万民(バンミン) 만민
}

年 {
とし：年(とし) 나이, 년
ネン：年功(ネンコウ) 연공
}

久 {
ひさしい：久(ひさ)しい 오래다
ク：久遠(クオン) 영원
キュウ：永久(エイキュウ) 영구
}

保 {
たもつ：保(たも)つ 유지하다
ホ ：保管(ホカン) 보관
担保(タンポ) 담보
}

雑 {
ザツ：雑誌(ザッシ) 잡지
混雑(コンザツ) 혼잡
ゾウ：雑巾(ゾウキン) 걸레
}

誌 { シ：雑誌(ザッシ) 잡지 }

清 {
きよい：清(きよ)い 맑다
セイ：清音(セイオン) 청음
}

水 {
みず：水(みず) 물
スイ：水害(スイガイ) 수해
洪水(コウズイ) 홍수
}

加 {
くわえる：加(くわ)える 보태다
カ：加工(カコウ) 가공
}

藤 {
ふじ：藤(ふじ) 등나무
トウ：葛藤(カットウ) 갈등
}

─── 해 설 ───────────

■ ~で (助動詞)……助動詞「~だ(~이다)」의 語形変化로서 우리말의「~이고」에 해당된다.

　　　　あなたは 先生で, わたしは 生徒です.
　　　　(당신은 선생님이고, 나는 학생입니다.)
　　　　あのかたは 日本人で, このかたは イギリス人です.
　　　　(저 분은 일본인이고, 이 분은 영국인입니다.)

■ ~の (助詞)……「木村さんのです」의「の」는「~의 것」이라는 뜻을 나타낸다.
　　　　わたしのは これです.(내 것은 이것입니다.)
　　　　このぼうしは わたしの 先生のです.
　　　　(이 모자는 우리 선생님 것입니다.)
　　　　あのてぶくろは 金さんのでは ありません.
　　　　(저 장갑은 김씨 것이 아닙니다.)

■ ~と (助詞)……우리말의 助詞「~와(과)」에 해당된다.
　　　　あなたと わたし(당신과 나)　　　つくえと いす(책상과 의자)
　　　　あなたのと わたしのです.(당신 것과 내 것입니다.)

||||||||||||||||||연습문제||||||||||||||||||

다음 글을 日本語로 번역하시오.

1. 이 장갑은 어느 분의 것입니까?

2. 그것은 저 미국인의 것입니다.

3. 그 만년필은 당신 것입니까?

4. 아니오, 내 것이 아닙니다.

내친구의 것입니다.　　　　　　　은 英語先生님의 것입니다.

5. 내것은 저것입니다.

6. 저 사람은 日本人이고, 나는 한국인
입니다.

7. 이 日本語 책은 내 것이고, 저 英語책

8. 이 손수건과 양말은 저 분의 것입니다.

9. 이것은 당신 모자가 아닙니까?

10. 예, 우리 선생님의 것입니다.

◁해답▷

1. この手袋(てぶくろ)は どなたのですか。　2. それは あのアメリカ人(じん)のです。　3. その万年(まんねん)筆(ひつ)は あなたのですか。　4. いいえ, わたしのじゃありません。わたしの ともだちのです。　5. わたしのは あれです。　6. あのかたは 日本人(にほんじん)で, わたしは 韓国人(かんこくじん)です。㋬「사람」…「ひと」라고 한다. 저 사람…あのひと, 이 사람…このひと, 그 사람…そのひと 이다. 「ひと」를 높인 말이 「かた」이다.　7. この日本語(にほんご)のほんは わたしので, あの 英語(えいご)のほんは 英語の 先生(せんせい)のです。㋬ 体言과 体言은 「の」로 연결하는 것을 잊지 말 것.　8. このハンカチと くつしたはあのかたのです。　9. これはあなたの ぼうしじゃありませんか。　10. はい, わたしたちの 先生(せんせい)のです。

四. あかい 本です

これは　あかい　本です。

これは　あおい　本です。

この　紙は　しろいです。

その　紙も　しろいですか。

　いいえ，しろくは　ありません。

では，どんな　いろですか。

　くろいです。

この　鉛筆は　どんな　いろですか。

　きいろいです。

この　鉛筆は　ながいですか。

　いいえ，ながくは　ありません。みじかいです。

あれは　なんですか。

　はこです。

あの　はこは　大きいですか。

　いいえ，大きくは　ありません。ちいさいです。

あの　ちいさい　はこは　あかいですか，あおいですか。

　あおいです。

漢字읽기────────
四　赤い　青い　白い　色　黒い　鉛筆　黄色い　長い　短い　箱
大きい　小さい

第4課　빨간 책입니다

이것은 빨간 책입니다.　이것은 파란 책입니다.　이 종이는 흽니다.

그 종이도 흽니까?　　　　　　　　　아니오, 희지 않습니다.

그러면, 어떤 색입니까?	검습니다.
이 연필은 어떤 색입니까?	노랗습니다.
이 연필은 깁니까?	아니오, 길지 않습니다. 짧습니다.
저것은 무엇입니까?	상자입니다.
저 상자는 큽니까?	아니오, 크지 않습니다. 작습니다.
저 작은 상자는 빨갛습니까, 파랗습니까?	파랗습니다.

낱말풀이

あか(赤)い : 형 빨갛다

あお(青)い : 형 파랗다

しろ(白)い : 형 희다

しろくは ありません : 희지 않습니다 〈「しろく(形)＋は(助)＋あり(動詞)＋ませ(助動)＋ん(助動)」의 끝〉

どんな : 형동 어떠한

いろ(色) : 명 색

くろ(黒)い : 형 검다

きいろ(黄色)い : 형 노랗다

なが(長)い : 형 길다

みじか(短)い : 형 짧다

はこ(箱) : 명 상자

おお(大)きい : 형 크다

ちい(小)さい : 형 작다

한자풀이

四
- よつ : 四(よ)つんばい 납죽 엎드림
- よっつ : 四(よっ)つ 넷, 네 개
- よ : 四人(よにん) 네 사람
- よん : 四百(よんひゃく) 사백
- シ : 四海(シカイ) 사해

赤
- あか : 赤(あか) 빨강색
- 　 : 赤(あか)い 빨갛다
- セキ : 赤外線(セキガイセン) 적외선
- シャク : 赤銅(シャクドウ) 적동

青
- あお : 青(あお) 푸른색
- 　 : 青(あお)い 파랗다
- セイ : 青年(セイネン) 청년
- ショウ : 緑青(ロクショウ) 녹청

白
- しろ : 白(しろ) 흰색
- 　 : 白(しろ)い 희다
- ハク : 白人(ハクジン) 백인
- ビャク : 白蓮(ビャクレン) 백련

色
- いろ : 色(いろ) 색
- ショク : 染色(センショク) 염색
- シキ : 色彩(シキサイ) 색채

黒
- くろ : 黒(くろ) 검은색
- 　 : 黒(くろ)い 검다
- コク : 黒白(コクビャク) 흑백

黄
- き : 黄色(きいろ)い 노랗다
- コウ : 黄海(コウカイ) 황해
- オウ : 黄金(オウゴン) 황금

長
- ながい : 長(なが)い 길다
- チョウ : 長短(チョウタン) 장단

大
- おおきい : 大(おお)きい 크다
- タイ : 大陸(タイリク) 대륙

小
- ちいさい : 小(ちい)さい 작다
- こ : 小人(こびと) 난장이
- お : 小川(おがわ) 작은 강
- ショウ : 小説(ショウセツ) 소설

$$短\begin{cases}\text{みじかい：短(みじか)い　짧다}\\ \text{タン：短命(タンメイ)　단명}\end{cases}\qquad 箱\begin{cases}\text{はこ：箱(はこ)　상자}\\ \text{本箱(ホンばこ)　책장}\end{cases}$$

───── 해 설 ─────

■ 形容詞……日本語의 形容詞는 英文法의 形容詞와는 그 用法이 다르다. 日本語의 形容詞는 성질이나 상태를 나타내고 단독으로 述語가 되며 活用(어미 변화)을 한다. 形容詞의 基本形의 語尾는 반드시 「～い」다.

あかい, あおい, しろい, くろい, きいろい, ながい, みじかい, おおきい, ちいさい 등은 모두 形容詞이다.

　　　あかい本(빨간 책)　　　　　　ながい鉛筆(긴 연필)
　　　おおきいはこ(큰 상자)

이와 같이, 形容詞는 体言 앞에 와서 그 体言을 수식하는데, 이 때의 形容詞의 形을 連体形[1]이라고 한다.

　　　この本は あかい。(이 책은 빨갛다.)
　　　あの鉛筆は ながい。(저 연필은 길다.)
　　　そのはこは おおきい。(그 상자는 크다.)

이와 같이, 形容詞는 形容詞 자체로서 述語가 될 수 있다.

이 때의 形容詞의 形을 終止形[2]이라고 한다.

形容詞의 경우는 基本形과 連体形·終止形이 모두 같다.

　　　これは あおいです。(이것은 파랗습니다.)
　　　あのえんぴつは みじかいです。(저 연필은 짧습니다.)
　　　このつくえは ちいさいです。(이 책상은 작습니다.)

위에서 본 바와 같이, 존대말을 할 때에는 기본형에 「です」를 붙여서 쓴다.

形容詞를 否定할 때에는 어떤 경우든 基本形의 語尾 「～い」를 일단 「～く」로 고쳐야 된다.

「あかいです」의 否定은 「あかい」의 語尾 「～い」를 「～く」로 고치고 「ありません」을 붙이면 된다. 이 경우 助詞 「～は」가 들어가서 「～くはありません」이라고 하는 것이 보통이다.

　　　あかいです ── あかくは ありません。
　　　しろいです ── しろくは ありません。
　　　ながいです ── ながくは ありません。
　　　ちいさいです ── ちいさくは ありません。

■ 「검지도 않습니다」라고 할 때에는 역시 형용사의 否定이므로 「くろい」의 어미 「～い」

────────────────

1) 連体形이란 体言에 연결되어 그 체언을 수식하는 어미 변화형을 말한다.
2) 終止形이란 어미 변화형의 하나로서, 基本形 자체로 文이 끝나는 形을 말한다.

를 「~く」로 고치고, 「~도」에 해당되는 助詞 「~も」를 「~く」 다음에 넣어 「くろく も ありません」이라고 하면 된다.

「크지도 작지도 않습니다」는 「おおきくも ちいさくも ありません」이라고 하면 된다.

■ 体言의 否定과 形容詞의 否定은 그 用法이 다르니 注意할 必要가 있다.

    ○ 体言의 경우

       万年筆です ⟶ 万年筆じゃ(=では)ありません。

       はこです ⟶ はこじゃありません。

       あなたです ⟶ あなたじゃありません。

    ○ 形容詞의 경우

       おおきいです ⟶ おおきくはありません。

       みじかいです ⟶ みじかくはありません。

       きいろいです ⟶ きいろくはありません。

■ 連体詞

こ ん な (이러한)	そ ん な (그러한)	あ ん な (저러한)	ど ん な (어떠한)

∥∥∥∥∥∥∥∥∥∥연습문제∥∥∥∥∥∥∥∥∥∥∥

다음 글을 日本語로 번역하시오.

1. 이 책상은 어떤 색입니까?
2. 그 책상은 노랗습니다.
3. 저 의자는 큽니까?
4. 아니오, 그것은 크지 않습니다.
5. 이 빨간 연필은 짧습니까?
6. 아니오, 그것은 깁니다.
7. 이 상자는 큽니까, 작습니까?
8. 그 상자는 크지도 작지도 않습니다.
9. 이것은 검은 연필입니까?
10. 아니오, 그것은 검은 연필이 아닙니다.

◁해답▷

1. このつくえは どんないろですか。 2. そのつくえは きいろいです。 3. あのい すは おおきいですか。 4. いいえ, それは おおきくはありません。 5. このあかい えんぴつは みじかいですか。 6. いいえ, それは ながいです。 7. このはこは お おきいですか, ちいさいですか。 8. そのはこは おおきくも ちいさくもありません。 9. これは くろいえんぴつですか。 10. いいえ, それは くろいえんぴつじゃ ありま せん。㊟ 「くろい」를 부정하는 것이 아니고 「えんぴつ」를 부정해야 하므로 「えんぴつじゃ あ りません」이라고 해야 한다.

五. ここに つくえが あります

ここに 机が あります。

そこに 椅子が あります。

あそこに 何が ありますか。

　窓が あります。

ドアは どこに ありますか。

　そこに あります。

つくえの 上に 何が ありますか。

　箱が あります。

いくつ ありますか。

　ひとつ あります。

箱の 中に 何が ありますか。

　チョークが あります。

椅子は どこに ありますか。

　机の そばに あります。

椅子の 下に 何が ありますか。

　なんにも ありません。

この 部屋に 窓が いくつ ありますか。

　ひとつ, ふたつ, みっつ, よっつ, いつつ——いつつ あります。

ドアも いつつ ありますか。

　いいえ, ドアは ふたつ あります。

漢字읽기 ——————

五 机 椅子 何 窓 上 箱 中 下 部屋

第5課　여기에 책상이 있읍니다

여기에 책상이 있읍니다.	거기에 의자가 있읍니다.
저기에 무엇이 있읍니까?	창문이 있읍니다.
문은 어디 있읍니까?	거기 있읍니다.
책상 위에 무엇이 있읍니까?	상자가 있읍니다.
몇 개 있읍니까?	하나 있읍니다.
상자 속에 무엇이 있읍니까?	분필이 있읍니다.
의자는 어디 있읍니까?	책상 옆에 있읍니다.
의자 밑에 무엇이 있읍니까?	아무것도 없읍니다.
이 방에 창문이 몇 개 있읍니까?	하나, 둘, 셋, 넷, 다섯──
다섯 개 있읍니다.	
문도 다섯 개 있읍니까?	아니오, 문은 두 개 있읍니다.

＿낱＿말＿풀＿이＿

ここ : 图 여기.

〜に : 조 〜에 예 ここに 机があります。(여기에 책상이 있읍니다.)

〜が : 조 〜이, 〜가. 예 ここがソウルです。(여기가 서울입니다.)

あります : 있읍니다 (물건 등이) 〈「ある 동 (있다)＋ます 조동」의 꼴〉

そこ : 图 거기

あそこ : 图 저기

なに : 图 무엇

ドア : 图 문

どこ : 图 어디

うえ(上) : 图 위

いくつ : 图 몇, 몇 개, 몇 살 예 箱はいくつありますか。(상자는 몇 개 있읍니까?),

あなたはおいくつですか。(당신은 몇 살이십니까?)

ひと(一)つ : 图 하나, 한 개

なか(中) : 图 속, 가운데

チョーク : 图 분필

そば : 图 곁, 옆

した(下) : 图 아래, 밑

なんにも : 무엇도, 아무것도 (「なにも」의 강조) 〈「なに(なんに)＋も」의 꼴〉

なんにもありません : 아무것도 없읍니다

へや(部屋) : 图 방

ふた(二)つ : 图 둘, 두 개

みっ(三)つ : 图 셋, 세 개

よっ(四)つ : 图 넷, 네 개

いつ(五)つ : 图 다섯, 다섯 개

＿한＿자＿풀＿이＿

五 { いつつ : 五(いつ)つ 다섯
ゴ : 五十(ゴジュウ) 오십

部 { ブ : 部下(ブカ) 부하
ヘ : 部屋(へや) 방

屋 { や : 屋根(やね) 지붕
オク : 屋上(オクジョウ) 옥상

해 설

■ 指示代名詞

장소에 관한 것	近　稱	中　稱	遠　稱	不定稱
	ここ (여기)	そこ (거기)	あそこ (저기)	どこ (어디)

■ **～に(助詞)** ……이 「に」는 경우에 따라서 여러 가지 뜻으로 쓰인다. 여기에서의 「に」는 사물이 존재하는 장소를 나타내고 우리말의 助詞 「～에」에 해당된다.

　　　ここに あります。(여기 있읍니다.)
　　　学校に あります。(학교에 있읍니다.)
　　　雑誌は 机の上に あります。(잡지는 책상 위에 있읍니다.)

■ 우리말의 경우는 「여기(거기, 저기, 어디) 있다」와 같이 「에」를 생략할 수 있으나, 日本語의 경우는 「に」를 생략해서는 안 된다.

　　　ここに あります。(여기에 있읍니다.)
　　　　↓　　　　　　↓
　　　생략 불가　　　생략 가능

■ **～が(助詞)** ……主格을 나타내는 助詞로서 우리말의 助詞 「～이(가)」에 해당된다.
　　　私が 先生です。(내가 선생입니다.)
　　　どれが くつですか。(어느 것이 구두입니까?)
　　　手袋が あります。(장갑이 있읍니다.)

■ **あります** ……「あり」는 動詞이고 「ます」[1]는 助動詞이다.

　「あり」의 基本形은 「ある」로서 「存在한다」, 즉 「있다」의 뜻인데, 사람이나 동물의 경우에는 쓰지 않는다.

　「あります」는 「있읍니다」이고, 「あります」의 부정은 「ありません」, 즉 「없읍니다」이다.

　　　まどが あります。(창문이 있읍니다.)

　　　まどは ありません。(창문은 없읍니다.)

　다음의 表와 같이 体言 다음에 助詞가 오고 그 다음에 「ある」 「あります」 「ありません」이 오면 「있다」 「있읍니다」 「없읍니다」의 뜻이 되고, 体言 다음에 助動詞 「で」가 오고 그 다음에 「ある」 「あります」 「ありません」이 오면, 이 「ある」는 補助動詞[2]가 되어 「이다」 「입니다」 「아닙니다」가 된다.

---

　1) 動詞와 「ます」에 대해서는 7 과에서 자세히 설명하기로 한다.
　2) 補助動詞란 動詞 中 本来의 独立해서 사용될 때의 뜻을 잃고, 다른 単語의 밑에 붙어 補助的으로 쓰이는 動詞를 말한다.

　　　本が ある。(책이 있다.)　　　　　本である。(책이다.)
　　　　　↳ 本動詞　　　　　　　　　　　↳ 補助動詞

本がある。(책이 있다.)	本である。(책이다.)
本があります。	本であります＝本です。
(책이 있읍니다.)	(책입니다.)
本がありません。	本では(＝じゃ)ありません。
(책이 없읍니다.)	(책이 아닙니다.)
本はありません。	本ではありません。
(책은 없읍니다.)	(책은 아닙니다.)
本もありません。	本でもありません。
(책도 없읍니다.)	(책도 아닙니다.)
本も紙もありません。	本でも紙でもありません。
(책도 종이도 없읍니다.)	(책도 종이도 아닙니다.)

■「책상 위」「상자 속」「의자 밑」「방 옆」등의 경우, 우리말은「의」를 생략해서 쓰나, 日本語의 경우는 体言과 体言의 연결이므로「の」를 생략해서는 안 되고,「机の上」「箱の中」「椅子の下」「部屋のそば」등과 같이「の」로 연결해야 한다.

■いくつ……数, 나이 등을 물을 때의 말.

　数를 물을 때는「몇, 몇 개」란 뜻이 되고, 나이를 물을 때는「몇 살」이란 뜻이 된다.

　　はくぼくは　いくつ　ありますか。

　　(분필은 몇 개 있읍니까?)

　　あなたのおとしはおいくつですか。(おとし…나이)

　　(당신의 연세는 몇이십니까?)

■数를 세는 말도 우리말과 비슷하여 두 종류가 있다.

　「いち, に, さん, し, ご…」라고 세는 경우는 우리말의「일, 이, 삼, 사, 오…」와 같고,「ひとつ, ふたつ, みっつ, よっつ, いつつ…」라고 세는 경우는 우리말의「하나, 둘, 셋, 넷, 다섯 …」과 비슷하나,「ひとつ, ふたつ…」라고 세는 말은「とお」(「열」) 까지밖에 없다. 즉,「ひとつ, ふたつ, みっつ, よっつ, いつつ, むっつ, ななつ, やっつ, ここのつ, とお」이다.

　또, 물건을 셀 때에「ひとつ, ふたつ……とお」라고 세기도 하나 물건에 따라서 각각 다른 助数詞[3]를 붙여서 세는 경우도 있는 점 등 우리말과 비슷하다.

■「무엇」에 해당되는 単語「なに」와「なん」은 밑에 오는 音에 따라 달라진다.

　　「だ, で, と, の, に」등의 앞에서는「なん」

　　「が, を」등의 앞에서는「なに」

　　「も」의 앞에서는「なに」또는「なんに」

---

3) 助数詞란 数量을 나타내는 말 밑에 붙어 물건의 분량의 단위를 나타내는 말을 뜻한다. 우리말 경우의「한 자루, 한 개, 한 마리 등」의「자루·개·마리」에 해당되는 말이다. 이에 대한 예는 13과부터 인용된다.

|||||||||||||||| 연습문제 ||||||||||||||||

다음 글을 日本語로 번역하시오.

1. 내 분필 상자는 어디 있읍니까?

2. 그 큰 책상 위에 있읍니다.

3. 저 빨간 가방 속에 무엇이 있읍니까?

4. 그 속에 내 日語책과 노트와 鉛筆이 있읍니다.

5. 이 작은 상자 속에는 무엇이 있읍니까?

6. 이 속에는 아무것도 없읍니다.

7. 내 흰 구두는 어디 있읍니까?

8. 그 책상 옆의 상자 속에 있읍니다.

9. 어느 상자입니까?

10. 그 큰 상자입니다.

◁해답▷

1. 私のチョークの箱は どこにありますか。 2. その大きい机の上に あります。 3. あの赤いかばんの中に なにがありますか。 4. その中に 私の日本語の本とノートと鉛筆があります。 5. この小さい箱の中には なにがありますか。 6. この中には なんにもありません。 7. 私の白いくつは どこにありますか。 8. その机のそばの 箱の中にあります。 9. どの箱ですか。 10. その大きい箱です。

◇漢字에 대해서

漢字는 中國語이지만 日本에서는 常用漢字 외에도 많이 쓰고 있으므로 日本語로 생각하고 공부해야 한다.

日本語의 漢字는 그 用例가 복잡하기 때문에 익히는데 힘이 들기는 하지만, 最小한 常用漢字만은 工夫해 두는 것이 바람직하다.

日本語에서 漢字의 쓰기는 인쇄체이든 필기체이든 正字를 사용하지 않고 主로 略字를 사용한다.

例：國은 国으로, 來는 来로, 廣은 広으로 등.

日本語에서 漢字를 익히는 데 어려운 점은 그 읽기에 있다. 漢字를 읽는 方法에는 音読로 읽는 方法과 訓読로 읽는 方法의 두 가지가 있다.

音読는 中國에서 伝해 내려온 音을 그대로 읽는 方法이고, 訓読는 그 漢字의 뜻을 새겨서 日本語의 뜻대로 읽는 方法이다.

例：音読：国(こく)，紙(し)，花(か) 등.

　　訓読：国(くに)，紙(かみ)，花(はな) 등.

音読로 읽든 訓読로 읽든 간에 日本語 漢字의 習得은 그때 그때 単語를 中心으로 하나하나 외어나가는 것이 좋다.

単語를 中心으로 音読와 訓読의 읽는 형태를 보면 다음과 같다.

① 訓読로만 읽는다.

　　国(くに)…나라, 箱(はこ)…상자, 窓(まど)…창문 등.

② 音読로만 읽는 것

　　本(ほん)…책, 一(いち)…일, 肉(にく)…고기 등.

③ 訓読＋訓読

　　靴下(くつした)…양말,　手袋(てぶくろ)…장갑 등.

④ 音読＋音読

　　国民(こくみん),　平和(へいわ) 등.

⑤ 訓読＋音読(이런 경우는 湯桶読みら고 한다.)

　　手本(てほん)…본보기,　夕飯(ゆうはん)…저녁밥 등.

⑥ 音読＋訓読(이런 경우는 重箱読みらご 한다.)

　　団子(だんご)…경단,　重箱(じゅうばこ)…찬합 등.

日本語의 漢字를 工夫함에 있어서 또 하나 留意해야 할 것은 「大きい, 長い, 小さい」
처럼 漢字와 仮名(日本文字)를 섞어서 써야 된다는 점이다. 漢字와 仮名를 섞어 쓸 때
에는 어느 부분까지는 漢字로 써야 하고 어느 부분부터는 仮名로 쓴다는 것이 定해져 있
다. 이 仮名로 쓰는 부분을 「送り仮名」라고 하는데, 이 「送り仮名」가 있는 것은 글을
쓸 때에 주의해야 한다.

「送り仮名」란, 다시 말하면 単語를 漢字와 仮名로 쓸 때에 漢字의 읽는 方法을 확정
짓기 위해서 漢字 밑에 붙이는 仮名를 말한다. 「大きい」에서 「きい」가 「送り仮名」이다.

六. 白い 花が とお あります

私の うしろに ねずみ色の かべが あります。

私の 前に 茶色の 机が あります。

その 上に 緑色の かびんが あります。

かびんの 中に どんな 色の 花が ありますか。

　赤いのや 青いのや きいろいのが あります。

むらさきの 花も ありますか。

　むらさきのは ありませんが, 桃色のが あります。

白い 花は いくつ ありますか。

　ひとつ, ふたつ, みっつ, よっつ, いつつ, むっつ, ななつ, やっつ,

　ここのつ, とお――とお あります。

この 花は むらさきですか。

　いいえ, むらさきでは ありません。桃色です。

漢字읽기————————

六　花　私　後ろ　壁　前　茶色　緑色　紫　桃色　幾つ

第6課 흰 꽃이 열 송이 있읍니다

내 뒤에 회색 벽이 있읍니다.　　내 앞에 갈색 책상이 있읍니다.

그 위에 초록색 꽃병이 있읍니다.

꽃병 속에 어떤 색의 꽃이 있읍니까?

빨간 것이랑 파란 것이랑 노란 것이 있읍니다.

보라색 꽃도 있읍니까?

보라색 것은 없읍니다만 분홍색 것이 있읍니다.

흰 꽃은 몇 송이 있읍니까?

하나, 둘, 셋, 넷, 다섯, 여섯, 일곱, 여덟, 아홉, 열――열 송이 있읍니다.

이 꽃은 보라색입니까?　　아니오, 보라색이 아닙니다.　　분홍색입니다.

낱말풀이

うし(後)ろ : 圐 뒤

ねずみいろ : 圐 쥐색, 회색

かべ(壁) : 圐 벽

まえ(前) : 圐 앞, 전

ちゃいろ(茶色) : 圐 갈색

みどりいろ(緑色) : 圐 녹색

かびん : 圐 꽃병

どんな : 圐同 어떠한

はな(花) : 圐 꽃

~や : 囸 ~이랑, ~이나. ⑭ 赤い花や青
い花があります。(빨간 꽃이랑 파란 꽃
이 있습니다.)

むらさき(紫) : 圐 보라색

~が : 囸 (「用言의 終止形+が」의 꼴로)
~이지만, ~인데 ⑭ これは小さいが,
あれは大きいです。(이것은 작지만 저것
은 큽니다.)

ももいろ(桃色) : 圐 분홍색

むっ(六)つ : 圐 여섯, 여섯 개

なな(七)つ : 圐 일곱, 일곱 개

やっ(八)つ : 圐 여덟, 여덟 개

ここの(九)つ : 圐 아홉, 아홉 개

とお(十) : 圐 열, 열 개

한자풀이

六 { むっつ : 六(むっ)つ 여섯
ロク : 六月(ロクガツ) 유월 }

花 { はな : 花(はな) 꽃
カ : 開花(カイカ) 개화 }

私 { わたくし : 私(わたくし) 저, 나
わたし : 私(わたし) 나
シ : 私立(シリツ) 사립 }

後 { うしろ : 後(うし)ろ 뒤
のち : 後(のち)に 나중에, 뒤에
あと : 後(あと)で 나중에, 후에
ゴ : 午後(ゴゴ) 오후
コウ : 後半(コウハン) 후반 }

壁 { かべ : 壁(かべ) 벽
へき : 壁画(ヘキガ) 벽화 }

前 { まえ : 前(まえ) 앞, 전
ゼン : 前後(ゼンゴ) 전후 }

茶 { チャ : お茶(チャ) 차
サ : 茶飯事(サハンジ) 다반사 }

緑 { みどり : 緑(みどり) 초록색
リョク : 緑陰(リョクイン) 녹음
緑化(リョッカ) 녹화
ロク : 緑青(ロクショウ) 녹청 }

紫 { むらさき : 紫(むらさき) 보라색
シ : 紫外線(シガイセン) 자외선 }

桃 { もも : 桃(もも) 복숭아
トウ : 桃源(トウゲン) 도원 }

幾 { いく : 幾(いく)つ 몇 개, 몇 살
キ : 幾何(キカ) 기하 }

해설

■ 「赤い・青い・白い・黒い・黄色い」는 形容詞이지만 「い」를 생략하고 「赤・青・白・
黒・黄色」로 사용하면 名詞이다. 色만을 말할 때에는 主로 名詞로 많이 쓴다.
　　　この色は 赤です。(이 색은 빨강입니다.)

■ ~や (助詞) …… 우리말의 「이랑」, 「나(이나)」, 「며(이며)」 등에 해당된다. 「~や」

는 보통 많이 있는 것 속에서 일부분만을 들어 나열할 때 쓴다.

手や足 (손이나 발)　犬や猫 (개나 고양이)

本やノートや鉛筆があります。(책이랑 노우트랑 연필이 있읍니다.)

■ ～が (助詞) ……① 「体言＋が」의 「が」는 「～이 (가)」의 뜻으로 主格을 나타낸다.

私が先生です。(내가 선생입니다.)

花があります。(꽃이 있읍니다.)

② 「用言¹⁾ 및 助動詞의 終止形＋が」의 形으로　우리말의 「～만 (마는), ～지만, ～인데 등」에 해당된다.

大きいが (크지만)　　　　　　小さいですが (작습니다만)

ぼうしだが (모자이지만)　　　てぶくろですが (장갑입니다만)

万年筆じゃありませんが (만년필이 아니지만)

ありますが (있읍니다만)　　　ありませんが (없읍니다만)

‖‖‖‖‖‖‖‖‖‖‖‖ 연습문제 ‖‖‖‖‖‖‖‖‖‖‖‖

다음 글을 읽고 日本語로 번역하시오.

1. 先生님의 앞에 갈색 가방이 있읍니다.
2. 그 가방은 나의 친구의 것입니다.
3. 가방 속에 파란 万年筆이랑 빨간 연필이랑 英語雜誌가 있읍니다.
4. 내 책상 위의 綠色 花瓶 속에 하얀 꽃 둘과 분홍꽃이 하나 있읍니다.
5. 여기는 학교입니다만 저기는 학교가 아닙니다.
6. 당신 방의 벽은 무슨 색입니까?
7. 내 방 벽은 회색입니다.
8. 이 꽃병 속에도 작은 꽃이 일곱 있읍니다.
9. 여기에 모자가 몇 개 있읍니까?
10. 여기에는 모자가 하나도 없읍니다.

◁해답▷

1. 先生の前に茶色のかばんがあります。²⁾　2. そのかばんは私のともだちのです。　3. かばんの中に青い万年筆や赤い鉛筆や英語の雑誌があります。　4. 私の机の上の緑色の花瓶の中に白い花が二つと桃色の花が一つあります。　5. ここは学校ですがあそこは学校じゃありません。　6. あなたの部屋の壁は何の色ですか。　7. 私の部屋の壁はねずみ色です。　8. この花瓶の中にも小さい花が七つあります。　9. ここに帽子がいくつありますか。　10. ここには帽子がひとつもありません。

---

1) 用言이란 語形変化를 하고 単独으로 述語가 될 수 있는 単語를 가리킨다. 用言에는 動詞・形容詞・形用動詞가 있다.
2) 日本語는 특수한 경우를 제외하고는 띄어쓰기를 하지 않는다. 그러므로 이제부터는 불필요한 것은 띄어쓰기를 하지 않기로 한다.

七. 目で 見ます

顔には 目が 二つ, 耳が 二つ, 鼻が 一つ, 口が 一つ あります。

あなたがたは 目で 何を しますか。

　目で 見ます。

耳で 何を しますか。

　耳で 聞きます。

鼻で 何を しますか。

　鼻で においを 嗅ぎます。

何で 食べますか。

　口で 食べます。

その ほか 口で 何を しますか。

　話します。

私たちは 手や 足で 何を しますか。

　手で いろいろの ものを 持ちます。

　字や 絵も かきます。 足で 歩きます。

犬や 猫には 手や 足が ありますか。

　犬や 猫にも 足は あります。 けれども 手は ありません。

さかなには 手も 足も ありません。

漢字읽기 ————————————

七（なな・しち）　顔（かお）　目（め）　見る（みる）　二つ（ふたつ）　耳（みみ）　鼻（はな）　一つ（ひと）　口（くち）　何を（なにを）　聞く（きく）
匂（におい）　嗅ぐ（かぐ）　何で（なんで）　食べる（たべる）　話す（はなす）　手（て）　足（あし）　持つ（もつ）　字（じ）　絵（え）
書く（かく）　歩く（あるく）　犬（いぬ）　猫（ねこ）　魚（さかな）

第 7 과 눈으로 봅니다

얼굴에는 눈이 둘, 귀가 둘, 코가 하나, 입이 하나 있습니다.

당신들은 눈으로 무엇을 합니까?

귀로 무엇을 합니까?

코로 무엇을 합니까?

무엇으로 먹습니까?

그 밖에 입으로 무엇을 합니까?

우리들은 손이나 발로 무엇을 합니까?

글씨나 그림도 그립니다.

개나 고양이에게는 손이나 발이 있습니까?

개나 고양이에게도 발은 있습니다. 그렇지만 손은 없습니다.

물고기에는 손도 발도 없습니다.

눈으로 봅니다.

귀로 듣습니다.

코로 냄새를 맡습니다.

입으로 먹습니다.

말합니다.

손으로 여러 가지 물건을 듭니다.

발로 걷습니다.

낱말풀이

かお (顔) : 圀 얼굴

め (目) : 圀 눈

みみ (耳) : 圀 귀

はな (鼻) : 圀 코

くち (口) : 圀 입

あなたがた · 圀 당신들

～がた : 젭미 (복수를 나타냄) ～들 예 先生がた (선생님들)

～で : 조 ～로, ～으로 예 字はボールペンで書きます。(글씨는 볼펜으로 씁니다.)

～を : 조 ～을, ～를 예 目でものを見ます。(눈으로 물건을 봅니다.)

します : 합니다 〈「する (하다)＋ます (～ㅂ니다)」의 꼴〉

み (見) ます : 봅니다 〈「み (見) る (보다)＋ます」의 꼴〉

き (聞) きます : 듣습니다 〈「き (聞) く (듣다)＋ます」의 꼴〉

におい : 圀 냄새.

か (嗅) ぎます : 맡습니다 〈か (嗅) ぐ (맡다)＋ます」의 꼴〉

た (食) べます : 먹습니다 〈た (食) べる (먹다)＋ます」의 꼴〉

ほか (外) : 圀 (그) 밖, (그) 외

はな (話) します : 말합니다 〈「はな (話) す (말하다)＋ます」의 꼴〉

わたしたち : 圀 우리들

～たち : 젭미 (복수를 나타냄) ～들 예 学生たち (학생들)

て (手) : 圀 손

あし (足) : 圀 발, 다리

いろいろ : 뿐 혱동 여러 가지

もの (物) : 圀 물건

も (持) ちます : 듭니다 〈「も (持) つ (들다)＋ます」의 꼴〉

じ (字) : 圀 글씨

え (絵) : 圀 그림

か (書) きます : 씁니다 〈「か (書) く (쓰다)＋ます」의 꼴〉

ある (歩) きます : 걷습니다 〈「ある (歩) く (걷다)＋ます」의 꼴〉

いぬ (犬) : 圀 개

ねこ (猫) : 圀 고양이

けれども : 젭 그렇지만

さかな (魚) : 圀 물고기

한 자 풀 이

七 {
ななつ：七(なな)つ 일곱
なの：七日(なのか) 칠일
シチ：七月(シチガツ) 칠월
}

顔 {
かお：顔(かお) 얼굴
ガン：顔面(ガンメン) 안면
}

目 {
め：目(め) 눈
モク：目前(モクゼン) 목전
}

見 {
みる：見(み)る 보다
みえる：見(み)える 보이다
みせる：見(み)せる 보여주다
ケン：見学(ケンガク) 견학
}

耳 {
みみ：耳(みみ) 귀
ジ：耳鼻科(ジビカ) 이비과
}

鼻 {
はな：鼻(はな) 코
ビ：鼻音(ビオン) 비음
}

口 {
くち：口(くち) 입
コウ：口座(コウザ) 구좌
ク：口伝(クデン) 구전
}

聞 {
きく：聞(き)く 듣다
きこえる：聞(き)こえる 들리다
ブン：新聞(シンブン) 신문
モン：聴聞(チョウモン) 청문
}

嗅 {
かぐ：嗅(か)ぐ 맡다
キュウ：嗅覚(キュウカク) 후각
}

食 {
たべる：食(た)べる 먹다
くう：食(く)う 먹다
ショク：食事(ショクジ) 식사
　　　食券(ショッケン) 식권
ジキ：断食(ダンジキ) 단식
　　　乞食(コジキ) 거지
}

話 {
はなす：話(はな)す 말하다
ワ：話題(ワダイ) 화제
}

足 {
あし：足(あし) 발
たりる：足(た)りる 족하다
たる：足(た)る 충분하다
たす：足(た)す 더하다
ソク：遠足(エンソク) 소풍
　　　満足(マンゾク) 만족
}

持 {
もつ：持(も)つ 들다
ジ：持参(ジサン) 지참
}

字 {
あざ：字(あざ) 우리 나라 里 정도에
　　　해당하는 한 구획
ジ：字(ジ) 글씨
　　　文字(モジ) 문자
}

絵 {
カイ：絵画(カイガ) 회화
エ：絵(エ) 그림
}

書 {
かく：書(か)く 쓰다
ショ：読書(ドクショ) 독서
}

歩 {
あるく：歩(ある)く 걷다
あゆむ：歩(あゆ)む 걷다
ホ：歩道(ホドウ) 인도
ブ：日歩(ヒブ) 일변
フ：歩(フ) 일본 장기의 말의 하나
　　(졸에 해당함)
}

犬 {
いぬ：犬(いぬ) 개
ケン：愛犬(アイケン) 애견
}

猫 { ねこ：猫(ねこ) 고양이 }

魚 {
うお：魚(うお) 물고기
さかな：魚(さかな) 물고기, 생선
ギョ：金魚(キンギョ) 금붕어
}

해 설

■ あなたがた・わたしたち……「がた」「たち」둘 다 복수를 나타내는 접미어이다. 「がた」는 「たち」보다 높임 말이므로 상대방에게 붙여서 사용한다.

わたしたち(우리들)　　　　　あなたがた(당신들)

あなたたち(당신들)　　　　　先生がた(선생님들)

学生たち(학생들)

▨ ～で (助詞) ······우리말의 助詞 「～로(으로)」에 해당된다.

万年筆で書きます。(만년필로 씁니다.)

日本語で話します。(일본어로 말합니다.)

病気で学校を休みます。(병으로 학교를 쉬겠읍니다.)

　우리말의 「～로(으로)」에 해당된다고 해서 항상 「で」를 써서는 안 된다. 우선은 「で」의 用法은 위 例에서 보는 바와 같이 材料·方法·原因·理由 등을 나타내는 경우에 쓰도록 하면 된다.

▨ ～を (助詞) ······우리말의 助詞 「～을(를)」에 해당된다.

パンを食べます。(빵을 먹습니다.)

ラジオを聞きます。(라디오를 듣습니다.)

テレビを見ます。(텔레비를 봅니다.)

　이 「を」는 発音은 「お」와 같으나 助詞로 쓰였을 때에는 이 「を」를 써야 한다. 그 외에는 「お」이다.

▨ いろいろ ······우리말의 「여러 가지」란 뜻인데 그 用例는 다음과 같다.

「いろいろの (또는 な)＋名詞」

いろいろの (또는 な) 花 (여러 가지 꽃)

いろいろの (또는 な) もの (여러 가지 물건)

「いろいろ＋動詞」

いろいろあります。(여러 가지 있읍니다.)

いろいろ見ます。(여러 가지 봅니다.)

「いろいろです」

人はいろいろです。(사람은 가지각색입니다.)

▨ けれども (接続詞) ······우리말의 「그러나」 「그렇지만」의 뜻으로서, 主로 「けれど」 「けども」 또는 「けど」라는 준말을 많이 사용한다.

▨ ～に (助詞) ······場所를 뜻하는 것으로 「에 (에게)」에 해당된다.

ここにあります。(여기에 있읍니다.)　へやにあります。(방에 있읍니다.)

したにあります。(밑에 있읍니다.)　いぬにあります。(개에게 있읍니다.)

私にあります。(나에게 있읍니다.)　先生にあります。(선생님에게 있읍니다.)

▨ ～ます (助動詞) ······動詞의 連用形에 접속되어 공손한 마음을 나타낸다. 즉, 우리말의 어미 「～ㅂ니다」에 해당된다.

「ます」의 부정은 「ません」(「～지 않습니다」) 이다.

見ます (봅니다)　　　　　見ません (보지 않습니다)

します (합니다)　　　　　しません (하지 않습니다)

■ 動詞에 대하여

事物의 動作・作用・狀態・存在 등을 나타내고 單獨으로 文의 述語가 될 수 있으며 活用을 한다.

基本形의 語尾는 반드시 「～ウ段(즉, う・く・す・つ・ぬ・む・る・ぐ・ぶ)」이다.

ある(있다), みる(보다), する(하다), きく(듣다), たべる(먹다), かぐ(맡다), はなす(말하다), もつ(들다), かく(쓰다), あるく(걷다) 등은 모두 動詞이다.

(1) 動詞의 基本形의 用例

目でみる(눈으로 본다, 또는 눈으로 **보겠다**)

耳できく(귀로 듣는다, 또는 귀로 **듣겠다**)

パンをたべる(빵을 먹는다, 또는 빵을 **먹겠다**)

위의 例와 같이 基本形 자체로서 述語가 될 수 있는데, 이 경우의 活用形을 終止形이라고 한다. 환언하면, 動詞의 경우에 우리말의 語尾「～ㄴ다」또는「～겠다」를 나타내기 위해서는 終止形, 즉 基本形을 그대로 사용하면 된다.

みる人(보는 사람, 또는 볼 사람)

みるとき(볼 때)

みるまえ(보기 전)

「人, とき, まえ」는 모두 名詞이다. 動詞가 名詞 앞에 올 때도 基本形이 온다. 이 경우의 活用形을 連体形이라고 한다. 환언하면, 動詞의 경우에 우리말의 語尾「～ㄹ」「～는」「～기」 다음에 名詞가 올 때에는 日本語의 경우는 連体形, 즉 基本形을 그대로 사용하면 된다.

(2) 動詞의 種類

動詞는 그 活用하는 형에 따라 다음의 다섯 가지로 区分한다.

① 五段活用動詞：ある, きく, はなす 등

② 上一段活用動詞：みる 등

③ 下一段活用動詞：たべる 등

④ カ行変格活用動詞：くる(오다) 뿐

⑤ サ行変格活用動詞：する(하다) 뿐

☆ 動詞의 種類를 判別하는 方法(基本形을 中心으로)

五段活用動詞：① 基本形의 語尾가 「る」가 아닌 것, 즉 「う・く・す・つ・ぬ・む・ぐ・ぶ」로 끝나는 것은 五段活用動詞이다.

例：かく, はなす, かぐ, もつ 등.

② 基本形의 語尾가 「る」일 경우, 「る」바로 앞에 있는 音이 「イ段(즉, い・き・し・ち・に……)」및 「エ段(즉, え, け, せ, て, ね……」가 아닌 것은 五段活用動詞이다.

例：ある, わかる(알다), とる(집다), かぶる(쓰다) 등.

上一段活用動詞：基本形의 語尾가 「る」로 끝나고 「る」바로 앞의 音이 「イ段(즉,

い・き・し・ち・に・ひ・み 등)」인 것은 上一段活用動詞이다.

　　例：みる, できる (할 수 있다), おりる (내리다) 등.

下一段活用動詞：基本形의 語尾가「る」로 끝나고「る」바로 앞의 音이「エ段(즉,
え・け・せ・て・ね・へ・め・れ 등)」인 것은 下一段活用動詞이다.

　　例：たべる, おしえる (가르치다), あける (열다) 등.

カ行変格活用動詞：くる뿐

サ行変格活用動詞：する뿐

위의 판별하는 方法 中 五段活用動詞에는 例外가 없으나 上一段活用動詞와 下一段
活用動詞에는 例外가 되는 것들이 있으니 注意를 要한다.

上一段活用動詞의 例外：はいる (들어가다, 들어오다)
　　要る (필요하다), 切る (자르다), 知る (알다), 走る (달리다) 등.

下一段活用動詞의 例外：帰る (돌아가다, 돌아오다)
　　減る (줄다), 照る (쬐다), 蹴る (차다) 등.

上一段活用動詞와 下一段活用動詞의 例外가 되는 動詞는 모두 五段活用動詞이다.

(3) 動詞의 連用形

　　動詞가 助動詞「ます」에 연결될 때의 活用形을 用言에 연결되는 形이라 하여 連用
形이라고 한다.

　　　ある ⟶ あります　　　　　みる ⟶ みます

　　　する ⟶ します　　　　　　きく ⟶ ききます

　　　たべる ⟶ たべます　　　　はなす ⟶ はなします

☆動詞의 連用形을 만드는 方法

고딕체 부분이 連用形이다.

① 五段活用動詞

　基本形의 어미「～ウ段」을「～イ段」으로 고치면 된다.

　　　즉,「う」⟶「い」,　　「く」⟶「き」,　　「す」⟶「し」,

　　　「つ」⟶「ち」,　　「ぬ」⟶「に」,　　「む」⟶「み」,

　　　「る」⟶「り」로 고치면 된다.

　　　例：ならう (배우다) ⟶ ならい (ます)

　　　きく (듣다) ⟶ きき (ます)

　　　はなす (말하다) ⟶ はなし (ます)

　　　もつ (들다) ⟶ もち (ます)　　しぬ (죽다) ⟶ しに (ます)

　　　よむ (읽다) ⟶ よみ (ます)　　ある (있다) ⟶ あり (ます)

　　　かぐ (맡다) ⟶ かぎ (ます)　　とぶ (날다) ⟶ とび (ます)

② 上一段活用動詞와 下一段活用動詞는 어떤 活用에도 항상 같다.

　上一段活用動詞와 下一段活用動詞의 連用形은 基本形의 끝 부분 語尾의「る」를
빼면 된다.

例：上一段活用動詞

いる(있다) ⟶ い(ます)　　　　　みる(보다) ⟶ み(ます)

できる(할 수 있다) ⟶ でき(ます)　おりる(내리다) ⟶ おり(ます)

下一段活用動詞

でる(나가다) ⟶ で(ます)　　　　たべる(먹다) ⟶ たべ(ます)

おしえる(가르치다) ⟶ おしえ(ます)　あける(열다) ⟶ あけ(ます)

③ カ行変格活用動詞：くる(오다) ⟶ き(ます)

④ サ行変格活用動詞：する(하다) ⟶ し(ます)

五段活用・上一段活用・下一段活用은 規則的으로 活用하는 正格活用動詞이고, カ 行変格活用・サ行変格活用은 不規則的으로 活用하는 変格活用動詞이다.

‖‖‖‖‖‖‖‖‖‖‖‖‖‖ 연습문제 ‖‖‖‖‖‖‖‖‖‖‖‖‖‖

다음 글을 日本語로 번역하시오.

1. 우리들은 물고기랑 그 밖에 여러 가지 것을 먹습니다.

2. 미국인도 물고기를 먹습니다.

3. 당신도 라디오(ラジオ)를 듣습니까?

4. 네, 듣습니다.　여기에 내 라디오가 있습니다.

5. 당신은 빵(パン)을 먹습니까?

6. 아니오, 안 먹습니다.

7. 저 미국인의 눈은 파랗습니다.

8. 나의 눈은 파랗습니까, 갈색입니까?

9. 당신의 눈은 까맣습니다. 파란 눈도 갈색 눈도 아닙니다.

10. 연필로 무엇을 합니까?

◁해답▷

1. 私たちはさかなやそのほかいろいろのものを食べます。　2. アメリカ人も さかなを食べます。　3. あなたも ラジオを聞きますか。　4. はい，聞きます。ここに 私のラジオがあります。　5. あなたはパンを食べますか。　6. いいえ，食べません。　7. あのアメリカ人の目は青いです。　8. 私の目は青いですか，茶色ですか。　9. あなたの目は黒いです。青い目でも茶色の目でもありません。　10. 鉛筆で何をしますか。

八. 日本語を ならいます

あなたがたは　この　学校の　学生です。

あなたがたは　この　学校で　日本語を　ならいます。

私は　あなたがたの　先生です。

私は　あなたがたに　日本語を　おしえます。

あなたは　日本語が　わかりますか。

　はい，わかります。

よく　わかりますか。

　いいえ，まだ　よく　わかりません。

ドイツ語は　わかりますか。

　いいえ，　ドイツ語は　ちっとも　わかりません。

　けれども　フランス語が　少し　できます。

どこで　フランス語を　ならいましたか。

　アメリカの　学校で　ならいました。

だれに　ならいましたか。

　フランス人の　先生に　ならいました。

フランス語は　むずかしいですか。

　いいえ，あまり　むずかしくは　ありません。

　かなり　やさしいです。

漢字읽기 ————————

八(はち)　学生(がくせい)　習う(なら)　教える(おし)　分かる(わか)(分る(わか))　少し(すこ)　難しい(むずか)　易しい(やさ)

第8課　일본어를 배웁니다

당신들은 이 학교의 학생들입니다.　당신들은 이 학교에서 일본어를 배웁니다.
나는 당신들의 선생입니다.　나는 당신들에게 일본어를 가르칩니다.

당신은 일본어를 압니까?   예, 압니다.

잘 압니까?   아니오, 아직 잘 모릅니다.

독일어는 압니까?   아니오, 독일어는 조금도 모릅니다.

　그렇지만 불어는 조금 할 수 있읍니다.

어디서 불어를 배웠읍니까?   미국 학교에서 배웠읍니다.

누구에게 배웠읍니까?   프랑스 사람인 선생님에게 배웠읍니다.

불어는 어렵습니까?　아니오, 그다지 어렵지 않습니다.　패 쉽습니다.

＝낱＿말＿풀＿이＝

がくせい(学生)：图 학생

〜で：조 〜에서 例 この学校で日本語を
習います。(이 학교에서 일본어를 배웁
니다.)

なら(習)います：배웁니다 〈「なら(習)う
(배우다)＋ます」의 꼴〉

〜に：조 〜에게 例 あなたがたに日本語
を教えます。(당신들에게 일본어를 가르
칩니다.)

おし(教)えます：가르칩니다 〈「おし(教)
える(가르치다)＋ます」의 꼴〉

わか(分)ります：이해됩니다, 압니다 〈「わ
か(分)る(이해되다, 알다)＋ます」의 꼴〉

よく：무 잘, 자주

まだ：무 아직

わか(分)りません：모릅니다, 이해되지 않
습니다 〈「わか(分)る＋ます＋ん」의 꼴〉

ドイツご(語)：图 독일어

ちっとも：무 조금도

すこ(少)し：무 조금

できます：가능합니다, 할 수 있읍니다.
〈「できる(가능하다, 할 수 있다)＋ます」
의 꼴〉

フランスご(語)：图 불어

なら(習)いました：배웠읍니다 〈「なら(習)
う＋ました(〜왔(었)읍니다)」의 꼴〉

アメリカ：图 미국

だれ(誰)：图 누구

フランスじん(人)：图 프랑스인

むずか(難)しい：图 어렵다

あまり：무 그다지

かなり：무 패

やさ(易)しい：图 쉽다

＝한＿자＿풀＿이＝

八 {
や　：八百屋(やおや) 야채가게
やっ：八(や)つ裂(ざ)き 갈가리 찢음
やっつ：八(やっ)つ 여덟
よう：八日(ようか) 8일
ハチ：八月(ハチガツ) 8월
}

習 {
ならう：習(なら)う 배우다
シュウ：練習(レンシュウ) 연습
}

教 {
おしえる：教(おし)える 가르치다
おそわる：教(おそ)わる 가르침을 받다
キョウ：教育(キョウイク) 교육
}

難 {
かたい：許(ゆる)し難(がた)い
　　　　용서하기 어렵다
むずかしい：難(むずか)しい 어렵다
ナン：難易(ナンイ) 난이
}

分	わける：分(わ)ける　나누다	**少**	すくない：少(すく)ない　적다
	わかれる：分(わ)かれる　갈라지다		すこし：少(すこ)し　조금
	わかる：分(わ)かる　알다		ショウ：少年(ショウネン)　소년
	わかつ：分(わ)かつ　구분하다	**易**	やさしい：易(やさ)しい　쉽다
	ブン：分解(ブンカイ)　분해		エキ：貿易(ボウエキ)　무역
	フン：分別(フンベツ)　분별		イ　：容易(ヨウイ)　용이
	ブ：五分(ゴブ)　5푼		

<u>해　설</u>────────

■ ～で (**助詞**) …… ① 우리말의 「～로(～으로)」에 해당된다.
　　　鉛筆(えんぴつ)で書(か)きます。(연필로 씁니다.)
　　　足(あし)で歩(ある)きます。(발로 걷습니다.)

　② 動作(どうさ)이 行(おこな)하여지는 場所(ばしょ)를 나타낸다. 우리말의 助詞 「～에서」에 해당된다.
　　　学校(がっこう)でならいます。(학교에서 배웁니다.)
　　　私(わたし)のへやの中(なか)で見(み)ます。(내 방 안에서 봅니다.)
　　　どこでたべましたか。(어디서 먹었읍니까?)

■ ～に (**助詞**) …… ① 우리말의 「～에」에 해당된다.[1]
　　　ここにあります。(여기 있읍니다.)
　　　箱(はこ)の中(なか)にあります。(상자 속에 있읍니다.)

　② 動作(どうさ)・作用(さよう)이 미치는 대상을 나타낸다. 우리말의 助詞「～에게」에 해당된다.
　　　学生(がくせい)におしえます。(학생에게 가르칩니다.)
　　　あなたにはなします。(당신에게 말합니다.)
　　　だれにききましたか。(누구에게서 들었읍니까?)

■ **わかる**……自動詞(じどうし)로서 「이해되다」「판명되다」의 뜻인데, 우리말의 「알다」「알 수 있다」의 뜻으로 쓴다.
　　　日本語(にほんご)がわかります。(일본어가 이해됩니다. 즉, 일본어를 압니다.)
　이 경우에 우리말이 「～을(를) 압니다」라고 해서 「～을(를)」에 해당되는 助詞 「～を」를 사용해서는 안 된다. 「～がわかります」처럼 「が」를 사용하는 것에 주의해야 한다.
　　　영어를 압니까? ──→ 英語(えい)がわかりますか。

■ **できる** …… 이 動詞(どうし)도 自動詞(じどうし)로서 「가능하다」의 뜻인데, 우리말의 「할 수 있다」「할 줄 안다」의 뜻으로 쓴다.
　　　日本語(にほんご)ができます。(일본어가 가능합니다. 즉, 일본어를 할 수 있읍니다.)
　이 경우에도 우리말이 「～을(를) 할 수 있읍니다」라고 해서 「～をできます」라고는

────────────
1) 5과 참조.

말하지 않고, 「~ができます」라고 해야 한다.

　　　　불어를 할 수 있읍니다. ── フランス語ができます。

　※「외국어를 한다」라는 말을 할 경우에는 「한다」에 해당되는 말은 「する」를 사용하지 않고 「できる」를 사용해야 한다.

　　　　나는 영어를 **합니다** ── 私は英語ができます。

■ 同格을 나타내는 경우에는 助詞 「の」를 사용한다.

　　　　フランス人**の**先生 ── 프랑스 사람인 선생님

　　　　私のともだち**の**木村さん ── 내 친구인 키무라 씨

■ **~ました** ……「ます」의 부정은 「ません」

　　　　「ます」의 과거는 「ました」

　　　　「ません」의 과거는 「ませんでした」이다.

　　　　「動詞의 連用形＋ます」 (~ㅂ니다, ~겠읍니다)

　　　　「動詞의 連用形＋ません」 (~지 않습니다, ~지 않겠읍니다)

　　　　「動詞의 連用形＋ました」 (~앐〈었〉읍니다)

　　　　「動詞의 連用形＋ませんでした」 (~지 않았읍니다)

■ ならう(배우다) → ならいます(배웁니다, 배우겠읍니다)

　　　　　　　　　ならいません(배우지 않습니다, 배우지 않겠읍니다)

　　　　　　　　　ならいました(배웠읍니다)

　　　　　　　　　ならいませんでした(배우지 않았읍니다)

■ 教える (가르치다)→ 教えます(가르칩니다, 가르치겠읍니다)

　　　　　　　　　教えません (가르치지 않습니다, 가르치지 않겠읍니다)

　　　　　　　　　教えました (가르쳤읍니다)

　　　　　　　　　教えませんでした (가르치지 않았읍니다)

■ わかる (알다) → わかります(압니다, 알겠읍니다)

　　　　　　　　わかりません (모릅니다, 모르겠읍니다)

　　　　　　　　わかりました (알았읍니다)

　　　　　　　　わかりませんでした (몰랐읍니다)

■ できる(할 수 있다) → できます(할 수 있읍니다, 할 수 있겠읍니다)

　　　　　　　　　できません(할 수 없읍니다, 할 수 없겠읍니다, 못합니다, 못하

　　　　　　　　　　　겠읍니다)

　　　　　　　　　できました(할 수 있었읍니다)

　　　　　　　　　できませんでした(할 수 없었읍니다, 못했읍니다)

■ **あまり** ……「あまり」밑에 부정이 오면 「그다지」의 뜻이 되고 긍정이 오면 「너무」의 뜻이 된다.

　　　　あまりむずかしくはありません。(그다지 어렵지 않습니다.)

　　　　あまりむずかしいです。(너무 어렵습니다.)

|||||||||||||| 연습문제 ||||||||||||||

다음 글을 日本語로 번역하시오.

1. 나는 이 학교에서 日本語와 英語를 배 웁니다.

2. 나는 日本語科의 学生입니다.

3. 이 학교에서는 仏語랑 独語랑 그 밖의 여러 가지 外国語를 가르칩니다.

4. 나는 英語는 꽤 잘합니다.

5. 그렇지만 日本語는 잘 모릅니다.

6. 당신은 누구에게서 英語를 배웠읍니 까?

7. 미국인 先生에게서 배웠습니다.

8. 당신은 어디서 텔레비전(テレビ)을 보았읍니까?

9. 나는 내 방에서 보았읍니다.

10. 개는 냄새를 잘 맡습니다.

◁해답▷

1. 私はこの学校で日本語と英語を習います。   2. 私は日本語科の学生です。(일본어과……日本語科, 영문과……英文科, 경제과……経済科)   3. この学校では フランス語やドイツ語やそのほかいろいろの外国語を教えます。㊟ 외국어……外国語 4. 私は英語はかなりよくできます。   5. けれども, 日本語はよく分かりません。   6. あなたはだれに英語を習いましたか。   7. アメリカ人の先生に習いました。   8. あなたはどこでテレビを見ましたか。   9. 私は私の部屋で見ました。   10. 犬はにおいをよくかぎます。

九. なまえを かきました

机の　上に　本が　あります。

私は　本を　とります。

それから　本を　あけます。

それから　本を　とじます。

それから　本を　おきます。

私は　どこに　本を　おきましたか。

　つくえの　上に　おきました。

ここに　白い　紙が　あります。

この　紙に　なまえを　書きます。

私は　この　万年筆で　書きます。

私は　いま　なにを　しましたか。

　名前を　書きました。

鉛筆で　かきましたか。

　いいえ，万年筆で　書きました。

そうです。私は　鉛筆で　書きませんでした。万年筆で　書きました。

あなたの　お名前は　なんと　いいますか。

　ブラウンと　いいます。

それは　何と　いう　意味ですか。

　茶色と　いう　意味です。

「みどり」は　英語で　何と　いいますか。

　「グリーン」と　いいます。

漢字읽기―――――――――――

九　取る　開ける　閉じる　置く　今　名前　言う　意味

第9課 이름을 썼습니다

책상 위에 책이 있습니다.　나는 책을 집습니다.　그리고 책을 폅니다.

그리고 책을 덮습니다.　그리고서 책을 놓습니다.

나는 어디에 책을 놓았습니까?　　　　책상 위에 놓았습니다.

여기에 흰 종이가 있습니다.　이 종이에 이름을 씁니다.　나는 이 만년필로 씁니다.

나는 지금 무엇을 했습니까?　　　　　이름을 썼습니다.

연필로 썼습니까?　　　　　　　　　아니오, 만년필로 썼습니다.

그렇습니다.　나는 연필로 쓰지 않았습니다.　만년필로 썼습니다.

당신의 성함은 무엇이라고 합니까?　　브라운이라고 합니다.

그것은 무엇이라는 뜻입니까?　　　　갈색이라는 뜻입니다.

「초록색」은 영어로 무엇이라고 합니까?　「그린」이라고 합니다.

낱말풀이

と(取)ります : 집습니다 〈「と(取)る(집다)＋ます」의 꼴〉

それから : 젭 그리고서, 그리하여, 그 다음에

あ(開)けます : 폅니다 〈「あ(開)ける(열다, 펴다)＋ます」의 꼴〉

と(閉)じます : 덮습니다 〈「と(閉)じる(덮다)＋ます」의 꼴〉

お(置)きます : 놓습니다 〈「お(置)く(놓다)＋ます」의 꼴〉

なまえ(名前) : 圀 이름, 성함

いま(今) : 圀 지금

か(書)きませんでした : 쓰지 않았습니다. 〈「か(書)く＋ませんでした(~지 않았습니다)」의 꼴〉

~と : 죄 ~(라)고, ~하고　예 おなまえは何といいますか。(성함은 무엇이라고 합니까?)

い(言)います : 말합니다 〈「い(言)う(말하다)＋ます」의 꼴〉

い(言)う : 타5 : 말하다

いみ(意味) : 圀 뜻, 의미

한자풀이

九
ここの : 九日(ここのか) 9일
ここのつ : 九(ここの)つ 아홉
キュウ : 九百(キュウヒャク) 구백
ク : 九月(クガツ) 9월

取
とる : 取(と)る 집다
シュ : 取材(シュザイ) 취재

開
あく : 開(あ)く 열리다
あける : 開(あ)ける 열다
カイ : 開始(カイシ) 개시
ひらく : 開(ひら)く 열리다
ひらける : 開(ひら)ける 열리다

閉
とじる : 閉(と)じる 닫히다
とざす : 閉(と)ざす 닫다
しめる : 閉(し)める 닫다
しまる : 閉(し)まる 닫히다
ヘイ : 閉店(ヘイテン) 폐점

置 { おく：置(お)く 놓다
    チ ：位置(イチ) 위치

今 { いま：今(いま) 지금
    コン：今日(コンニチ) 오늘날
    キン：今上(キンジョウ) 금상

名 { な ：名前(なまえ) 이름
    メイ：有名(ユウメイ) 유명
         名誉(メイヨ) 명예
    ミョウ：名字(ミョウジ) 성

言 { いう：言(い)う 말하다
    こと：言葉(ことば) 말
    ゲン：言行(ゲンコウ) 언행
    ゴン：伝言(デンゴン) 전언

意 { イ ：意味(イミ) 뜻
         決意(ケツイ) 결의

味 { あじ：味(あじ) 맛
    あじわう：味(あじ)わう 맛보다
    ミ ：味覚(ミカク) 미각

해 설

■ とる(집다)→ とります, とりました(과거),
　　　　　　とりません(부정), とりませんでした(과거부정)

■ あける(열다, 펴다)→ あけます, あけました,
　　　　　　　あけません, あけませんでした

■ とじる(닫다)→ とじます, とじました,
　　　　　　とじません, とじませんでした

■ おく(놓다)→ おきます, おきました,
　　　　　　おきません, おきませんでした

■ かく(쓰다, 그리다)→ かきます, かきました,
　　　　　　　かきません, かきませんでした

■ いう(말하다)→ いいます, いいました,
　　　　　　いいません, いいませんでした

■ ～と (助詞)……① 「～와(과)」의 뜻
　　緑色と紫色(초록색과 보라색)　　先生と学生(선생님과 학생)
　　私は学校で日本語と英語を習います。(나는 학교에서 일어와 영어를 배웁니다.)
　　②動作・作用・状態의 内容을 나타낸다. 우리말의 助詞 「～고(～라고, ～이라고)」
에 해당된다.
　　これはくつといいます。(이것은 구두라고 합니다.)
　　少し小さいといいました。(조금 작다고 했읍니다.)
　　ここで絵を書くと言います。(여기서 그림을 그리겠다고 합니다.)
　　「本」という字です。(「本」이라는 글자입니다.)

■ ～という＋体言……「이라고 하는(～이라는)＋体言」
　　金という人(김이라는 사람)　　色というもの(색이라는 것)
　　何という花(무엇이라는 꽃)

■ 7課에서 설명했듯이 名詞의 앞에는 動詞의 連体形이 온다. 動詞의 連体形은 基本形과 같다.

字を書く手(글씨를 쓰는 손)
日本語を習う学生(일본어를 배우는 학생)
バナナを食べる人(바나나를 먹는 사람)

■「ません」의 과거는「ませんでした」인데,「でした」는「です」의 과거이다.

体言＋です(～입니다)   体言＋でした(～였읍니다)
体言＋じゃ(～では)ありません(～이(가) 아닙니다)
体言＋じゃありませんでした(～이 아니었읍니다)
茶色です(갈색입니다)   茶色でした(갈색이었읍니다)
茶色じゃありません(갈색이 아닙니다)
茶色じゃありませんでした(갈색이 아니었읍니다)

‖‖‖‖‖‖‖‖‖ 연습문제 ‖‖‖‖‖‖‖‖‖

다음 글을 日本語로 번역하시오.

1. 나는 상자 속의 연필을 집었읍니다.
2. 그리고 그 연필로 종이에 그림을 그렸읍니다.
3. 무슨 그림을 그렸읍니까?
4. 고양이의 그림입니다.
5. 저 분홍빛 꽃은 무엇이라고 합니까?
6. 그것은 벚(さくら)꽃입니다.
7. 이 窓을 당신이 열었읍니까?
8. 아니오, 나는 그 창을 열지 않았읍니다.
9. 나는 학교에서 日本語를 배우지 않았읍니다.
10. 나는 日本語는 조금도 하지 못했었읍니다.

◁해답▷

1. 私は箱の中の鉛筆をとりました。 2. それから, その鉛筆で紙に絵をかきました。㉜ それから는 접속사이다. 접속사 다음에는「,」를 찍고 피어쓰기를 하는 것이 보통이다. 3. なんの絵をかきましたか。 4. 猫の絵です。 5. あの桃色の花はなんといいますか。 6. それはさくらの花です。 7. このまどをあなたがあけましたか。 8. いいえ, 私はそのまどをあけませんでした。 9. 私は学校で日本語をならいませんでした。㉜日本의 教育制度는 우리 나라와 마찬가지로 六, 三, 三, 四制이다. 우리 나라는 三月에 新学期가 시작되지만, 日本은 四月에 新学期가 시작된다. 幼稚園(유치원), 小学校(국민학교), 小学生(국민 학생), 中学校(중학교) 中学生(중학생), 高等学校(고등 학교) 高校生(고등 학생), 大学(대학교) 大学生(대학생), 大学院(대학원) (大学校라는 말을 쓰지 않는다.) 10. 私は日本語はちっともできませんでした。

十. おたちなさい

金さん，おたちなさい。

あなたは　今　なにを　しましたか。

　たちました。

ここへ　おいでなさい。

ドアの　所へ　おいでなさい。

ドアを　おあけなさい。

へやの　そとへ　おでなさい。

へやの　中へ　おはいりなさい。

ドアを　おしめなさい。

あなたの　席へ　お帰りなさい。

おかけなさい。

あなたは　どこへ　行きましたか。

　ドアの　所へ　行きました。

ドアを　あけましたか。

　はい，あけました。

それから　どう　しましたか。

　へやの　そとへ　でました。

それから　どう　しましたか。

　へやの　中へ　はいりました。

それから　どこへ　行きましたか。

　わたくしの　席へ　きました。

漢字읽기 ────────────

十　金　今　立つ　所　部屋　出る　入る　閉める　席
じゅう　キム　いま　た　ところ　へや　で　はい　し　せき

帰る　掛ける　行く　来る　来ます

第10課　일어서십시오

김씨, 일어서십시오.　당신은 지금 무엇을 했읍니까?　일어섰읍니다.
여기로 오십시오.　문 있는 곳으로 가십시오.　문을 여십시오.
방 밖으로 나가십시오.　방 안으로 들어오십시오.　문을 닫으십시오.
당신 자리로 돌아가십시오.　　　　　　앉으십시오.
당신은 어디로 갔읍니까?　　　　　　문 있는 곳으로 갔읍니다.
문을 열었읍니까?　예, 열었읍니다.　그리고서 어떻게 했읍니까?
방 밖으로 나갔읍니다.　그리고서 어떻게 했읍니까?　방 안으로 들어왔읍니다.
그리고서 어디로 갔읍니까?　　　　　　내 자리에 왔읍니다.

낱말풀이

おた(立)ちなさい: 일어서시오 〈「お＋た(立)つ(일어서다)＋なさい」의 꼴〉

～へ: 國 ～에, ～으로 〈方向을 나타내는 助詞로 읽을 때는 [e]로 읽음〉 ⑩ 学校へ行きます。(학교에 갑니다.)

おいでなさい: 오시오

ところ(所): 國 곳

おあ(開)けなさい: 여시오 〈「お＋あ(開)ける＋なさい」의 꼴〉

そと(外): 國 밖, 바깥

おで(出)なさい: 나가시오 〈「お＋で(出)る(나가다, 나오다)＋なさい」의 꼴〉

おはいりなさい: 들어오시오 〈「お＋はいる(들어가다, 들어오다)＋なさい」의 꼴〉

おしめなさい: 닫으시오 〈「お＋しめる(닫다)＋なさい」의 꼴〉

せき(席): 國 자리

おかえりなさい: 돌아가시오 〈「お＋かえ(帰)る (돌아가다, 돌아오다)＋なさい」의 꼴〉

おかけなさい: 앉으시오 〈「お＋か(掛)ける(앉다)＋なさい」의 꼴〉

い(行)きました: 갔읍니다 〈「い(行)く(가다)＋ました」의 꼴〉

どう: 國 어떻게

きました: 왔읍니다 〈「く(来)る(오다)＋ました」의 꼴〉

한자풀이

十 {
とお：十(とお) 열
と：十人十色(ジュウニンといろ) 각인 각색
ジュウ：十字架(ジュウジカ) 십자가
ジッ：十回(ジッカイ) 열 번
}

立 {
たつ：立(た)つ 일어서다
たてる：立(た)てる 세우다
リツ：独立(ドクリツ) 독립
}

所 {
ところ：所(ところ) 곳
ショ：住所(ジュウショ) 주소
}

出
- でる：出(で)る (나가다, 나오다)
- だす：出(だ)す 내다
- シュツ：出入(シュツニュウ) 출입
- スイ：出納(スイトウ) 출납

入
- いる：入(い)る 들다
- いれる：入(い)れる 넣다
- はいる：入(はい)る 들어가다, 들어오다
- ニュウ：入学(ニュウガク) 입학

席
- セキ：席(セキ) 자리 出席(シュッセキ) 출석

帰
- かえる：帰(かえ)る 돌아가다, 돌아오다
- かえす：帰(かえ)す 돌려보내다

掛
- キ：帰還(キカン) 귀환
- かける：掛(か)ける 앉다, 걸다
- かかる：掛(か)かる 걸리다
- かかり：掛(かかり) 걸림

行
- いく：行(い)く 가다
- ゆく：行方(ゆくえ) 행방
- おこなう：行(おこな)う 행하다
- コウ：旅行(リョコウ) 여행
- ギョウ：行列(ギョウレツ) 행렬
- アン：行脚(アンギャ) 행각

来
- くる：来(く)る 오다
- きたる：来(き)たる 오는
- きたす：来(き)たす 오게 하다
- ライ：来年(ライネン) 내년

해 설 ────────────

■「動詞의 連用形＋なさい」……「～하시오(하십시오)」라는 부드러운 命令의 뜻이 된다.

　　かく(쓰다) ⟶ かきなさい(쓰시오)

　　おしえる(가르치다) ⟶ おしえなさい(가르치시오)

　　はなす(말하다) ⟶ はなしなさい(말하시오)

　　たつ(일어서다) ⟶ たちなさい(일어서시오)

　動詞 위에 존칭의 접두어「お」를 붙이면 좀더 어감을 부드럽게 하는 명령의 뜻「십시오」가 된다. 이「お」는 꼭 붙여야 되는 것은 아니고 생략해도 무방하다.

　　あるく(걷다) ⟶ おあるきなさい(걸으십시오)

　　あける(열다) ⟶ おあけなさい(여십시오)

　　かける(앉다) ⟶ おかけなさい(앉으십시오)

■ ～へ(助詞)……動作의 方向을 나타낸다. 우리말의 助詞「～로(～으로), ～에」에 해당된다. 쓸 때는「へ」라고 쓰지만 읽을 때는「え」라고 発音한다.

　　学校へ行きました。(학교에 갔읍니다.)

　　部屋のそとへ出ます。(방 밖으로 나갑니다.)

　　ここへ来なさい。(여기로 오시오.)

　＊動作의 方向을 나타낼 경우에는 助詞「に」도 사용한다.

　　学校へ行く＝学校に行く(학교에 간다.)

　　部屋の中へはいる＝部屋の中にはいる。(방 안에 들어간다.)

■ 動詞의 用例

　　たつ(일어서다) ⟶ たちます, たちました(과거), たちません(부정),

たちませんでした(과거부정), たちなさい(명령)

する (하다) ⟶ します, しました, しません, しませんでした, しなさい

あける (열다) ⟶ あけます, あけました, あけません, あけませんでした,
　　　　　　　あけなさい

でる (나가다, 나오다) ⟶ でます, でました, でません,
　　　　　　　でませんでした, でなさい

はいる (들어가다, 들어오다) ⟶ はいります, はいりました, はいりません,
　　　　　　　はいりませんでした, はいりなさい

しめる (닫다) ⟶ しめます, しめました, しめません,
　　　　　　　しめませんでした, しめなさい

かえる (돌아가다, 돌아오다) ⟶ かえります, かえりました, かえりません,
　　　　　　　かえりませんでした, かえりなさい

かける (걸터앉다) ⟶ かけます, かけました, かけません,
　　　　　　　かけませんでした, かけなさい

いく (가다) ⟶ いきます, いきました, いきません,
　　　　　　　いきませんでした, いきなさい

くる (오다) ⟶ きます, きました, きません, きませんでした, きなさい

■ 「はいる」「かえる」는 上一段活用動詞도 下一段活用動詞도 아니고 五段活用動詞이다.

■ 「でる (나가다, 나오다)」「はいる (들어가다, 들어오다)」「かえる (돌아가다, 돌아오다)」 등의 동사는 「오다, 가다」의 양쪽에 다 쓰이나, 혼돈을 피하기 위해 정확히 말할 때는 「くる (오다), いく (가다)」를 붙여서 말한다. (11과에서 다시 설명함)

■ **おいでなさい**……「おいで」는 「でる, いく, くる, いる (사람 등이 있다)」의 높임말로 쓴다.

　「おいで」가 단독으로 쓰이면 손짓하며 부르는 소리가 된다.

　　坊や！ ここへおいで。(아가야! 이리 온.)

　「おいでなさい」는 「でなさい, いきなさい, きなさい, いなさい」보다 공손한 명령의 뜻이 된다.

こう 이렇게	そう 그렇게	ああ 저렇게	どう 어떻게

こうです(이렇습니다)　　　　　　　　そうです(그렇습니다)
ああです(저렇습니다)　　　　　　　　どうですか(어떻습니까?)

|||||||||||||||||||| 연습문제 ||||||||||||||||||||

다음 글을 日本語로 번역하시오.

1. 저 窓을 여시오.　　　　　　　　2. 그 책을 책상 위에 놓으시오.

3. 당신은 책을 어떻게 했읍니까?

4. 책상 위에 놓았읍니다.

5. 당신의 성함을 쓰십시오.

6. 당신은 이름을 썼읍니까?

7. 아니오, 아직 안 썼읍니다.

8. 당신은 지금 무엇을 했읍니까?

9. 아무것도 안 했읍니다.

10. 나 있는 데로 오십시오.

◁해답▷

1. あの窓をおあけなさい。　**2.** その本を机の上におおきなさい。　**3.** あなたは本をどうしましたか。　**4.** 机の上におきました。　**5.** あなたのお名前をお書きなさい。**6.** あなたはお名前を書きましたか。　**7.** いいえ, まだ書きません。㊟「まだ」는 現在完了계속을 뜻하는 단어이므로「まだ」다음에는 과거로 말하지 않고 현재로 말한다. 아직 안 먹었읍니다 → まだ食べません。아직 안 왔읍니다 → まだ来ません。　**8.** あなたは今なにをしましたか。　**9.** なんにもしませんでした。　**10.** 私の所へおいでなさい。㊟「나 있는 데」의「데」는 장소를 뜻하므로「ところ」이다.「있는」은「내」가 소속되어 있는 곳을 가리키고 있으므로「の」로 하면 된다. 선생님 있는 데로 가시오.→ 先生の所へ行きなさい。

十一. 一と 二で 三に なります

一と 二で 三に なります。

四と 五で いくつに なりますか。

　九に なります。

六と 七と どっちが 大きいですか。

　七の ほうが 大きいです。

八と 九を くらべて ごらんなさい。

　九は 八より 大きいです。

　八は 九より 小さいです。

七の 二倍は 十四です。

五の 四倍は いくつですか。

　二十です。

六は 十二の 半分です。

三は 六の 二分の一です。　　　　$3 = 6 \times \frac{1}{2}$

二は 八の 四分の一です。　　　　$2 = 8 \times \frac{1}{4}$

六は 九の 三分の二です。　　　　$6 = 9 \times \frac{2}{3}$

十は 百の 十分の一です。　　$10 = 100 \times \frac{1}{10}$

では, 十一から, 二十まで かぞえて ごらんなさい。

漢字읽기
十一　比べる　二倍　四倍　二十　半分　二分の一　百　数える

第11課　1과 2로 3이 됩니다

1과 2로 3이 됩니다.

4와 5로 몇이 됩니까?　　　　　　　　9가 됩니다.

6과 7과 어느 편이 큽니까?   7쪽이 큽니다.

8과 9를 비교해 보십시오.   9는 8보다 큽니다.   8은 9보다 작습니다.

7의 2배는 14입니다.   5의 4배는 몇입니까?   20입니다.

6은 12의 반입니다.   3은 6의 $\frac{1}{2}$입니다.   2는 8의 $\frac{1}{4}$입니다.

6은 9의 $\frac{2}{3}$입니다.   10은 백의 $\frac{1}{10}$입니다.

그러면, 11에서 20까지 세어 보십시오.

낱 말 풀 이

~に : 图 ~이, ~가, ~으로 (결과를 나타냄) 예 先生になります。(선생님이 됩니다.) 〔꼴〕

なります : 됩니다 〈「なる(된다)＋ます」의

どっち : 图 어느 쪽, 어느 편

ほう(方) : 图 쪽, 편

くら(比)べてごらんなさい : 비교해 보시오 〈「くら(比)べる(비교하다)＋图 て＋ごらんなさい(보시오)」의 꼴〉

~て : 图 ~하고, ~하여, ~하여서 예 食べてきました。(먹고 왔습니다.)

ごらんなさい : 보시오

~より : 图 ~보다 예 英語より日本語の 方が易しいです。(영어보다 일본어 쪽이 쉽습니다.)

~ばい(倍) : 접미 ~배 예 二倍(두 배)

はんぶん(半分) : 图 반

~ぶん(分)の~ : ~분의~ 예 二分の一 (2분의 1)

ひゃく(百) : 图 백

~から : 图 ~에서, ~부터 예 学校から 来ました。(학교에서 왔습니다.)

~まで : 图 ~까지 예 一から百までかぞ えました。(일에서 백까지 셌습니다.)

かぞ(数)えて : 세어 〈「かぞ(数)える(세다) ＋て」의 꼴〉

한 자 풀 이

比 { くらべる : 比(くら)べる 비교하다
ヒ : 比較(ヒカク) 비교 }

倍 { バイ : 倍率(バイリツ) 배율
二倍(にバイ) 두 배 }

百 { ヒャク : 数百(スウヒャク) 수백
百貨店(ヒャッカテン) 백화점
八百屋(ヤオヤ) 야채가게 }

半 { なかば : 半(なか)ば 반
ハン : 大半(たいはん) 태반 }

数 { かず : 数(かず) 수
かぞえる : 数(かぞ)える 세다
スウ : 数字(スウジ) 숫자
ス : 数寄屋(スキヤ) 다실
人数(ニンズ) 인수 }

해 설

■ 5課에서 설명했듯이 「ひとつ, ふたつ, みっつ……」하고 열까지 세고 그 以上은 「十

「一, 十二……」하고 센다. 「十」 이하의 数도 여기서와 같이 「一, 二, 三……」으로 셀 수도 있다. 그러나 물건을 셀 때에는 그 물건에 따라서 定해져 있는 말(助数詞)을 붙여서 말한다.

■「四」는 「し」 또는 「よん」이라고 하며, 「七」은 「しち」 또는 「なな」, 「九」는 「く」 또는 는 「きゅう」라고 한다.

■「なる」는 「~이 된다」고 할 때의 「되다」에 해당되는 말로서, 단독으로 쓰이지 않고 반드시 그 앞에 수식어가 붙어서 사용된다.

　　　　私たちはどうなりますか。

　　　　(우리들은 어떻게 됩니까?)
　　　　私たちの友だちは中学校の先生になりました。

　　　　(우리들 친구는 중학교의 선생이 되었습니다.)
　　「なる」가 体言에 연결될 때는 「体言＋に＋なる」라고 한다.
　　　　一と二で三になる。(1과 2로 3이 된다.)
　　　　今年で十になります。(금년으로 열 살이 됩니다.)
　　　　大学生になります。(대학생이 됩니다.)
　　「~이(가) 된다」라고 할 경우에 「~이(가)」에 해당되는 말은 助詞 「が」를 사용해서는 안 된다. 이 때의 助詞는 「に」를 사용해야 한다.

	正	誤
선생이 됩니다.	先生になります。	先生がなります。
학생이 됩니다.	学生になります。	学生がなります。

■ ~て (助詞) …… 우리말의 「~하고, ~하여, ~하여서」에 해당되는 助詞로서 動作과 動作, 状態와 状態 등을 연결할 때에 사용된다고 생각하면 될 것이다.
　　　　食べて来ました。(먹고 왔습니다.)
　　　　教えて行きます。(가르치고 갑니다.)
　　動詞가 「て」에 연결될 때는 그 動詞는 連用形이 되어야 한다.

　　見る {見ます / 見て}　　　　食べる {食べます / 食べて}

　　とじる {とじます / とじて}　　しめる {しめます / しめて}

　　くる {きます / きて}　　　　する {します / して}

　　はなす {はなします / はなして}

　　그러나, 基本形의 語尾가 「す」로 된 五段活用動詞 「はなす, さがす(찾다)」 등 以

外의 五段活用動詞가 「て」로 연결될 때에는 連用形의 모양이 달라진다.[1]

■**ごらんなさい** …… 「보시오, 보십시오」의 뜻으로 「みなさい (보시오)」보다 공손한 말이다.

「ごらん」은 「みる (보다)」의 높임말로서 단독으로도 쓰이며, 단독으로 썼을 때는 「보라」라는 뜻이 된다.

　　　　テレビをごらん。(텔레비를 보렴.)　　あそこをごらん。(저기를 보라.)

　　　　本をごらんなさい。(책을 보십시오.)

　　　　あの人をごらんなさい。(저 사람을 보십시오.)

■**動詞의 連用形＋てごらん (ごらんなさい)** …… ～해 보라(보시오)

　　　　たべてごらん。(먹어 보라.)

　　　　たべてごらんなさい。(먹어 보십시오.)

　　　　くらべてごらん。(비교해 보라.)

　　　　くらべてごらんなさい。(비교해 보십시오.)

　　　　きてごらんなさい。(와 보십시오.)

　　　　はなしてごらんなさい。(말해 보십시오.)

　　　　おしえてごらんなさい。(가르쳐 보십시오.)

　　　　あけてごらんなさい。(열어 보십시오.)

■ 다음과 같은 用例도 있다. (잘 익혀 둘 것)

　　○ 「動詞의 連用形＋て＋みる」……「～해 보다」

　　　　来てみる。(와 보다.)　　　　　　来てみます。(와 봅니다.)

　　　　来てみました。(와 보았읍니다.)　　来てみません。(와 보지 않습니다.)

　　　　来てみませんでした。(와 보지 않았읍니다.)

　　　　来てみなさい。(와 보시오.)

　　○ 「動詞의 連用形＋て＋くる」……「～하고 오다, ～해 오다」등

　　　　たべてくる。(먹고 오다.)

　　　　たべてきます。(먹고 오겠읍니다, 먹고 옵니다.)

　　　　たべてきました。(먹고 왔읍니다.)

　　　　たべてきません。(먹고 오지 않습니다.)

　　　　たべてきませんでした。(먹고 오지 않았읍니다.)

　　　　たべてきなさい。(먹고 오십시오.)

　　○ 「動詞의 連用形＋て＋いく」……「～하고 가다」등

　　　　はなしていく。(말하고 가다.)

　　　　はなしていきます。(말하고 가겠읍니다. 말하고 갑니다.)

　　　　はなしていきました。(말하고 갔읍니다.)

---

1) 16과에 나옴.

はなしていきません。(말하고 가지 않습니다.)

はなしていきませんでした。(말하고 가지 않았읍니다.)

はなしていきなさい。(말하고 가십시오.)

○「でる(나가다, 나오다)」와 「いく」를 「て」로 연결하면 완전한 「나가다」의 뜻이 되고, 「でる」와 「くる」를 「て」로 연결하면 완전한 「나오다」의 뜻이 된다.

でていく(나가다)	でてくる(나오다)
でていきます(나갑니다)	でてきます(나옵니다)
でていきません(안 나갑니다)	でてきません(안 나옵니다)
でていきました(나갔읍니다)	でてきました(나왔읍니다)

■ 指示代名詞

	近　称	中　称	遠　称	不定称
方向에 관한 것	こっち 이 쪽 이 편	そっち 그 쪽 그 편	あっち 저 쪽 저 편	どっち 어느 쪽 어느 편

■ ~より (助詞) …… 우리말의 助詞 「~보다」에 해당된다.

韓国語より日本語のほうがやさしいです。(한국어보다 일본어 쪽이 쉽습니다.)

日本はアメリカより小さいです。(일본은 미국보다 작습니다.)

■ ~から (助詞) …… 우리말의 助詞 「~에서, ~부터, ~에서부터, ~로부터」에 해당된다.

ソウルから釜山まで歩きました。(서울에서 부산까지 걸었읍니다.)

学校から来ました。(학교에서 왔읍니다.)

あなたからしなさい。(당신부터 하십시오.)

■ ~まで (助詞) …… 우리말의 助詞 「~까지」에 해당된다.

学校からうちまで。(학교에서 집 까지.)

ここまでおいでなさい。(여기까지 오십시오.)

どこまでいきますか。(어디까지 갑니까?)

|||||||||||||||| 연습문제 ||||||||||||||||

다음 글을 日本語로 번역하시오.

1. 저 검정 구두와 이 빨간 구두와 어느 쪽이 큽니까?

2. 영어와 독일어와 어느 쪽이 어렵습니까?

3. 독일어의 편이 영어보다 어렵습니다.

4. 당신은 어느 쪽을 잘 하십니까?

5. 영어 쪽을 잘 합니다.

6. 저 窓을 열어 보십시오.

7. 방 밖으로 나가 보십시오.

8. 이것은 어떻게 합니까?

9. 이렇게 해 보시오.

10. 나는 여기서부터 학교까지 걸었읍니다.

◁해답▷

1. あの黒い靴とこの赤い靴とどっちが大きいですか。　2. 英語とドイツ語とどっちがむずかしいですか。　3. ドイツ語のほうが英語よりむずかしいです。　4. あなたはどっちがよくできますか。㊟「하십니까?」의 경우에 여기서는 「외국어를 하느냐?」의 뜻이므로 「できますか」로 써야 한다. 「しますか」라고 하고 싶어지는 점에 주의할 것.　5. 英語のほうがよくできます。　6. あの窓をあけてごらんなさい。㊟「열어 보십시오」는 「あけてみなさい」라고 해도 된다. 「ごらんなさい」는 「みなさい」보다 공손한 말이다.　7. 部屋のそとへでてごらんなさい。　8. これはどうしますか。　9. こうしてごらんなさい。 10. 私はここから学校まで歩きました。

十二. かぞえて ください

八から　五を　ひくと　三が　のこります。　　　　　　　$8-5=3$

十から　四を　ひくと　六が　のこります。　　　　　　$10-4=6$

六に　二を　たすと　八に　なります。　　　　　　　　$6+2=8$

七に　六を　たすと　いくつに　なりますか。　　　　　$7+6=13$

　　十三に　なります。　　　　　　　　　　　　　　$3\times4=6\times2$

三の　四倍と　六の　二倍は　おなじです。　　　　　$10\times2=20$

　　どちらも　十二です。　　　　　　　　　　　　　$3\times10=30$

十の　二倍は　二十で, 三の　十倍は　三十です。　$10\times10=100$

どうぞ　十の　二倍から　十倍まで　かぞえて　ください。

　　二十, 三十, 四十, 五十, 六十, 七十, 八十, 九十, 百。

そうです。よく　できました。

では, 百の　二倍から　十倍まで　かぞえて　ください。

　　二百, 三百, 四百, 五百, 六百, 七百, 八百, 九百, 千。

千の　三倍は　三千で, 十倍は　一万です。

漢字읽기 —————————

引く　残る　足す　同じ　二十　三十　四十　五十　六十
(ひく) (のこる) (たす) (おな) (にじゅう) (さんじゅう) (しじゅう) (ごじゅう) (ろくじゅう)

七十　八十　九十　百　二百　三百　四百　五百　六百　七百
(しちじゅう) (はちじゅう) (きゅうじゅう) (ひゃく) (にひゃく) (さんびゃく) (よんひゃく) (ごひゃく) (ろっぴゃく) (ななひゃく)

八百　九百　千　三千　一万
(はっぴゃく) (きゅうひゃく) (せん) (さんぜん) (いちまん)

第12課　세어 주십시오

8에서 5를 빼면 3이 남습니다.　　　　10에서 4를 빼면 6이 남습니다.

6에 2를 더하면 8이 됩니다.　　　　　7에 6을 더하면 몇이 됩니까?

　13이 됩니다.　3의 4배와 6의 2배는 같습니다.　어느 쪽도 12입니다.

10의 2배는 20이고, 3의 10배는 30입니다.

어서 10의 2 배에서 10 배까지 세어 주십시오.

　20, 30, 40, 50, 60, 70, 80, 90, 100.

그렇습니다. 잘 했읍니다.

그러면, 100의 2 배에서 10배까지 세어 주십시오.

　200, 300, 400, 500, 600, 700, 800, 900, 1000.

1000의 3 배는 3000이고, 10배는 10000입니다.

날 말 풀 이

ひ(引)く：[타5] 빼다

～と：[조] ～면, ～즉, ～니　[예] 八から五
を引くと, 三が残ります。(8에서　5를
빼면 3 이 남습니다.)

のこ(残)ります：남습니다　〈「のこ(残)る
(남다)＋ます」의 끝〉

た(足)す：[타5] 더하다

おな(同)じだ：[형동] 같다

どちら：[명] 어느 쪽, 어느 편,

どうぞ：[부] 아무쪼록, 부디, 어서

ください：주십시오 〈「くださる(주시다)」
의 명령형〉

よくできました：잘 했읍니다 〈「よく(잘)
＋できる(할 수 있다)＋ました」의 끝〉

せん(千)：[명] 천

まん(万)：[명] 만

한 자 풀 이

引 {
ひく：引(ひ)く 빼다
ひける：引(ひ)ける 파하다
イン：引力(インリョク) 인력
}

残 {
のこる：残(のこ)る 남다
のこす：残(のこ)す 남기다
ザン：残念(ザンネン) 유감
　　　敗残(ハイザン) 패잔
}

同 {
おなじ：同(おな)じ 같음
ドウ：同情(ドウジョウ) 동정
}

千 {
ち：千草(ちぐさ) 여러 가지 풀
セン：千円(センエン) 천 엥
　　　三千(サンゼン) 삼천
}

万 {
マン：万一(マンイチ) 만일
バン：万国(バンコク) 만국
}

해 설

■ ～と(助詞)……「動詞의 終止形(基本形)＋と」의 형태로 우리말의 語尾「～(으)면, ～
(은) 즉」에 해당된다.

　　　　英語で言うと, どうなりますか。(영어로 말하면 어떻게 됩니까?)
　　　　右のほうへ行くと, 学校が出ます。(오른쪽으로 가면 학교가 나옵니다.)
　　　　この本を読むと, その問題が分かります。
　　　　(이 책을 읽으면 그 문제를 알 수 있읍니다.)
　　　　私がはいると, その人は立ちました。(내가 들어간즉 그 사람은 일어섰읍니다.)

■ **おなじです** …… 「같습니다」라는 뜻인데 基本形은 「おなじだ」이다. 「おなじだ」의 用
例는 다음과 같다.

   おなじだ(같다)   おなじです(같습니다)

   おなじでした(같았읍니다)

   おなじじゃ(＝では)ありません(같지 않습니다.)

   おなじじゃありませんでした(같지 않았읍니다)

   おなじで(같고, 같아)   おなじ人(같은 사람)

   おなじ学校(같은 학교)

■ **指示代名詞**

	近 称	中 称	遠 称	不定称
方向에 관한 것	こちら	そちら	あちら	どちら
	이 쪽	그 쪽	저 쪽	어느 쪽
	이 편	그 편	저 편	어느 편

  こっち＝こちら, そっち＝そちら, あっち＝あちら, どっち＝どちら는 같은 뜻이나
こちら, そちら, あちら, どちら 쪽이 공손한 말이다.

■ **ください** …… 「주십시오」라는 뜻인데 基本形은 「くださる」이다. 「くださる」는 「くれ
る…(나에게) 주다」의 존경어이므로 우리말의 뜻은 「주시다」가 된다.

  「くださる」는 「ます」에 연결될 때와 命令形으로 될 때의 変化形이 다른 動詞와는
다르다.

   くださる→くださいます(주십니다), くださいました(주셨읍니다),

    くださいません(주시지 않습니다),

    くださいませんでした(주시지 않았읍니다)

  「くださる」의 命令形은 「ください」이다. 「ください」에 「ませ」나 「まし」를 붙여서
말하면 더욱 공손한 말이 된다.

■ **くださる의 用例**

   万年筆をくださるかた。(만년필을 주실 분.)

   私になにをくださいますか。(나에게 무엇을 주시겠읍니까?)

   私にその帽子をくださいませんか。(나에게 그 모자를 주시지 않겠읍니까?)

   先生は私たちにノートをくださいました。

   (선생님은 우리들에게 노트를 주셨읍니다.)

   なんにもくださいませんでした。(아무것도 주시지 않았읍니다.)

   その花をください。(그 꽃을 주십시오.)

   手袋をくださいませ。(장갑을 주십시오.)

■ 「**動詞의 連用形＋て＋くださる**」…… 「～해 주시다」의 뜻이다.

   来てくださいますか。(와 주시겠읍니까?)

してくださいませんか。(해 주시지 않겠읍니까?)

くらべてくださいました。(비교해 주셨읍니다.)

かぞえてください。(세어 주십시오.)

話してください。(말해 주십시오.)

■ 数를 말할 때는 発音이 특수한 것들이 있으니 정확히 외어 두어야 한다.

◎ 数의 基本된 発音

れい	いち	に	さん	よん	ご	ろく	しち	はち	きゅう
0	一	二	三	四	五	六	七	八	九

じゅう	にじゅう	さんじゅう	よんじゅう	ごじゅう	ろくじゅう	ななじゅう	はちじゅう	きゅうじゅう	ひゃく	にひゃく	さんびゃく	よんひゃく
十	二十	三十	四十	五十	六十	七十	八十	九十	百	二百	三百	四百

ごひゃく	ろっぴゃく	ななひゃく	はっぴゃく	きゅうひゃく	せん	にせん	さんぜん	よんせん	ごせん	ろくせん	ななせん	はっせん
五百	六百	七百	八百	九百	千	二千	三千	四千	五千	六千	七千	八千

きゅうせん	いちまん	にまん	さんまん	よんまん	ごまん	ろくまん	ななまん	はちまん	きゅうまん	じゅうまん	ひゃくまん
九千	一万	二万	三万	四万	五万	六万	七万	八万	九万	十万	百万

せんまん	いちおく
千万	一億

㊟ 고딕 数字는 注意해서 외어 둘 것.

◇ 새로 나온 動詞

ひく (빼다) →ひきます, ひきました, ひきません,

ひきませんでした, ひきなさい

のこる (남다) →のこります, のこりました, のこりません,

のこりませんでした, のこりなさい

たす (더하다) →たします, たしました, たしません,

たしませんでした, たしなさい, たして

‖‖‖‖‖‖‖‖‖‖‖‖‖‖‖ 연습문제 ‖‖‖‖‖‖‖‖‖‖‖‖‖‖‖

다음 글을 日本語로 번역하시오.

1. 先生님, 어려운 곳을 가르쳐 주십시오.

2. 방 밖으로 나가 보십시오.

3. 나의 친구인 金씨는 나보다 큽니다.

4. 나는 学校에서 집까지 걷습니다.

5. 先生님의 장갑은 제 것과 같습니다.

6. 韓国語로 이야기 해 주십시오.

7. 네, 잘 알았읍니다.

8. 그 장갑과 이 장갑은 같지 않습니다.

9. 그 의자에 앉아 주십시오.

10. 개와 고양이를 비교해 본즉 고양이보다 개가 큽니다.

◁해답▷

1. 先生, むずかしいところを教えてください。 2. 部屋のそとへ出てごらんなさい。

3. 私のともだちの金さんは私より大きいです。 4. 私は学校からうちまで歩きます。

㊟ 집……うち 또는 いえ 5. 先生の手袋は私のと同じです。 6. 韓国語で話してください。 7. はい, よく分かりました。 8. その手袋とこの手袋は同じじゃありません。

9. そのいすにかけてください。 10. 犬と猫とを比べてみると, 猫より犬のほうが大きいです。 ㊟「개와 고양이를 비교하다」의 경우에 「いぬとねことをくらべる」와 같이 「~と~と」라고 사용하는 것이 보통이다. 나중의 「と」는 생략해도 된다. 「~보다 ~가 크다」의 경우는 「~より~のほうが大きい」와 같이 「のほう」를 붙이는 것이 바람직하다.

十三. いくらですか

机の　上に　さいふが　あります。

これは　私の　さいふです。

この　中に　お金が　あります。

いくら　ありますか。

　千円さつが　一枚，百円だまが　四つ，五十円だまが　一つ　あります。　みんなで　いくらですか。

　千四百五十円です。

お金で　何を　しますか。

　ものを　買います。

この　箱の　中に　鉛筆が　五本　あります。

この　鉛筆は　一本　二十四円ずつです。

三本で　いくらに　なりますか。

　七十二円に　なります。

一ダースで　いくらですか。

　二百八十八円です。

半ダースでは　いくらに　なりますか。

　百四十四円に　なります。

漢字읽기——————

財布　お金　千円札　一枚　玉　皆　買う　五本　一本
二十四円　三本　半ダース

第13課　얼마입니까

책상 위에 지갑이 있습니다.　이것은 내 지갑입니다.　이 속에 돈이 있습니다.
얼마 있습니까?

1000엔짜리 지폐가 1 장, 100 엔짜리 주화가 4 개, 50엔짜리 주화가 1 개 있읍니다.

모두 해서 얼마입니까?　　　　　　　　　1450엔입니다.

돈으로 무엇을 합니까?　　　　　　　　　물건을 삽니다.

이 상자 속에 연필이 5 자루 있읍니다.　　이 연필은 1 자루 24엔씩 입니다.

3 자루에 얼마가 됩니까?　　　　　　　　72엔이 됩니다.

1 다스에 얼마입니까?　　　　　　　　　288엔입니다.

반 다스면 얼마나 됩니까?　　　　　　　144 엔이 됩니다.

＝낱＿말＿풀＿이＝

いくら：圏 얼마

さいふ(財布)：圏 지갑

おかね(金)：圏 돈

～えん(円)：接尾 ～엔(일본의 돈 단위)
　예 五百円(오백엔)

さつ(札)：圏 지폐

ひゃくえん(百円)だま：백엔짜리 주화

～まい(枚)：接尾 ～장, ～매　예 一枚
　(한 장)

みんな：副 모두

～で：助 ～에, ～로서 (값의 기준을 나
타냄)　예 みんなでいくらですか。(모두
해서 얼마입니까?)

か(買)います：삽니다 〈「か(買)う(사다)＋
ます」의 꼴〉　　　　　　「(다섯 개)

～ほん(本)：接尾 ～자루, ～개　예 五本

～ずつ：助 ～씩　예 千円ずつください。
(천엔씩 주십시오.)

～ダース：接尾 ～다스, ～打　예 半ダ
ース(반 다스)

＝한＿자＿풀＿이＝

財 { ザイ：財産(ザイサン) 재산
　 サイ：財布(サイフ) 지갑

布 { ぬの：布(ぬの) 옷감
　 フ：布陣(フジン) 포진

金 { かね：お金(かね) 돈
　 かな：金物(かなもの) 철물
　 キン：金属(キンゾク) 금속
　 コン：金色(コンじき) 금색

円 { まるい：円(まる)い 둥글다
　 エン：一円(イチエン) 일엔

札 { ふだ：札(ふだ) 팻말
　 サツ：入札(ニュウサツ) 입찰

枚 { マイ：枚数(マイスウ) 매수
　 四枚(よんマイ) 넉 장

玉 { たま：玉(たま) 구슬, 주화
　 ギョク：玉石(ギョクセキ) 옥석

皆 { みな：皆(みな) 모두
　 カイ：皆無(カイム) 전무

買 { かう：買(か)う 사다
　 バイ：売買(バイバイ) 매매

해 설

■ 「いくら」와 「いくつ」의 차이

　「いくら」는 값, 무게, 양 등을 물을 때에 사용한다. 우리말의 「얼마」에 해당된다.

この本はいくらですか。(이 책은 얼마입니까?)

「いくつ」는 数, 年齢 등을 물을 때에 사용한다. 우리말「몇, 몇 개」「몇 살」에 해당된다.

椅子はいくつありますか。(의자는 몇 개 있읍니까?)

あなたはことしいくつになりましたか。(당신은 금년 몇 살이 되었읍니까?)

■ 日本의 화폐 단위는「円(えん)」이다. 「四円」은「しえん」또는「よんえん」이라고 하지 않고「よえん」이라고 하며, 또「九円」은「きゅうえん」이라고 말하는 것에 주의해야 한다.

一円　二円　三円　四円　五円　六円　七円　八円　九円　十円
いちえん　にえん　さんえん　よえん　ごえん　ろくえん　しちえん　はちえん　きゅうえん　じゅうえん

■ 지폐(紙幣)를 보통「札」라고 하는데「札」는 단독으로 쓰기도 하지만「五百円札(오백엔짜리 지폐)」「千円札(천엔짜리 지폐)」「一万円札(일만엔짜리 지폐)」처럼 쓰인다.

■ ～枚……얇고 평평한 물건(종이, 손수건, 와이셔츠, 판자, 유리, 지폐, 접시 등)을 셀 때에 쓰는 助数詞.

「四枚」는「よんまい」또는「よまい」라고 発音한다.

다른 数는 発音에 변함이 없다.

一枚　二枚　三枚　四枚　五枚　六枚　七枚　八枚　九枚　十枚
いちまい　にまい　さんまい　よんまい　ごまい　ろくまい　ななまい　はちまい　きゅうまい　じゅうまい

■ ～本……가늘고 긴 물건(연필, 붓, 손가락, 나무, 우산, 담배, 병 등)을 셀 때에 쓰는 助数詞.

基本数의 部分과 접미어「本」의 部分의 発音이 달라지는 것이 있으므로 정확히 외어 두어야 한다.

一本　二本　三本　四本　五本　六本　七本　八本　九本　十本
いっぽん　にほん　さんぼん　よんほん　ごほん　ろっぽん　しちほん　はっぽん　きゅうほん　じっぽん

■ 똑똑히 알 수 없는 수효를 물을 때 쓰는「몇～」에 해당하는 말은「なん(何)～」이라고 한다.

なん倍(몇 배)　　　　　なん円(몇 엔)

なん枚(몇 장)　　　　　なん本(몇 개, 몇 자루)

なんダース(몇 다스)

■「三本でいくらですか」에서의 助詞「で」는 값의 기준을 나타낸다. 우리말의「～에」가 되든 또는 다른 말이 되든 상관없이 값을 나타낼 경우는 助詞「に」가 아니고「で」를 쓰는 것에 주의하기 바란다.

いくらで買いましたか。(얼마에 샀읍니까?)

百円で買いました。(백엔에 샀읍니다.)

鉛筆十本でいくらですか。(연필 열 자루에 얼마입니까?)

万年筆二本ではいくらになりますか。

(만년필 두 자루면 얼마입니까?)

■ 새로 나온 動詞

買う (사다) ⟶ 買います, 買いません, 買いました,

買いませんでした, 買いなさい

■「20엔짜리 연필」이라고 할 때의 「짜리」에 해당되는 말을 달리 생각할 필요가 없고 助詞「の」로 연결하면 된다.

二十円の鉛筆(20엔짜리 연필)　　二千円の帽子(2000엔짜리 모자)

‖‖‖‖‖‖‖‖‖‖‖ 연습문제 ‖‖‖‖‖‖‖‖‖‖

다음 글을 日本語로 번역하시오.

1. 당신은 그 연필을 한 자루에 얼마에 샀읍니까?

2. 한 자루 十四円씩으로 샀읍니다.

3. 百円으로 二十五円의 노트를 사면 얼마 남습니까?

4. 그 담배(たばこ)는 무엇이라고 합니까?

5. 그것은 한 상자 얼마입니까?

6. 이 상자 속에 담배가 몇 개비 있읍니까?

7. 한 장에 百三十円의 손수건은 半打이면 얼마가 됩니까?

8. 七百八十円입니다.

9. 한 자루 十五円의 鉛筆을 세 자루 주십시오.

10. 네, 여기 있읍니다.

◁해답▷

1. あなたはその鉛筆を一本いくらで買いましたか。　2. 一本十四円ずつで買いました。　3. 百円で二十五円のノートを買うと, いくらのこりますか。㈜ 사면……買うと(動詞의 終止形＋と……～하면)　4. そのたばこはなんといいますか。㈜ 담배……たばこ。무엇이라고 합니까……なんといいますか。이 경우의 「합니다」는 「말합니다」의 뜻이므로 「します」가 아니고 「いいます」라고 해야 한다.　5. それは一箱いくらですか。㈜ 한 상자……ひとはこ「상자를」셀 때 ひとはこ, ふたはこ, みはこ, よはこ(よんはこ), いつはこ(ごはこ), むはこ(ろっぱこ), ななはこ, やはこ(はっぱこ), ここのはこ(きゅうはこ), とはこ(じゅっぱこ)　6. この箱の中にたばこが何本ありますか。　7. 一枚で百三十円のハンカチは半ダースではいくらになりますか。　8. 七百八十円です。　9. 一本十五円の鉛筆を三本ください。　10. はい, ここにあります。

十四.　どのくらい　ありますか

これは　きっぷです。

なんの　きっぷですか。

　汽車の　きっぷと　電車の　きっぷです。

何枚　ありますか。

　汽車の　きっぷが　一枚と　電車の　きっぷが　二枚　あります。

バスの　きっぷも　ありますか。

　いいえ、バスの　きっぷは　ありません。

ここから　よこはままで　電車ちんは　いくらですか。

　八十五円です。

とうきょうと　よこはまと　こうべと　どこが　一番　大きいですか。

　東京が　一番　大きいです。

横浜は　東京から　遠いですか。

　いいえ、　あまり　遠くは　ありません。かなり　近いです。

どのくらい　ありますか。

　二十六キロぐらい　あります。

それは　何マイルぐらいですか。

　十六マイルぐらいです。

キロと　マイルと　里と　どれが　一番　長いですか。

　里が　一番　長いです。

一里は　どのくらいですか。

　約　四キロです。

漢字읽기 ————————

切符　汽車　電車　何枚　横浜　電車賃　神戸　一番　遠い　近い　里　約

第14課 얼마쯤 됩니까

이것은 표입니다. 무슨 표입니까?　　　　　기차표와 전차표입니다.

몇 장 있읍니까?　　　　　　　　　　기차표 한장과 전차표가 두 장 있읍니다.

버스표도 있읍니까?　　　　　　　　아니오, 버스표는 없읍니다.

여기서 요코하마까지 전차삯은 얼마입니까?　　85엔입니다.

도쿄와 요코하마와 고베와 어디가 제일 큽니까?　　도쿄가 제일 큽니다.

요코하마는 도쿄로부터 멉니까?

　아니오, 그다지 멀지 않습니다. 꽤 가깝습니다.

얼마쯤 됩니까?　　　　　　　　　　26킬로쯤 됩니다.

그것은 몇 마일쯤입니까?　　　　　　16마일쯤입니다.

킬로와 마일과 리와 어느 것이 제일 깁니까?　　리가 제일 깁니다.

1 리는 얼마쯤입니까?　　　　　　　약 4 킬로입니다.

낱말풀이

どのくらい : 얼마쯤, 어느만큼 〈「どの (어 느)+くらい : 조」의 꼴〉

~くらい(ぐらい): 조 ~정도, ~쯤, ~ 만큼 예 千円ぐらいあります。(천엔 쯤 있읍니다.)

きっぷ(切符): 명 표

きしゃ(汽車): 명 기차

でんしゃ(電車): 명 전차

なんまい(何枚): 명 몇 장

バス: 명 버스

でんしゃちん(電車賃): 명 전차삯

いちばん: 부 가장, 제일

とおい(遠)い: 형 멀다

ちか(近)い: 형 가깝다

~キロ: 접미 ~킬로미터의 준말

~マイル: 접미 ~마일

~り(里): 접미 ~리 (거리의 단위)

どれ: 명 어느 것

やく(約): 명 약

한자풀이

切 {
きる:切(き)る 자르다
きれる:切(き)れる 잘라지다
セツ:親切(シンセツ) 친절
サイ:一切(イッサイ) 일체
}

符 {
フ:符号(フゴウ) 부호
切符(きっぷ) 표
}

車 {
くるま:車(くるま) 차
シャ:車庫(シャコ) 차고
}

汽 { キ : 汽船(キセン) 기선

電 {
デン:電気(デンキ) 전기
発電(ハツデン) 발전
}

神 {
かみ:神(かみ) 신
かん:神主(かんぬし) 신주
こう:神々(こうごう)しい 성스럽다
シン:神聖(シンセイ) 신성
ジン:神社(ジンジャ) 신사
}

横	よこ：横(よこ) 옆		遠	とおい：遠(とお)い 멀다	
	オウ：横断(オウダン) 횡단			エン：永遠(エイエン) 영원	
浜	はま：浜(はま) 해변가			オン：久遠(クオン) 구원	
	ヒン：海浜(カイヒン) 해변		近	ちかい：近(ちか)い 가깝다	
賃	チン：賃金(チンキン) 임금			キン：近代(キンダイ) 근대	
	運賃(ウンチン) 운임		里	さと：里(さと) 마을, 친정	
戸	と：戸(と) 문			り：里程(リテイ) 이정	
	コ：戸外(コガイ) 호외		約	ヤク：約束(ヤクソク) 약속	
番	バン：番人(バンニン) 파수꾼			節約(セツヤク) 절약	
	順番(ジュンバン) 순번				

［해　설］────────────

■ ~くらい(=ぐらい)(助詞)······대부분 数量을 나타내는 말에 붙어 대충의 分量·程度를 나타낸다. 우리말의 「쯤」「정도」에 해당된다.

ソウルから釜山までどのくらいありますか。

(서울에서 부산까지 얼마쯤 됩니까?)

四百五十キロぐらいあります。(450킬로쯤 됩니다.)

それは一万円ぐらいです。(그것은 1만엔 정도입니다.)

万年筆を買うくらいのお金はあります。(만년필을 살 정도의 돈은 있읍니다.)

　　現代語에서는 「こ(そ·あ·ど)の」나 「活用語의 連体形」에 붙었을 때에는 「くらい」를 쓰고, 「体言」에 붙을 때에는 「ぐらい」를 쓰는 것이 보통이다.

■ どのくらい······크기·거리·무게·부피·두께·깊이·시간 등의 대충의 분량·정도를 물을 때에 사용한다.

あの人はどのくらい日本語ができますか。

(저 사람은 얼마쯤 일본어를 할 수 있읍니까?)

■ 크기·거리·무게·부피·두께·깊이 등을 말할 때, 우리말의 「됩니다」에 해당되는 日本語는 「あります」를 使用한다.

60kg 되는 사람······六十キログラムある人。

3km 됩니다······3 キロあります。

|||||||||||||| 연습문제 ||||||||||||||

다음 글을 日本語로 번역하시오.

1. 학교에서 당신의 집까지 얼마쯤 됩니까?

2. 四킬로쯤 됩니다.

3. 그것은 몇 里입니까?

4. 韓国의 里로는 十里입니다.

5. 日本의 里와 韓国의 里는 같지 않습

니다.

6. 日本의 一里를 韓国에서는 十里라고 합니다.

7. 이 클라스에서는 누가 제일 큽니까?

8. 누구의 얼굴이 제일 까맣습니까?

9. 우리 집에서 学校까지 걸으면 꽤 멉니다.

10. 버스표는 한 장에 얼마입니까?

◁해답▷

1. 学校からあなたのうちまでどのくらいありますか。 2. 四キロぐらいあります。 3. それはなん里ですか。 4. 韓国の里では十里です。 5. 日本の里と韓国の里は同じではありません。 6. 日本の一里を韓国では十里といいます。 7. このクラスではだれが一番大きいですか。 注「키가 크다」라고 할 때는「大きい」라고 하지 않고「たかい(높다)를 使用한다. 즉「せがたかい」라고 해야 한다. 8. だれの顔が一番黒いですか。 9. 私のうちから学校まで歩くと, かなり遠いです。 10. バスのきっぷは一枚でいくらですか。

十五. 何人 いますか

この　へやに　人が　います。

何人　いますか。

　ひとり，ふたり，三人，四人，五人，六人，七人，八人，九人，十人，
　十一人，十二人──十二人　います。

みんな　男の人ですか。

　いいえ，女の人も　います。

みんな　おとなですか。

　いいえ，子供も　います。

男の人は　何人　いますか。

　六人　います。

では，女の人と　子供は　何人　いますか。

女の人も　子供も　三人ずつ　います。

　男の子が　ひとりと，　女の子が　ふたり　います。

あかんぼうも　いますか。

　いいえ，あかんぼうは　いません。

この　子供たちは　いくつぐらいですか。

　男の子は　六つか　七つぐらいです。大きい　女の子は　八つか
　九つぐらいで，小さい　女の子は　四つか　五つぐらいです。

漢字읽기───────────

何人　人　一人　二人　三人　四人　男　女　子供　男の子　赤ん坊

第15課　몇 사람이 있읍니까

이 방에 사람이 있읍니다.　　　　　　　　몇 사람 있읍니까?

한 사람, 두 사람, 세 사람, 네 사람, 다섯 사람. 여섯 사람, 일곱 사람, 여덟 사람, 아홉 사람, 열 사람, 열 한 사람, 열 두 사람―― 열 두 사람 있읍니다.

모두 남자 입니까?　　　　　　　　　　아니오, 여자도 있읍니다.

모두 어른입니까?　　　　　　　　　　아니오, 어린이도 있읍니다.

남자는 몇 사람 있읍니까?　　　　　　여섯 사람 있읍니다.

그러면, 여자와 어린이는 몇 사람 있읍니까?

　여자도 어린이도 세 사람씩 있읍니다.

남자 아이 한 사람과 여자 아이 두 사람 있읍니다.

갓난아이도 있읍니까?　　　　　　　　아니오, 갓난아이는 없읍니다.

이 어린이들은 몇 살쯤입니까?

　남자 아이는 여섯 살이나 일곱 살쯤입니다. 큰 여자 아이는 여덟 살이나 아홉 살쯤이고, 작은 여자 아이는 네 살이나 다섯 살쯤입니다.

낱말풀이

なんにん(何人)：图 몇 사람　　　　「꼴〉

います：있읍니다 〈「いる(있다)＋ます」의

ひと(人)：图 사람

ひとり(一人)：图 한 사람

ふたり(二人)图：두 사람

～にん(人)：접미 ～사람, ～명　예 四人
　(네 사람)

おとこ(男)：图 남자, 사나이

おんな(女)：图 여자

おとな(大人)：图 어른

こども(子供)：图 어린이

こ(子)：图 아이

あかんぼう(赤ん坊)：图 갓난아이

～か：조 ～인지, ～이나　예 学校か家に
　います。(학교나 집에 있읍니다.), だれ
　か分かりません。(누군지 모릅니다.)

한자풀이

男
おとこ：男(おとこ) 남자
ダン：男性(ダンセイ) 남성
ナン：長男(チョウナン) 장남

女
おんな：女(おんな) 여자
め：女神(めがみ) 여신
ジョ：女子(ジョシ) 여자
ニョ：女人(ニョニン) 여인
ニョウ：女房(ニョウボウ) 처

供
そなえる：供(そな)える 바치다
とも：子供(こども) 어린이
キョウ：供給(キョウキュウ) 공급
ク：供養(クヨウ) 공양

坊
ボウ：坊主(ボウズ) 중
ボッ：坊(ボッ)ちゃん 도련님

해설

■「ある」와「いる」의 차이

「無生物이 存在한다」라고 하는 경우에는「ある」를 쓰고,「사람이나 동물이 存在한다」

라고 하는 경우에는 「いる」를 쓴다.

　　机の上に花瓶があります。(책상 위에 꽃병이 있읍니다.)

　　ここに桃色の花があります。(여기에 분홍색 꽃이 있읍니다.)

　　部屋の中に子供がいます。(방 안에 어린이가 있읍니다.)

　　ここに猫がいます。(여기에 고양이가 있읍니다.)

　그러나, 사람이나 動物의 경우라도 所有의 有無를 말할 때에는 「ある」라고도 한다.

　　あなたは友達がありますか。(당신은 친구가 있읍니까?)

　　私にも犬があります。(나에게도 개가 있읍니다.)

■ 사람을 셀 경우 「한 사람」 「두 사람」이라고 할 때에는 보통 「ひとり」 「ふたり」라고 하고 「세 사람」 이상은 「数＋人」이라고 하는데, 「네 사람」만은 「よにん」이라고 해야 한다.

■ 「남자」 「여자」의 표현은 보통 말할 때에는 「男の人」 「女の人」와 같이 「人」를 붙여서 말하는 것이 좋다. 「男」 「女」라고 하면 「사내」 「계집」과 같은 語感이 된다. 더 공손하게 말할 때에는 「男のかた」 「女のかた」라고 한다.

■ 나이를 말할 때에 「몇 살」의 살에 해당되는 말은 助数詞 「～さい(才)」이다. 会話에서는 이 「さい」를 생략하여 말하기도 하고, 특히 어린애의 경우 「한 살」에서 「열 살」까지는 「ひとつ……とお」라고 말한다.

　　一才, 二才, 三才, 四才, 五才, 六才, 七才, 八才, 九才, 十才

　「몇 살」은 「なんさい」 또는 「いくつ」라고 하고 「스무 살」은 「はたち」라고 한다.

　　あなたはおいくつですか。또는 あなたは何才ですか。

　　(당신은 몇 살이십니까?)

　　私は二十才です。(나는 스무 살입니다.)

■ ～か(助詞)……① 文의 끝에 붙어 의문문을 나타낸다.[1]

　　あなたは何を買いましたか。(당신은 무엇을 샀읍니까?)

　② 열거한 중에서 어느 하나를 선택하는 뜻을 나타낸다. 우리말의 「～나(이나)」에 해당된다.

　　あの子は六つか七つです。(저 애는 여섯 살이나 일곱 살입니다.)

　　金さんか朴さんが来てください。(김씨나 박씨가 와 주십시오.)

　　日本語か英語を習います。(일본어나 영어를 배웁니다.)

‖‖‖‖‖‖‖‖‖‖‖ 연습문제 ‖‖‖‖‖‖‖‖‖‖‖

다음 글을 日本語로 번역하시오.

1. 이 클라스에는 男子가 十五名쯤과
　女子가 五, 六名 있읍니다.

2. 男子는 女子의 三倍쯤입니다.

3. 우리 집에는 아이들이 二名 있읍니다.

---

1) 1과 참조.

4. 한 명은 나의 男동생(おとうと) 이고
   한 명은 女동생(いもうと) 입니다.

5. 이 방에 있는 사람은 모두 大学生입니다.

6. 당신은 몇 살이십니까? (おいくつ)

7. 나는 스물 둘입니다.

8. 내 친구 金君은 나보다 한 살 아래입니다.

9. 이 방에 있는 사람은 몇 명입니까?

10. 여기는 아무도 없읍니다.

◁해답▷

1. このクラスには男の人が十五人ぐらいと女の人が五, 六人います。 **2.** 男の人は女の人の三倍ぐらいです。 **3.** 私のうちには子供たちがふたりいます。 **4.** ひとりは私のおとうとで, ひとりはいもうとです。 **5.** このへやにいる人はみんな大学生です。 **6.** あなたはおいくつですか。 **7.** 私は二十二才です。 **8.** 私の友達の金さんは私より一つ下です。 **9.** この部屋にいる人は何人ですか。 **10.** ここにはだれもいません。 ㊟ 「아무도」는 사람을 뜻하고 있으므로 「だれも」를 써야 한다. 직역하면 「누구도」가 된다.

十六. 何を して いますか

私は　立って　いますが　あなたがたは　こしかけて　います。

私は　日本語を　教えて　いますが　あなたがたは　日本語を　習って
います。

私は　今　日本語を　話して　います。

あなたがたは　聞いて　います。

私は　右の　手に　何を　持って　いますか。

　新聞を　持って　います。

左の　手に　何を　持って　いますか。

　なんにも　持って　いません。

私は　今　新聞を　読んで　いますか。

　いいえ, 新聞を　読んで　いません。

なにを　して　いますか。

　字を　書いて　います。

武田さん, ここへ　来て　ください。

あなたは　どこへ　来ましたか。

　ここへ　来ました。

この　本を　取って　ください。

四十五ページを　あけて　ください。

本を　とじて　ください。

机の　上に　置いて　ください。

あなたの　席へ　帰って　ください。

漢字읽기――――――

腰掛ける　　右　新聞　左　読む　　置く

第16課 무엇을 하고 있읍니까

나는 일어서 있읍니다만, 당신들은 걸터 앉아 있읍니다.

나는 일본어를 가르치고 있읍니다만, 당신들은 일본어를 배우고 있읍니다.

나는 지금 일본어를 말하고 있읍니다.　당신들은 듣고 있읍니다.

나는 오른손에 무엇을 가지고 있읍니까?　신문을 가지고 있읍니다.

왼손에 무엇을 가지고 있읍니까?　아무것도 가지고 있지 않습니다.

나는 지금 신문을 읽고 있읍니까?　아니오, 신문을 읽고 있지 않습니다.

무엇을 하고 있읍니까?　글씨를 쓰고 있읍니다.

다케다 씨, 여기에 와 주십시오.　당신은 어디에 왔읍니까?

여기에 왔읍니다.　이 책을 집어 주십시오.　45페이지를 열어 주십시오.

책을 닫아 주십시오.　책상 위에 놓아 주십시오.　당신 자리로 돌아가 주십시오.

낱말풀이

しています: 하고 있읍니다 〈「する＋て＋
　いる＋ます」의 꼴〉

た(立)っています: 서 있읍니다 〈「た(立)
　つ＋て＋いる＋ます」의 꼴〉

こしかけています: 앉아 있읍니다 〈「こし
　かける(걸터앉다)＋て＋いる＋ます」의
　꼴〉

みぎ(右): 圀 오른 쪽

も(持)っています: 가지고 있읍니다 〈「も
　(持)つ＋て＋いる＋ます」의 꼴〉

ひだり(左): 圀 왼 쪽

よ(読)んでいます: 읽고 있읍니다 〈よ(読)
　む(읽다)＋て＋いる＋ます」의 꼴〉

~ページ: 접미 ~페이지 예 四十五ページ 〈よんじゅうご〉
　ジ (45페이지)

しんぶん(新聞): 圀 신문

한자풀이

腰 {
　こし: 腰(こし) 허리
　ヨウ: 腰痛(ヨウツウ) 요통
}

右 {
　みぎ: 右(みぎ) 오른 쪽
　ウ: 右派(ウハ) 우파
　ユウ: 左右(サユウ) 좌우
}

新 {
　あたらしい: 新(あたら)しい 새롭다
　あらた: 新(あら)た 새로움
　にい: 新妻(にいづま) 새댁
}

左 {
　シン: 新聞(シンブン) 신문
　ひだり: 左(ひだり) 왼 쪽
　サ: 左翼(サヨク) 좌익
}

読 {
　よむ: 読(よ)む 읽다
　ドク: 読書(ドクショ) 독서
　　　　購読(コウドク) 구독
　トク: 読本(トクホン) 독본
　トウ: 読点(トウテン) 구두점
}

해설

■ **動詞의 音便**

　앞에서 배운 바와 같이, 動詞에 助動詞「ます」나 助詞「て」가 붙는 경우의 形을 連

用形이라고 하는데, 그 連用形이 助詞「て」등에 연결될 때에 五段活用動詞의 경우에는, 基本形의 語尾가「す」, 즉「サ行」以外의 것은「ます」가 붙는 連用形의 語尾의 音이 変한다. 이것을 音이 소리내기 편하게 된다고 하여 音便(おんびん)이라고 한다.

音便의 規則은 다음과 같다.

① ～く→～き→～い[1]

書く (쓰다) ⟶ 書きます ⟶ 書いて

歩く (걷다) ⟶ 歩きます ⟶ 歩いて

置く (놓다) ⟶ 置きます ⟶ 置いて

聞く (듣다) ⟶ 聞きます ⟶ 聞いて

引く (빼다) ⟶ 引きます ⟶ 引いて 등

② ～ぐ→～ぎ→～い(で)[2]

嗅ぐ (맡다) ⟶ 嗅ぎます ⟶ 嗅いで

泳ぐ (헤엄치다) ⟶ 泳ぎます ⟶ 泳いで 등

③ ～う→～い→～っ[3]

習う (배우다) ⟶ 習います ⟶ 習って

言う (말하다) ⟶ 言います ⟶ 言って

買う (사다) ⟶ 買います ⟶ 買って

思う (생각하다) ⟶ 思います ⟶ 思って 등

④ ～つ→～ち→～っ

持つ (들다) ⟶ 持ちます ⟶ 持って

立つ (서다) ⟶ 立ちます ⟶ 立って

待つ (기다리다) ⟶ 待ちます ⟶ 待って 등

⑤ ～る→～り→～っ

ある (있다) ⟶ あります ⟶ あって

取る (집다) ⟶ 取ります ⟶ 取って

分る (알다) ⟶ 分ります ⟶ 分って

入る (들어가다, 들어오다) ⟶ 入ります ⟶ 入って

帰る (돌아가다, 돌아오다) ⟶ 帰ります ⟶ 帰って

残る (남다) ⟶ 残ります ⟶ 残って

なる (되다) ⟶ なります ⟶ なって 등

⑥ ～む→～み→～ん(で)

---

1) 基本形의 語尾→連用形의 語尾→連用形의 音便形語尾의 順이다.
2) 音便形에 연결되는 単語들이 濁音으로 되는 것에 주의할 것.
3) 促音이 됨. ③, ④, ⑤의 規則.

読む(읽다) ⟶ 読みます ⟶ 読んで

休む(쉬다) ⟶ 休みます ⟶ 休んで 등

⑦ ～ぬ→～に→～ん(で)

死ぬ(죽다) ⟶ 死にます ⟶ 死んで 뿐

⑧ ～ぶ→～び→～ん(で) 4)

飛ぶ(날다) ⟶ 飛びます ⟶ 飛んで

遊ぶ(놀다) ⟶ 遊びます ⟶ 遊んで 등

⑨ 行く(가다) ⟶ 行きます ⟶ 行って 뿐5)

이와 같이 連用形의 音便形은 五段活用動詞에만 있고, 五段活用動詞 以外의 動詞는 「ます」나「て」에 連結될 때의 連用形의 語尾는 같다.

上一段活用動詞

見る(보다) ⟶ 見ます, 見て

居る(있다) ⟶ 居ます, 居て

起きる(일어나다) ⟶ 起きます, 起きて

落ちる(떨어지다) ⟶ 落ちます, 落ちて

できる(할 수 있다) ⟶ できます, できて

とじる(닫다) ⟶ とじます, とじて

下一段活用動詞

食べる(먹다) ⟶ 食べます, 食べて

教える(가르치다) ⟶ 教えます, 教えて

開ける(열다) ⟶ 開けます, 開けて

出る(나가다, 나오다) ⟶ 出ます, 出て

見せる(보이다) ⟶ 見せます, 見せて

サ行変格活用動詞

する(하다) ⟶ します, して

カ行変格活用動詞

来る(오다) ⟶ 来ます, 来て

■「動詞의 連用形＋て＋いる」

이「いる」는 補助動詞로서「있다(사람 등)」라는 存在를 나타내는 것이 아니고 動作의 進行 및 状態를 나타낸다.

우리말의「～하고 있다」「～해 있다」에 해당된다.

おしえている。(가르치고 있다.)　　ならっている。(배우고 있다.)

見ている。(보고 있다.)　　食べている。(먹고 있다.)

---

4) ⑥, ⑦, ⑧ 의 경우는 音便形에 연결되는 単語들이 濁音으로 되는 것에 주의할 것.

5) 規則 ①의 例外로서 音便形의 規則에서 例外가 되는 것은 이 単語뿐이다.

歩いている。(걷고 있다.)　　　　　よんでいる。(읽고 있다.)

立っている。(일어서 있다.)　　　　こしかけている。(걸터앉아 있다.)

「動詞의 連用形＋ている」의 用法은 다음과 같다.

かいている(쓰고 있다.)　　　　　かいています(쓰고 있읍니다.)

かいていました。(쓰고 있었읍니다.)　かいていません。(쓰고 있지 않습니다.)

かいていなさい。(쓰고 있으시오.)　　かいていてください。(쓰고 있어 주십시오.)

かいているとき。(쓰고 있을 때.)

■ ～ページ……「～페이지」에 해당하는 助数詞이다.

一ページ　二ページ　三ページ　四ページ　五ページ　六ページ　七ページ

八ページ　九ページ　十ページ

‖‖‖‖‖‖‖‖‖ 연습문제 ‖‖‖‖‖‖‖‖‖

다음 글을 日本語로 번역하시오.

1. 당신은 지금 무엇을 하고 있읍니까?

2. 나는 지금 돈을 세고 있읍니다.

3. 저 미국인 선생님은 한국말을 잘 합니다.

4. 내 친구는 선생이 되었읍니다.

5. 일본어로 이야기해 보십시오.

6. 당신은 이 학교에 남아 주십시오.

7. 영어보다 일어가 쉽다고도 합니다.

8. 빵을 먹고 있는 사람은 누구입니까?

9. 우리 학교 일어 선생입니다.

10. 학교에서 여기까지 걸어서 왔읍니다.

◁해답▷

1. あなたは今なにをしていますか。　2. 私は今お金を数えています。　3. あの米国人の先生は韓国語がよくできます。㊟「한국어를 합니다」는「韓国語ができます」라고 해야 한다.「韓国語をします」라고는 하지 않는다(8과 참조).　4. 私の友達は先生になりました。　5. 日本語で話してごらんなさい。㊟「말해 보십시오」는「話してみなさい」라고도 한다. 6. あなたはこの学校にのこってください。　7. 英語より日本語がやさしいともいいます。　8. パンを食べている人はだれですか。　9. 私の学校の日本語の先生です。10. 学校からここまで歩いてきました。

十七. 人が あるいて います

あそこを ごらんなさい。右の 方に たてものが あります。
何軒ありますか。

　三軒 あります。

みんな 日本の 家ですか。

いいえ，二軒は 日本の 家ですが，もう一軒は 洋館です。

洋館の えんとつから 煙が 出て います。

家の 近くに ふたりの 人が います。

ひとりは はたらいて いますが，

　もう ひとりは 草に こしかけて 休んで います。

家の そばに ひろい みちが あります。

この みちを 人が 四人 歩いて います。

大山さんと その 家族です。

大山さんは 奥さんと 子供さんたちを つれて 散歩しています。

大山さんは 洋服を きて 帽子を かぶっていますが，奥さんは

　きものを きて います。

子供さんたちは ふたりとも 洋服を きて います。

奥さんは 何を はいて いますか。

　げたか ぞうりを はいて いると 思いますが，よく わかりません。

左の 方に 木が あります。

その 上を 鳥が とんで います。

なんば とんで いますか。

　三ば とんで います。

また 一わ とんで きました。

漢字읽기————

| <ruby>建物<rt>たてもの</rt></ruby> | <ruby>何軒<rt>なんげん</rt></ruby> | <ruby>三軒<rt>さんげん</rt></ruby> | <ruby>家<rt>いえ</rt></ruby> | <ruby>二軒<rt>にけん</rt></ruby> | <ruby>一軒<rt>いっけん</rt></ruby> | <ruby>洋館<rt>ようかん</rt></ruby> | <ruby>煙突<rt>えんとつ</rt></ruby> | <ruby>煙<rt>けむり</rt></ruby> | <ruby>働<rt>はたら</rt></ruby>く |

<ruby>草<rt>くさ</rt></ruby>　<ruby>休<rt>やす</rt></ruby>む　<ruby>広<rt>ひろ</rt></ruby>い　<ruby>道<rt>みち</rt></ruby>　<ruby>大山<rt>おおやま</rt></ruby>　<ruby>家族<rt>かぞく</rt></ruby>　<ruby>奥<rt>おく</rt></ruby>さん　<ruby>散歩<rt>さんぽ</rt></ruby>　<ruby>洋服<rt>ようふく</rt></ruby>　<ruby>着<rt>き</rt></ruby>る

<ruby>被<rt>かぶ</rt></ruby>る　<ruby>着物<rt>きもの</rt></ruby>　<ruby>履<rt>は</rt></ruby>く　<ruby>思<rt>おも</rt></ruby>う　<ruby>木<rt>き</rt></ruby>　<ruby>鳥<rt>とり</rt></ruby>　<ruby>飛<rt>と</rt></ruby>ぶ

第17과　사람이 걷고 있읍니다

저기를 보십시오. 오른쪽에 건물이 있읍니다.

몇 채 있읍니까?　세 채 있읍니다.

모두 日本식 집입니까?

　아니오, 두 채는 일본식 집입니다만, 또 한 채는 양옥집입니다.

양옥집 굴뚝에서 연기가 나오고 있읍니다. 집 근처에 두 사람이 있읍니다.

한 사람은 일을 하고 있읍니다만, 또 한 사람은 풀에 걸터앉아서 쉬고 있읍니다.

집 옆에 넓은 길이 있읍니다.　이 길을 사람이 네 사람 걷고 있읍니다.

오오야마 씨와 그 가족입니다.

오오야마 씨는 부인과 어린아이들을 데리고 산책하고 있읍니다.

오오야마 씨는 양복을 입고 모자를 쓰고 있읍니다만, 부인은 일본 옷을 입고 있읍니다.

어린 아이들은 두 사람 모두 양복을 입고 있읍니다.

부인은 무엇을 신고 있읍니까?

　게타(일본의 나막신)나 조오리(일본식 신)를 신고 있다고 생각합니다만, 잘 모르겠읍니다.

왼쪽에 나무가 있읍니다.　그 위를 새가 날고 있읍니다.

몇 마리 날고 있읍니까?　세 마리 날고 있읍니다.　또 한 마리 날아왔읍니다.

▁낱▁말▁풀▁이▁

ごらんなさい : 보십시오.

たてもの (建物) : 몡 건물

なんげん (何軒) : 몡 몇 채

いえ (家) : 몡 집

もう : 뭔 ① 더, (이 위에) 또 ② 이제, 벌써

ようかん (洋館) : 몡 양옥집

えんとつ (煙突) : 몡 굴뚝

けむり (煙) : 몡 연기

で (出) ています : 나오고 있읍니다. 〈「で (出) る＋て＋いる＋ます」의 꼴〉

ちか (近) く : 몡 근처

はたらいています : 일하고 있읍니다 〈「はたら (働) く (일하다)＋て＋いる＋ます」 의 꼴〉

くさ (草) : 몡 풀

やす (休) んでいます : 쉬고 있읍니다 〈「やす (休) む (쉬다)＋て＋いる＋ます」의 꼴〉

ひろ (広) い : 혱 넓다

みち (道) : 몡 길

かぞく (家族) : 몡 가족

おく (奥) さん : 몡 부인

つれて : 데리고 〈「つ(連)れる(동반하다)
　　＋て」의 꼴〉

さんぽ(散歩) : 📖 산책

ようふく(洋服) : 📖 양복

き(着)て : 입고 〈「き(着)る(입다)＋て」의
　　「꼴」〉

かぶっています : 쓰고 있읍니다 〈「かぶる
　　(모자를 쓰다)＋て＋いる＋ます」의 꼴〉

きもの(着物) : 📖 일본 옷, 옷

～とも : ～다, ～모두 📖 四人とも学
　　生です.(네 사람 다 학생입니다.)

は(履)いています : 신고 있읍니다 〈「は
　　(履)く(신다)＋て＋いる＋ます」의 꼴〉

げた : 📖 나막신 (일본식)

ぞうり : 📖 (일본식의 신의 일종) 짚신,
　　샌들

おも(思)います : 생각합니다 〈「おも(思)
　　う(생각하다)＋ます」의 꼴〉

き(木) : 📖 나무

とり(鳥) : 📖 새

と(飛)んで : 날고, 날아 〈「と(飛)ぶ(날다)
　　＋て」의 꼴〉

なんば(何羽) : 📖 몇 마리

また : 📖 또, 또다시

いちわ(一羽) : 📖 한 마리

とんできました : 날아왔읍니다 〈「とぶ＋
　　て＋くる＋ました」의 꼴〉

한자풀이

建 {
たてる : 建(た)てる 세우다, 짓다
たつ : 建(た)つ 서다
ケン : 建築(ケンチク) 건축
コン : 建立(コンリュウ) 건립
}

物 {
もの : 物(もの) 물건
ブツ : 人物(ジンブツ) 인물
モツ : 食物(ショクモツ) 음식
}

軒 {
のき : 軒(のき) 처마
ケン : 一軒(イッケン) 한 채
}

家 {
いえ : 家(いえ) 집
や : 家主(やぬし) 집주인
カ : 家庭(カテイ) 가정
ケ : 家来(ケライ) 부하
}

洋 {
ヨウ : 洋服(ヨウフク) 양복
　　　　西洋(セイヨウ) 서양
}

館 {
カン : 館内(カンナイ) 관내
　　　　旅館(リョカン) 여관
}

煙 {
けむる : 煙(けむ)る 연기가 나다
けむり : 煙(けむり) 연기
エン : 煙突(エントツ) 굴뚝
}

突 {
つく : 突(つ)く 찌르다
トツ : 突然(トツゼン) 돌연
}

働 {
はたらく : 働(はたら)く 일하다
ドウ : 労働(ロウドウ) 노동
}

草 {
くさ : 草(くさ) 풀
ソウ : 雑草(ザッソウ) 잡초
}

休 {
やすむ : 休(やす)む 쉬다
やすまる : 休(やす)まる 편안해지다
キュウ : 休憩(キュウケイ) 휴식
}

広 {
ひろい : 広(ひろ)い 넓다
ひろまる : 広(ひろ)まる 넓어지다
ひろめる : 広(ひろ)める 넓히다
ひろがる : 広(ひろ)がる 퍼지다
ひろげる : 広(ひろ)げる 펼치다
コウ : 広大(コウダイ) 광대
}

道 {
みち : 道(みち) 길
ドウ : 道路(ドウロ) 도로
トウ : 神道(シントウ) 신도
}

族 {
ゾク : 一族(イチゾク) 일족
　　　　民族(ミンゾク) 민족
}

奥 { おく：奥(おく)さん 부인
オウ：深奥(シンオウ) 심오

散 { ちる：散(ち)る 떨어지다
ちらす：散(ち)らす 흩뜨리다
ちらかす：散(ち)らかす 어지르다
ちらかる：散(ち)らかる 어지러지다
サン：散文(サンブン) 산문

着 { きる：着(き)る 입다
きせる：着(き)せる 입히다
つく：着(つ)く 도착하다
つける：着(つ)ける 앉히다
チャク：着用(チャクヨウ) 착용
ジャク：愛着(アイジャク) 애착

被 { こうむる：被(こうむ)る (피해를)입다
かぶる：被(かぶ)る (모자)쓰다
ヒ：被害(ヒガイ) 피해

履 { はく：履(は)く 신다
り：履歴(リレキ) 이력

服 { フク：服(フク) 옷
服装(フクソウ) 복장

飛 { とぶ：飛(と)ぶ 날다
とばす：飛(と)ばす 날리다
ヒ：飛行(ヒコウ) 비행

思 { おもう：思(おも)う 생각하다
シ：思想(シソウ) 사상

鳥 { とり：鳥(とり) 새
チョウ：鳥類(チョウルイ) 조류

羽 { は：羽(は) 날개 一羽(イチわ) 한 마리, 三羽(サンば), 세 마리, 六羽(ロッぱ) 여섯 마리
はね：羽(はね) 날개
ウ：羽毛(ウモウ) 깃털

해 설

■ 〜軒……집을 셀 때에 사용하는 助数詞로서 우리말의 「〜채」에 해당된다.

一軒 二軒 三軒 四軒 五軒 六軒 七軒 八軒 九軒 十軒
いっけん にけん さんげん よんけん ごけん ろっけん しちけん はっけん きゅうけん じっけん

■ もう一軒……그것이 아닌 또 다른 한 채라는 뜻이다.

もう少し(좀더)   もう一つ(또 하나, 하나 더)

もうひとり(또 한 사람, 한 사람 더)

이외에도 「もう」는 또 다른 뜻이 있다.

もう行きます。(이젠 가겠읍니다.)

もうよみません。(이젠 읽지 않습니다, 이젠 읽지 않겠읍니다.)

もう帰りました。(벌써 돌아갔읍니다.)

もう80才に近い。(벌써 80세에 가깝다.)

■「こしかけて休んでいます」(걸터앉아서 쉬고 있읍니다)와 같이 動詞를 연결시킬 때에는 助詞「て」로써 연결시킨다.

つれて散歩しています。(데리고 산책하고 있읍니다.)

とんできました。(날아왔읍니다.)

帰っていきます。(돌아갑니다.)   入ってきます。(들어옵니다.)

つれていきます。(데리고 갑니다.)   つれてきます。(데리고 옵니다.)

■「みちをあるいています。」(길을 걷고 있읍니다.)

　　「その上をとんでいます。」(그 위로 날고 있읍니다.)

　여기에 나오는 「あるく」「とぶ」라는 動詞는 自動詞로서 目的語를 갖지 못하는데
도 名詞 밑에 「を」를 使用한 것은 우리말의 경우와 같다고 볼 수 있다. 이「を」의
뜻은 移動性의 動作이 지나는 場所, 動作의 出發点, 動作・作用이 행하여지는 期間
등을 나타낸다.

　　　うちを出る。(집을 나오다.)　　　　　　わがみちを行く。(나의 길을 가다.)

　　　六時をまわっている。(6시를 돌고〈지나고〉 있다.)

■「奥さん」은 남의 아내를 높여서 말한 것이고, 자기의 아내라고 할 때는 「奥さん」
이라 하지 않고 「家内」라고 한다.

■「子供さんたち」의 경우도 남의 집 아이들이므로 「さん」을 붙여서 말한 것이고, 자
기 아이들을 말할 때에는 「子供たち」라고 한다.

■ ～とも……名詞 아래에 붙어서 「～모두, ～다, ～포함해서」 등의 뜻을 나타
낸다.

　　　三つとも私のものです。(세 개 다 내 것입니다.)

　　　雑誌は送料とも二百円です。(잡지는 송료까지 포함해서 200엔입니다.)

■「散歩する」와 같이 名詞에 動詞「する」를 붙여서 動詞로 使用한다. 外来語를「す
る」에 붙이기도 한다. 主로 動作의 뜻을 내포하고 있는 名詞에 「する」를 붙인다.

　　　勉強する(공부한다)　　　　　　　　運動する(운동한다)

　　　説明する(설명한다)　　　　　　　　記録する(기록한다)

　　　プリントする(프린트한다)　　　　　スケッチする(스케치한다)

■ ～と思う……「～라고 생각한다」의 뜻으로 「と」 앞에는 보통 말의 基本形이 온다.

　　　ひろいと思います。(넓다고 생각합니다.)

　　　よむと思います。(읽는다고 생각합니다.)

　　　休んでいると思います。(쉬고 있다고 생각합니다.)

　　　同じだと思います。(같다고 생각합니다.)

　　　きものだ1)と思います。(일본옷이라고 생각합니다.)

　　　そうだと思います。(그렇다고 생각합니다.)

■ ～羽……새를 셀 때에 使用하는 助数詞로서 우리말의 「～마리」에 해당된다.

　　　一羽　二羽　三羽　四羽　五羽　六羽　七羽　八羽　九羽　十羽

■ 새로 나온 動詞

　　　働く(일하다) ⟶ はたらきます, はたらいて

　　　休む(쉬다, 자다) ⟶ やすみます, やすんで

　　　着る(입다) ⟶ きます, きて

────────────

1)「～と思う」앞에 名詞 또는 名詞에 準하는 말이 올 때에는 名詞 다음에「だ」를 붙여
　서 말하는 것이 일반적이다.

連れる² (데리고 오〈가〉다) ⟶ つれます, つれて
被る (쓰다) ⟶ かぶります, かぶって
履く (신다) ⟶ はきます, はいて
思う (생각하다) ⟶ おもいます, おもって

ⅢⅢⅢⅢⅢⅢⅢⅢ 연습문제 ⅢⅢⅢⅢⅢⅢⅢⅢ

1 다음 動詞의 連用形을 말해 보시오.

1. かく ──ます ──て
2. きく ──ます ──て
3. もつ ──ます ──て
4. よむ ──ます ──て
5. とる ──ます ──て
6. ならう ──ます ──て
7. おしえる ──ます・ ──て
8. くる ──ます ──て
9. あける ──ます ──て
10. おく ──ます ──て
11. かえる ──ます ──て
12. いく ──ます ──て

2 다음 글을 日語로 번역하시오.

1. 나는 지금 日語 공부를 하고 있습니다.
2. 저 분은 신문을 읽고 있습니다.
3. 우리들은 모두 洋服을 입고 있습니다.
4. 그렇지만 帽子는 그다지 쓰지 않습니다.
5. 日本의 女子는 대개 日本옷을 입습니까?
6. 어저께 나는 걸어서 南山까지 갔습니다.
7. 日本語는 어렵다고 생각합니까?
8. 당신의 이름을 漢字로 써 주시오.
9. 내일 그 책을 가지고 와 주시오.
10. 빨리 돌아와 주십시오.

◁해답▷

1

1. かく→かきます, かいて   2. きく→ききます, きいて   3. もつ→もちます, もって   4. よむ→よみます, よんで   5. とる→とります, とって   6. ならう→ならいます, ならって   7. おしえる→おしえます, おしえて   8. くる→きます, きて   9. あける→あけます, あけて   10. おく→おきます, おいて   11. かえる→かえります, かえって   12. いく→いきます, いって

2

1. 私は今日本語の勉強をしています。㋐ 공부…勉強   2. あのかたは新聞を読んでいます。   3. 私たちはみんな洋服を着ています。   4. しかし帽子はあまりかぶりません。㋐ 그러나……しかし 또는 「けれども」라고 해도 된다.   5. 日本の女の人はたいてい着物を着ますか。㋐ 대개……たいてい。   6. きのう私は歩いて南山まで行きました。㋐ 어제……きのう   7. 日本語はむずかしいと思いますか。 8. あなたのお名前を漢字で書いてください。   9. あしたその本を持ってきてください。㋐ 내일……あした   10. はやく帰ってきてください。㋐ 빨리……はやく, 돌아와 주십시오……かえってください라고 해도 되나, 더 확실하게 말해서 かえってきてください라고 하는 것이 좋다.

---

2) 「連れる」라는 動詞는 「つれる」라든가 「つれます」와 같은 경우로는 거의 사용되지 않고 主로 「つれて」로서 사용된다.

十八. 時　計

これは　時計です。

時計には　二本の　針が　あります。

一本は　長くて，もう　一本は　みじかいです。

みじかい　針は　時間を　さして，長い　針は　分を　さします。

両方の　針が　十二を　さすと，ちょうど　十二時です。

両方の　針が　下に　くる時は，五時半か　六時半です。

一時間は　六十分で，一分は　六十秒です。

一日は　何時間ですか。

　　二十四時間です。

いま　何時ですか。

　　九時　十分です。

いま　みじかい　針は　三と　四の　間を　さして，長い　針は　六を
さして　います。

　　何時でしょう。

　　三時半です。

長い　針が　九を　さすと，何時に　なりますか。

　　四時　十五分　前に　なります。

漢字読기 ────────

時計　針　時間　分　両方　六十分　一分　六十秒　一日
とけい　はり　じかん　ふん　りょうほう　ろくじっぷん　いっぷん　ろくじゅうびょう　いちにち

二十四時間　九時　間　時　何時
にじゅうよじかん　くじ　あいだ　とき　なんじ

第18課　시　계

이것은 시계입니다.　시계에는 두 개의 바늘이 있읍니다.

하나는 길고 또 하나는 짧습니다.

짧은 바늘은 시간을 가리키고, 긴 바늘은 분을 가리킵니다.

양쪽 바늘이 12를 가리키면, 정각 12시입니다.

양쪽 바늘이 밑에 올 때는 5 시 반이나 6 시 반입니다.

1 시간은 60분이고, 1 분은 60초입니다.

하루는 몇 시간입니까?　　　　　　　　24시간입니다.

지금 몇 시입니까?　　　　　　　　　　9 시 10분입니다.

지금 짧은 바늘은 3과 4 의 사이를 가리키고, 긴 바늘은 6을 가리키고 있읍니다.

몇 시일까요?　　　　　　　　　　　　3 시 반입니다.

긴 바늘이 9를 가리키면, 몇 시가 됩니까? 4 시 15분 전이 됩니다.

낱말풀이

とけい(時計)：명 시계

はり(針)：명 바늘

なが(長)くて：길고 〈「なが(長)い(길다)＋て」의 꼴〉

じかん(時間)：명 시간

さして：가리키고 〈「さ(指)す(가리키다)＋て」의 꼴〉

ふん(分)：명 분

さします：가리킵니다 〈「さす＋ます」의 꼴〉

りょうほう(両方)：명 양쪽

さすと：가리키면 〈「さす＋と」의 꼴〉

ちょうど：부 꼭, 바로

～じ(時)：접미 ～시　예 四時 (네 시)

く(来)る：자カ 오다

とき(時)：명 때

くるとき：올 때 〈「くる＋とき」의 꼴〉

ごじはん(五時半)：다섯 시 반

～びょう(秒)：접미 ～초　예 一秒 (일 초)

いちにち(一日)：명 하루

あいだ(間)：명 사이

～でしょう：～겠지요, ～일 것입니다 예 それは時計でしょう。(그것은 시계이겠지요.)

한자풀이

時 { とき：時(とき) 때
　 ジ：時間(ジカン) 시간

針 { はり：針(はり) 바늘
　 シン：秒針(ビョウシン) 초침

計 { はかる：計(はか)る 재다
　 はからう：計(はか)らう 조처하다
　 ケイ：計算(ケイサン) 계산

間 { あいだ：間(あいだ) 사이
　 ま：客間(キャクま) 객실
　 カン：中間(チュウカン) 중간

ケン：世間(セケン) 세상
　　 人間(ニンゲン) 인간

両 { リョウ：両親(リョウシン) 양친
　　 千両(センリョウ) 천냥

秒 { ビョウ：秒(ビョウ) 초
　　 秒速(ビョウソク) 초속

指 { ゆび：指(ゆび) 손가락
　 さす：指(さ)す 가리키다
　 シ：指示(シジ) 지시

■ 해 설 ■

■ **～時間(助数詞)** ……～시간

何時間 一時間 二時間 三時間 四時間 五時間 六時間 七時間 八時間

九時間 十時間

■ **～時(助数詞)** ……～시

何時 一時 二時 三時 四時 五時 六時 七時 八時 九時 十時 十一時

十二時

■ **～分(助数詞)** ……～분

何分 一分 二分 三分 四分 五分 六分 七分 八分 九分 十分

注 「ふん」과「ぷん」으로 읽는 데 주의할 것.

■ **～秒(助数詞)** ……～초

何秒 一秒 二秒 三秒 四秒 五秒 六秒 七秒 八秒 九秒 十秒

■ 形容詞에 助詞「て」(～하고, ～하여, ～하여서)를 連結시킬 때에는 基本形의 語尾
「い」가「く」로 된다. 語尾「い」가「く」로 변화된 꼴이 形容詞의 連用形이다.

長い(길다) ⟶ 長くて,　　　　短い(짧다) ⟶ 短くて

大きい(크다) ⟶ 大きくて,　　小さい(작다) ⟶ 小さくて

遠い(멀다) ⟶ 遠くて,　　　　近い(가깝다) ⟶ 近くて

■ **～でしょう(助動詞)** ……추측이나 예측을 나타낸다. 우리말의「～ㄹ(을) 것입니다,
～겠지요」에 해당된다.「でしょう」는 体言 또는 体言에 준하는 말, 形容動詞의 語
幹, 形容詞의 終止形 및 動詞의 終止形 등에 連結된다.

汽車でしょう(기차겠지요)　　　　だれでしょうか(누구일까요?)

お金でしょう(돈이겠지요)　　　　どこでしょう[1](어디일까요?)

そうでしょう(그렇겠지요)　　　　同じでしょう(같겠지요)

むずかしいでしょう(어려울 것입니다)　小さいでしょう(작겠지요)

しめるでしょう(닫겠지요)　　　　買うでしょう(살 것입니다)

「ます」「ません」「ました」등에도 連結시킬 수 있다.

来ますでしょう(올 것입니다)　　　わかりませんでしょう(모르겠지요)

‖‖‖‖‖‖‖‖‖‖‖‖ 연습문제 ‖‖‖‖‖‖‖‖‖‖‖‖‖‖‖

다음 글을 日本語로 번역하시오.

1. 이 방에 사람이 두 명 있읍니다.　　　아이입니다.

2. 한 사람은 어른이고 또 한 사람은　　3. 어른은 크고 아이는 작습니다.

---

1) 「だれ」「どこ」「何時」와 같은 의문을 나타내는 말에 「でしょう」가 연결될 경우에는 助詞
「か」를 생략해서 말한다.

4. 방에 들어갈 때 時計를 본즉 四時 二十五分이었읍니다.

5. 그 방에서 五,六分쯤 친구와 이야기하고 밖으로 나왔읍니다.

6. 집을 여덟시 十分 前에 나와서 學校에 오면 몇 時가 됩니까?

7. 바늘이 셋 있는 時計도 있읍니다.

8. 하나는 時間을 가리키고 하나는 分을 가리키고 또 하나는 秒를 가리킵니다.

9. 이 쪽으로 걸어오는 사람은 누구일까요?

10. 저기 서 있는 사람은 무엇을 하고 있읍니까?

◁해답▷

1. この部屋に人がふたり居ます 2. ひとりはおとなで, もうひとりは子供です。 3. おとなは大きくて, 子供は小さいです。 4. 部屋へはいるとき時計を見ると四時二十五分でした。㊟ 들어갈 때……はいるとき。「とき」는 名詞이므로 名詞 앞에 오는 動詞는 連体形, 즉 基本形이 와야 한다. 본즉……みると。「~한즉」이라고 할 때는 動詞의 終止形, 즉 基本形 다음에 「と」를 붙이면 된다. 5. その部屋で五, 六分ぐらい友達と話してそとへ出ました。 6. うちを8時10分前に出て, 学校へ来ると, 何時になりますか。 7. 針が三本ある時計もあります。㊟「三本」 대신에 「三つ」를 써도 된다. 8. 一本は時間をさして, 一本は分をさして, もう一本は秒をさします。 9. こっちのほうへ歩いてくる人はだれでしょう。㊟ 이 쪽으로…… こっちへ라고 해도 무방하다. 그러나 こっちのほう 쪽이 좋다. 10. あそこに立っている人はなにをしていますか。㊟ 저기 서 있다……「あそこに立っている」처럼 「あそこ」 다음에 「に」를 꼭 붙여야 한다.

十九. あかるく なります

一日は 二十四時間です。零時から 二十四時までです。

一日を 二つに わけます。どちらも 十二時間ずつです。

はじめの 十二時間は 午前で, その つぎの 十二時間は 午後です。

午前にも 六時が あります。午後にも 六時が あります。

ですから 一日には 同じ 時間が 二度 あります。

午前の 六時は 朝です。午後の 六時は 十八時と 同じで, 夕方です。

日は 東から 出て, 西に はいります。

おひるには 日は 南に ありますか, 北に ありますか。

　南に あります。

日が 出ると, あかるく なります。

日が はいると, くらく なります。

朝から 夕方までが 昼間で, 夕方から 朝までが 夜です。

昼間は あかるくて 夜は くらいです。

夜は 星が 出ます。星は きらきら ひかります。

月も出ます。月が出ると, あかるく なります。

漢字読み ————————————

零時	分ける	午前	同じ	次	午後	二度	朝	夕方	日
れいじ	わける	ごぜん	おなじ	つぎ	ごご	にど	あさ	ゆうがた	ひ

東	西	南	北	明るい	暗い	昼間	夜	星	光る	月
ひがし	にし	みなみ	きた	あかるい	くらい	ひるま	よる	ほし	ひかる	つき

第19課　밝아집니다

하루는 24시간입니다.　0 시에서 24시까지입니다.

하루를 둘로 나눕니다.　어느 쪽이나 12시간씩입니다.

처음 12시간은 오전이고, 그 다음 12시간은 오후입니다.

오전에도 6 시가 있습니다.　오후에도 6 시가 있습니다.

그러므로, 하루에는 같은 시간이 두 번 있읍니다.   오전 6 시는 아침입니다.

오후 6 시는 18시와 같고 저녁입니다.

해는 동쪽에서 나와(떠) 서 서쪽으로 들어갑(집) 니다.

한낮에는 해는 남쪽에 있읍니까, 북쪽에 있읍니까? 남쪽에 있읍니다.

해가 나오(뜨) 면 밝아집니다.   해가 들어가(지) 면 어두워집니다.

아침부터 저녁까지가 낮이고, 저녁부터 아침까지가 밤입니다.

낮 동안은 밝고, 밤은 어둡습니다.

밤에는 별이 나옵(뜹) 니다. 별은 반짝반짝 빛납니다.

달도 나옵(뜹) 니다.   달이 뜨면 밝아집니다.

━ 낱 ━ 말 ━ 풀 ━ 이 ━

いちにち(一日)：명 하루

れいじ(零時)：명 영 시

わ(分)けます : 나눕니다 〈「わ(分)ける (나누다)＋ます」의 꼴〉

はじめ：명 처음

ごぜん(午前)：명 오전

つぎ(次)：명 다음

ごご(午後)：명 오후

ですから：접 그러므로, 그러니까

～ど(度)：접미 ～번, ～도 예 二度(두 번)

あさ(朝)：명 아침

ゆうがた(夕方)：명 저녁

ひ(日)：명 해

ひがし(東)：명 동쪽

で(出)て : 나오고, 나와서 〈「で(出)る (나가다, 나오다)＋て」의 꼴〉

にし(西)：명 서쪽

おひる(昼)：명 한낮

みなみ(南)：명 남쪽

きた(北)：명 북쪽

で(出)ると : 나오면, 뜨면 〈「で(出)る ＋ と」의 꼴〉

あか(明)るくなります : 밝아집니다 〈「あか(明)るい (밝다)＋なる (지다, 되다)＋ます」의 꼴〉

くら(暗)くなります : 어두워집니다 〈「くら(暗)い (어둡다)＋なります」의 꼴〉

ひるま(昼間)：명 낮동안

よる(夜)：명 밤

ほし(星)：명 별

きらきら：부 반짝반짝

ひか(光)ります : 빛납니다 〈「ひか(光)る (빛나다)＋ます」의 꼴〉

つき(月)：명 달

━ 한 ━ 자 ━ 풀 ━ 이 ━

零 { レイ：零(レイ) 영
零下(レイカ) 영하

午 { ゴ：午前(ゴゼン) 오전
正午(ショウゴ) 정오

次 { つぐ：次(つ)ぐ 뒤를 잇다
つぎ：次(つぎ) 다음
ジ：目次(モクジ) 목차
シ：次第(シダイ) 순서, 사정

朝
- あさ：朝(あさ)　아침
- チョウ：朝食(チョウショク)　조식

度
- たび：度(たび)　번, 적
- ド：制度(セイド)　제도
- ト：法度(ハット)　법령, 금령
- タク：支度(シタク)　준비

夕
- ゆう：夕方(ゆうがた)　저녁
- セキ：一朝一夕(イッチョウイッセキ)　일조일석

方
- かた：方(かた)　분
- 　敵方(テキがた)　적의 편
- ホウ：方法(ホウホウ)　방법

東
- ひがし：東(ひがし)　동쪽
- トウ：東西(トウザイ)　동서

西
- にし：西(にし)　서쪽
- セイ：西洋(セイヨウ)　서양
- サイ：西国(サイコク)　서쪽 나라　(특히, 九州지방)
- 　東西(トウザイ)　동서

南
- みなみ：南(みなみ)　남쪽
- ナン：南北(ナンボク)　남북
- ナ：南無(ナム)　나무

北
- きた：北(きた)　북쪽
- ホク：北進(ホクシン)　북진

暗
- くらい：暗(くら)い　어둡다
- アン：明暗(メイアン)　명암

明
- あかり：明(あ)かり　등불
- あかるい：明(あか)るい　밝다
- あかるむ：明(あか)るむ　밝아지다
- あからむ：明(あか)らむ　훤해지다
- あきらか：明(あき)らか　분명함
- あける：明(あ)ける　열다, 비우다
- あく：明(あ)く　열리다
- あくる：明(あ)くる　다음의
- あかす：明(あ)かす　밝히다
- メイ：説明(セツメイ)　설명
- ミョウ：明日(ミョウニチ)　내일

昼
- ひる：昼(ひる)　낮
- チュウ：昼夜(チュウヤ)　주야

夜
- よ：夜風(よかぜ)　밤바람
- よる：夜(よる)　밤
- ヤ：深夜(シンヤ)　심야

星
- ほし：星(ほし)　별
- セイ：衛星(エイセイ)　위성
- ショウ：明星(ミョウジョウ)　명성

光
- ひかる：光(ひか)る　빛나다
- ひかり：光(ひかり)　빛
- コウ：光線(コウセン)　광선

月
- つき：月(つき)　달
- ゲツ：月曜(ゲツヨウ)　월요일
- ガツ：正月(ショウガツ)　정월

해　설

■「二(ふた)つに分(わ)けます」 (둘로 나눕니다)

　윗 문장에 나오는 助詞 「に」는 事物이나 状態의 変化의 結果를 나타낸다. 우리말의 「～로(～으로)」 등에 해당된다.

　　　みどりいろがきいろに変(か)わりました。(초록색이 노란색으로 변했읍니다.)

　　　いくつに分けますか。(몇 개로 나눕니까?)

※ 助詞 「で」를 쓰면 나누는 도구가 무엇이냐라는 뜻이 되므로 「いくつで分けますか」 라고는 할 수 없다.

　　　なんで分けますか。(무엇으로 나눕니까?)

ナイフで分けます。(나이프로 나눕니다.)

■ ～度……횟수를 셀 때 사용하는 助数詞이기도 하고, 온도・각도・광도 등의 크기를 나타낼 때도 사용하는 助数詞이다. 우리말의 「～번」 「～회」 「～차례」에 해당된다.

一度 二度 三度 四度 五度 六度 七度 八度 九度 十度

■ あかるくなります……밝아집니다. 「形容詞＋なる」가 될 경우 形容詞는 連用形이 되어야 한다. 환언하면, 形容詞의 基本形의 語尾 「い」가 「く」로 되어 「なる」에 連結된다. 우리말의 「～게 된다」, 즉 「～진다」의 뜻이 된다.

くらい(어둡다) ━━ くらくなる(어두워진다)

ちかい(가깝다) ━━ ちかくなります(가까와집니다)

あかい(빨갛다) ━━ あかくなりました(빨개졌읍니다)

「形容詞＋動詞」가 될 경우도 마찬가지로 動詞 앞에 오는 形容詞는 連用形이 되어야 하며, 形容詞가 動詞를 修飾하는 꼴이 된다. 즉, 副詞的인 用法이 된다.

むずかしくならいました。(어렵게 배웠읍니다.)

大きくしてください。(크게 해 주십시오.)

小さくしました。(작게 했읍니다.)

|||||||||||||||| 연습문제 ||||||||||||||||

다음 글을 日本語로 번역하시오.

1. 韓国은 日本의 西쪽에 있읍니다.
2. 日本人의 얼굴과 韓国人의 얼굴은 같습니다.
3. 五시가 되면 어린애가 학교에서 돌아옵니다.
4. 밤이 되면 어두워집니다.
5. 낮이 길어지면 밤이 짧아집니다.
6. 나는 그것과 똑같은 그림을 두 번 보았읍니다.
7. 여기에는 사람이 세 명 있읍니다.
8. 그러니까 이것을 셋으로 나누어 주십시오.
9. 당신은 그것을 누구에게서 들었읍니까?
10. 先生님에게서 몇 번이나 들었읍니다.

◁ 해답 ▷

1. 韓国は日本の西のほうにあります。 2. 日本人の顔と韓国人の顔は同じです。 3. 5時になると, 子供が学校から帰ってきます。 4. 夜になると暗くなります。 5. 昼間が長くなると, 夜が短くなります。 6. 私はそれとちょうど同じ絵を二度見ました。 7. ここには人が三人居ます。 8. ですから, これを三つに分けてください。 9. あなたはそれをだれに聞きましたか。 㖨 누구에게서……だれに, 또는 だれから라고 해도 된다. 오히려 이런 경우는 「だれに」보다는 「だれから」 쪽이 낫다. 10. 先生から何度も聞きました。 㖨 몇 번이나……何度も. 우리말의 助詞 「이나(나)」가 의외로 많다는 기분을 강조할 경우에는 日本語는 助詞 「も」를 쓴다. 나에게 10만 엔이나 주셨읍니다. (私に10万円もくださいました。)

二十. 朝 起きて 夜 休みます

私たちは　朝　起きて，夜　休みます。

あなたは　朝　何時に　おきますか。

　七時二十分前に　おきます。

朝ご飯は　何時に　食べますか。

　七時十五分に　食べます。

昼ご飯は　何時ごろ　食べますか。

　十二時と　一時の　間に　食べます。

夕ご飯は　何時ですか。

　大てい　六時ごろです。

あなたは　夜　何時に　休みますか。

　十時半ごろ　休みます。

朝　早く　起きるのは　体に　いいです。

　夜　おそく　休むのは　体に　わるいです。

けれども　たくさんの　人が　夜　おそく　ねて，朝　おそく　起きます。

その人たちは　あさねぼうです。

あさねぼうを　するのは　体に　よく　ありません。

夜　おそくまで　本を　よむと　朝ねぼうを　します。

漢子읽기━━━━━━━━━━

起きる　朝ご飯　昼ご飯　夕ご飯　大抵　早い　体　遅い　悪い
（お）　（あさ　はん）　（ひる　はん）　（ゆう　はん）　（たいてい）　（はや）　（からだ）　（おそ）　（わる）

沢山　寝る　朝寝坊
（たくさん）　（ね）　（あさ　ねぼう）

第20課　아침에 일어나고 밤에 잡니다

우리들은 아침에 일어나고 밤에 잡니다.

당신은 아침 몇 시에 일어납니까?　　　　　7 시 20분 전에 일어납니다.

아침밥은 몇 시에 먹습니까?　　　　　　　7 시 15분에 먹습니다.

점심밥은 몇 시경에 먹습니까?　　　　　　12시와 1 시 사이에 먹습니다.

저녁밥은 몇 시입니까?　　　　　　　　　대개 6 시경입니다.

당신은 밤 몇 시에 잡니까?　　　　　　　10시 반경에 잡니다.

아침 일찍 일어나는 것은 몸에 좋습니다.　밤 늦게 자는 것은 몸에 나쁩니다.

그렇지만, 많은 사람들이 밤 늦게 자고, 아침 늦게 일어납니다.

그 사람들은 늦잠꾸러기입니다.　　　　　늦잠을 자는 것은 몸에 좋지 않습니다.

밤 늦게까지 책을 읽으면 늦잠을 잡니다.

＿날＿말＿풀＿이＿

お(起)きて : 일어나고 〈「お(起)きる(일어나다)＋て」의 꼴〉

やす(休)みます : 잡니다(쉽니다) 〈「やす(休)む(자다, 쉬다)＋ます」의 꼴〉

あさごはん(朝御飯) : 뗑 아침밥

ひるごはん(昼御飯) : 뗑 점심밥

ゆうごはん(夕御飯) : 뗑 저녁밥

たいてい(大抵) : 뙤 대개

はや(早)く : 일찍, 빨리
　はや(早)い : 혱 이르다, 빠르다

からだ(体) : 뗑 몸

いい : 혱 좋다

おそ(遅)く : 늦게

おそ(遅)い : 혱 늦다

わる(悪)い : 혱 나쁘다

たくさん(沢山)のひと(人) : 많은 사람 〈「たくさん(沢山)(많음)＋の＋ひと(人)」의 꼴〉

ね(寝)て : 자고 〈「ね(寝)る(자다)＋て」의 꼴〉

あさねぼう(朝寝坊) : 뗑 늦잠꾸러기

あさねぼう(朝寝坊)をする : 늦잠을 자다

よくありません : 좋지 않습니다 〈「よい(좋다)＋ありません」의 꼴〉

よ(読)む : 타5 읽다

＿한＿자＿풀＿이＿

起 {
おきる : 起(お)きる 일어나다
おこる : 起(お)る 일어나다
おこす : 起(お)こす 일으키다
キ : 起立(キリツ) 기립
}

御 {
おん : 御中(おんチュウ) 귀중
ギョ : 御者(ギョシャ) 마부
ゴ : 御飯(ゴハン) 진지
}

飯 {
めし : 飯(めし) 밥
ハン : 赤飯(セキハン) 팥밥
}

抵 {
テイ : 抵抗(テイコウ) 저항
大抵(タイテイ) 대개
}

早 {
はやい : 早(はや)い 이르다
はやまる : 早(はや)まる 빨라지다
はやめる : 早(はや)める 이르게 하다
}

	ソウ：早朝(ソウチョウ) 조조		わるい：悪(わる)い 나쁘다
	サッ：早速(サッソク) 조속	悪	アク：悪意(アクイ) 악의
	からだ：体(からだ) 몸		オ：憎悪(ゾウオ) 증오
体	タイ：体格(タイカク) 체격	沢	さわ：沢(さわ) 저습지
	テイ：体裁(テイサイ) 겉 모양		タク：光沢(コウタク) 광택
	おくれる：遅(おく)れる 늦어지다		ねる：寝(ね)る 자다
遅	おくらす：遅(おく)らす 늦추다	寝	ねかす：寝(ね)かす 재우다
	おそい：遅(おそ)い 늦다		シン：寝室(シンシツ) 침실
	チ：遅刻(チコク) 지각		就寝(シュウシン) 취침

해 설

■ **何時に起きますか**…… 몇 시에 일어납니까?

　여기에 나온 助詞「に」는 動作이 행하여질 때의 경우를 나타낸다. 우리말의 助詞「에」에 해당된다.

　　私は二時間前にここへ来ました。(나는 두 시간 전에 여기에 왔읍니다.)

　　次にこちらをごらんなさい。(다음에 이 쪽을 보십시오.)

■「朝」「夜」「夕方」 등의 경우에는 때를 나타내는 助詞「に」를 붙이지 않고 말한다.

　　朝行きます。(아침에 갑니다.)

　　夕方見ました。(저녁에 보았읍니다.)

■「밥」을「御飯」이라고 한다. 「아침밥」은「朝飯」또는「朝御飯」, 「점심밥」은「昼飯」또는「昼御飯」, 「저녁밥」은「夕飯」또는「夕御飯」이라고도 하는데, 「朝御飯」「昼御飯」「夕御飯」쪽이 공손한 말이다.

■「早く起きる」(일찍 일어난다), 「おそく休む」(늦게 잔다), 「早く」「おそく」는　形容詞의 連用形으로서「起きる」「休む」를 각각 수식한다.[1] 基本形은「早い」「おそい」이다.

■「早い」는「速い」라고도 쓰며「(시간이) 이르다」의 뜻일 때에는「早い」를 쓰고「(속도가) 빠르다」의 뜻일 때에는「速い」를 쓴다.

　　ごはんを食べるのはまだ早いです。(밥을 먹는 것은 아직 이릅니다.)

　　私は朝早く起きます。(나는 아침 일찍 일어납니다.)

　　本を読むのが速いです。(책을 읽는 것이 빠릅니다.)

　　速く書いてください。(빨리 써 주십시오.)

■ 助詞「の」앞에 動詞가 올 때에는 動詞의 形은 連体形, 즉 基本形이 온다.

　　あそこにいるのが私の子供です。(저기 있는 것이 내 자식입니다.)

　　来るのがおそいです。(오는 것이 늦습니다.)

---

1) 19과 해설 참조

■ 「いい」와「よい」는 같은 뜻이다. 즉, 「좋다」이다. 「いい」라는 形容詞는 終止形과 連体形으로만 쓰인다. 否定을 말한다든가, 動詞에 連結된다든가 할 경우에는 「よい」쪽을 사용한다.

> いいところ＝よいところ(좋은 곳)
>
> いいひと＝よいひと(좋은 사람)
>
> いいです＝よいです(좋습니다)
>
> いいでしょう＝よいでしょう(좋겠지요)
>
> よくありません。(좋지 않습니다.)
>
> よくなります(좋아집니다)

■ 「たくさん」의 用例

○ 「たくさん＋の＋名詞」……「많은～」

> たくさんのひと(많은 사람)　　　　たくさんのともだち(많은 친구)

○ 「たくさん＋動詞」……「많이～」

> たくさん食べました。(많이 먹었읍니다.)
>
> てぶくろがたくさんあります。(장갑이 많이 있읍니다. 즉, 장갑이 많습니다.)
>
> 男の子がたくさんいます。(남자애가 많이 있읍니다. 즉, 남자애가 많습니다.)

○ 「たくさんだ」……「충분하다」

> もうたくさんです。[2] (이젠 충분합니다.)

■ 「あさねぼうをする」……「늦잠을 자다」

「する」動詞를 사용하는 것에 주의해야 한다. 이럴 경우 「자다」라고 해서 「ねる」나 「やすむ」를 使用하지 않는다.

> 昼寝をする。(낮잠을 자다.)

‖‖‖‖‖‖‖‖‖‖‖‖ 연습문제 ‖‖‖‖‖‖‖‖‖‖‖‖

다음 글을 日本語로 번역하시오.

1. 그 꽃병 속에 있는 것은 무엇이라고 하는 꽃입니까?

2. 튜울립이라고 하는 꽃입니다.

3. 지금 이야기하고 있는 것은 누구입니까?

4. 아침에 집을 나오는 것은 대개 八時 경입니다.

5. 내가 점심밥을 먹고 있을 때 친구가 왔읍니다.

6. 밤늦게 혼자서 걷는 것은 그다지 좋지 않습니다.

7. 나의 클라스에는 같은 이름의 사람이 세 명이나 있읍니다.

8. 아침 일찍부터 밤늦게까지 일하고 있읍니다.

9. 양복을 입고 가는 것이 좋을 것입니다.

10. 이 방은 저 방보다 조금 어둡다고 생각합니다.

---

2) 사양하는 말로도 쓴다.

◁해답▷

1. そのかびんの中にあるのはなんという花ですか。㊟〜이라고 하는…〜という³⁾　**2**. チューリップという花です。　**3**. 今話しているのはだれですか。　**4**. 朝家を出るのは大抵八時ごろです。　**5**. 私が昼飯を食べている時友達が来ました。　**6**. 夜遅くひとりで歩くのはあまりよくありません。㊟혼자서……ひとりで。動作이 행하여지는 경우의 状態를 나타낼 때에는 助詞「で」를 사용한다. 우리들 넷이서 가겠읍니다…私たち四人で行きます。**7**. 私のクラスには同じ名前の人が三人もいます。㊟세 명이나…三人も⁴⁾　**8**. 朝早くから 夜遅くまで働いています。　**9**. 洋服を着て行く方がいいでしょう。㊟입고 가는 것……着て行く方。「着て行くの」라고 해도 무방하나, 이럴 경우에는 그 쪽보다는 이 쪽이 좋다는 뉘앙스가 강하므로「の」보다는「ほう」가 좋다.　**10**. この部屋はあの部屋よりちょっと暗いと思います。㊟조금……ちょっと。「すこし(조금)」라고 해도 된다.

◎지금까지 나온 動詞의 基本形

ある…있다, する…하다, 見る…보다, 聞く…듣다・묻다, 食べる…먹다, 話す…말하다, 持つ…들다・가지다, 書く…쓰다・그리다, 歩く…걷다, 習う…배우다, 教える…가르치다, 分かる(分る)…이해되다・알다, できる…가능하다・할 수 있다, 取る…집다, 開ける…열다・펴다, 閉じる…닫다, 置く…놓다, 言う…말하다, 立つ…일어서다, 出る…나가다・나오다, 入る…들어가다, 들어오다, 閉める…닫다, 帰る…돌아가다・돌아오다, 掛ける…걸터앉다, 行く…가다, 来る…오다, なる…(〜이〈가〉) 되다, 比べる…비교하다, 数える…세다, 残る…남다, 引く…빼다, 足す…더하다, 買う…사다, いる…(사람 등이) 있다, 腰掛ける…걸터앉다, 読む…읽다, 働く…일하다, 休む…쉬다・자다, 連れる…데리고 가다・데리고 오다, 着る…입다, 被る…(모자를) 쓰다, 履く…신다, 思う…생각하다, 飛ぶ…날다, 指す…가리키다, 分ける…나누다, 光る…빛나다, 起きる…일어나다, 寝る…자다, 朝寝坊をする…늦잠을 자다.

---

3) 9과 해설 참조
4) 19과 연습문제 10번 참조

二十一. 一 週 間

一週間の　はじめの　日は　日曜日で，おわりの　日は　土曜日です。
二番目の　日は　月曜日で，三番目の　日は　火曜日です。
一週間の　まん中の　日は　なに曜日ですか。　　水曜日です。
木曜日は　金曜日の　前ですか，あとですか。
　　前です。
きょうは　なに曜日ですか。
　　金曜日です。
きのうは　なに曜日でしたか。
　　木曜日でした。
おとといは　なに曜日でしたか。
　　水曜日でした。
あしたは　土曜日ですか，日曜日ですか。
　　土曜日です。
あさっては　なに曜日に　なりますか。
　　日曜日に　なります。
日曜日にも　生徒は　学校へ　いきますか。
　　いいえ，日曜日には　いきません。
なぜ　いきませんか。
　　休みだからです。
あなたは　日曜には　大てい　なにを　しますか。
　　大てい　遊びます。
では，いつ　勉強しますか。
　　月曜から　土曜まで　勉強します。

漢字읽기 ────────────

一週間　始め　終り　日曜日　土曜日　二番目　月曜日　火曜日
まん中　水曜日　後　木曜日　金曜日　遊ぶ　勉強

第21課　1주일

1주일의 첫 날은 일요일이고, 마지막 날은 토요일입니다.
두 번째 날은 월요일이고, 세 번째 날은 화요일입니다.
1주일의 맨 가운뎃날은 무슨 요일입니까?　　수요일입니다.
목요일은 금요일의 앞입니까, 뒤입니까?　　앞입니다.
오늘은 무슨 요일입니까?　　금요일입니다.
어제는 무슨 요일이었읍니까?　　목요일이었읍니다.
그저께는 무슨 요일이었읍니까?　　수요일이었읍니다.
내일은 토요일입니까, 일요일입니까?　　토요일입니다.
모레는 무슨 요일이 됩니까?　　일요일이 됩니다.
일요일에도 학생은 학교에 갑니까?　　아니오, 일요일에는 가지 않습니다.
왜 가지 않습니까?　　휴일이기 때문입니다.
당신은 일요일에는 대개 무엇을 합니까?　　대개 놉니다.
그러면, 언제 공부합니까?　　월요일부터 토요일까지 공부합니다.

낱말풀이

いっしゅうかん(一週間) : 명 일주일
ひ(日) : 명 날
にちようび(日曜日) : 명 일요일
おわ(終)り : 명 마지막, 끝
どようび(土曜日) : 명 토요일
にばんめ(二番目) : 명 두 번째
げつようび(月曜日) : 명 월요일
かようび(火曜日) : 명 화요일
まんなか(真ん中) : 명 한가운데
なにようび(何曜日) : 명 무슨 요일
すいようび(水曜日) : 명 수요일
もくようび(木曜日) : 명 목요일
きんようび(金曜日) : 명 금요일
あと(後) : 명 뒤, 다음

きょう(今日) : 명 오늘
きのう(昨日) : 명 어제
おととい : 그저께
~でした : ~이었읍니다 〈「~です」의 과거〉 예 きのうは月曜日でした.
　(어제는 월요일이었읍니다.)
あした : 명 내일
あさって : 명 모레
なぜ : 부 왜, 어째서
やす(休)み : 명 휴일
やす(休)みだから : 휴일이니까
~だ : 조동 ~이다 예 これは紙だ.(이것은 종이다.)
~から : 조 ~기 때문에, ~니까, ~므로

㉠ 寒いから窓をしめてください。(추우
니, 창문을 닫아 주십시오.)

あそ(遊)ぶ：[자5] 놀다

いつ：[명] 언제

べんきょう(勉強)：[명] 공부

べんきょう(勉強)する：[자サ] 공부하다

═ 한 자 풀 이 ═

週 ┤
- シュウ：週末(シュウマツ) 주말
- 　　　　毎週(マイシュウ) 매주

始 ┤
- はじめる：始(はじ)める 시작하다
- はじまる：始(はじ)まる 시작되다
- シ：開始(カイシ) 개시

終 ┤
- おわる：終(お)わる 끝나다
- おえる：終(お)える 끝내다
- シュウ：終了(シュウリョウ) 종료

曜 ┤
- ヨウ：曜日(ヨウび) 요일
- 　　　日曜(ニチヨウ) 일요일

土 ┤
- つち：土(つち) 흙
- ド：国土(コクド) 국토
- 　　土木(ドボク) 토목
- ト：土地(トチ) 토지

火 ┤
- ひ：火(ひ) 불
- ほ：火影(ほかげ) 불빛
- カ：火災(カサイ) 화재

遊 ┤
- あそぶ：遊(あそ)ぶ 놀다
- ユウ：遊戯(ユウギ) 유희
- ユ：遊山(ユサン) 유산

勉 ┤
- ベン：勉学(ベンガク) 면학
- 　　　勤勉(キンベン) 근면

強 ┤
- つよい：強(つよ)い 강하다
- つよまる：強(つよ)まる 강해지다
- つよめる：強(つよ)める 세게하다
- しいる：強(し)いる 강요하다
- キョウ：強弱(キョウジャク) 강약
- ゴウ：強引(ゴウイン) 억지로 함

해 설 ────────

■ ～番……순번, 번호를 나타내는 助数詞로서 우리말의「～번」에 해당된다.

　　　一番　二番　三番　四番　五番　六番　七番　八番　九番　十番

■ ～目……二つ目, 三人目 등 数를 나타내는 말에 붙어 순서를 나타낸다. 우리말의「～째」에 해당된다.

■ ～番目……순서를 나타내는 助数詞로서 우리말의「～번째」에 해당된다.

■ ～週間……주일을 나타내는 助数詞이다.

　　　一週間　二週間　三週間　四週間　五週間　六週間　七週間　八週間　九週間 十週間

■「しあさって」……글피, 「さきおととい」…그끄저께

■ ～から(助詞)…… ① 主로 体言에 연결되며, 「에서, 부터, 로부터, 에서부터」의 뜻
이다.[1]

　　　きょうから日本語の勉強をします.(오늘부터 일본어 공부를 합니다.)

────────

1) 11과 해설 참조

② 動詞・形容詞・形容動詞・助動詞의 終止形에 붙어 原因・理由를 나타낸다. 우리 말의 어미「〜니(으니), 〜니까(으니까), 〜므로(으므로)」및「〜기 때문에」에 해당 된다.

    数えるから(세니까, 세기 때문에)   歩いたから(걸었으니까)

    食べましたから(먹었으니까)   比べましたから(비교했으니까)

    買いませんから(사지 않으니까)   ひろいから(넓으니까)

    くらいですから(어두우니까, 어둡기 때문에)

    あかるくありませんから(밝지 않으니까)

    きょうだから(오늘이니까)   あしたですから(내일이니까)

    きのうでしたから(어제였으므로)

■「遊ぶ」(놀다)와「休む」(쉬다, 자다)의 用例의 차이

    재미있는 일이나 좋아하는 일을 하면서 논다라고 할 때, 직업이 없어 논다라고 할 때 등은「遊ぶ」를 쓰고, 학교가 논다, 일을 하다가 중간에 논다 등은 쉬는 것이므로 「休む」를 쓴다.

■「月曜日」「火曜日」등의「曜日」는「日」를 생략하고「月曜」「火曜」라고도 한다.

■ 勉強……「공부」의 뜻이다. 우리말의 漢字「工夫」는 日本語의 경우「工夫」…「궁리, 고안」의 뜻이 된다.[2]

<hr>

|||||||||||||||||| 연습문제 ||||||||||||||||||

다음 글을 日本語로 번역하시오.

1. 그 방의 한가운데에 큰 스토브가 있 었읍니다.

2. 日本語時間이 있는 것은 무슨 요일입 니까?

3. 당신은 언제 독일어를 배웠읍니까?

4. 내일은 休日입니까?

5. 아니오, 休日이 아닙니다. 모레가 休 日입니다.

6. 휴일에는 대개 아침 늦게 까지 자고

    있읍니다.

7. 일본어 시간은 일주일에 六 시간이나 됩니다.

8. 나는 자라서 좋은 사람이 되겠읍니다.

9. 오늘은 토요일이므로 일찍 집에 돌아 갑니다.

10. 우리들은 낮에는 쉬고 밤에는 일합니 다.

◁ 해답 ▷

  1. その部屋のまん中に大きいストーブがありました。   2. 日本語の時間があるのは何 曜日ですか。 3. あなたはいつドイツ語を習いましたか。 4. あしたは休みですか。

<hr>

2) 日本語와 우리말은 漢字熟語의 경우 같은 글자를 쓰지만 뜻이 다르게 쓰는 것들이 있으니 주의해야 된다.
   (例) 우리말의「家内」는「한집안」이란 뜻이지만, 日本語의「家内」는「(자기의) 아내」란 뜻이다.

5. いいえ，休みじゃありません。あさってが休みです。㊟오늘을 中心으로 말할 때 さきおととい(그끄저께) ←おととい(그저께) ←きのう(어제) ←きょう(오늘) →あした(내일) → あさって(모레) →しあさって(글피) →やのあさって(그글피) 「あした(明日)」는 「あす」라고도 하며, 「きのう(昨日)」는 「さくじつ」, 「おととい」는 「いっさくじつ」라고도 한다. 6. 休みの日には大抵朝遅くまで寝ています。㊟휴일……休み라고 해도 되나 休みの日라고 하는 쪽이 좋다. 자고 있읍니다……ねています。또는 休んでいます。3) 7. 日本語の時間は一週間に六時間もあります。㊟6시간이나 됩니다……「이나」는 강조된 말이므로 「も」를 써야 하고, 「됩니다」는 「있다」는 뜻이므로 「あります」를 써야 한다. 8. 私は大きくなっていい人になります。㊟자라다……자라는 것은 커지는 것이므로 「大きくなる」라고 한다. 「자라서」는 「大きくなる」에 「て」를 연결시켜 「大きくなって」라고 한다. 9. きょうは土曜日ですから，早くうちへ帰ります。 10. 私たちは昼間は休んで，夜は働きます。㊟낮에는…昼間は, 밤에는…夜は. 助詞 「に」는 「昼間」 「夜」 다음에는 붙이지 않는다.

---

3) 「ねる」보다 「休む」 쪽이 공손한 말이다.

二十二. 十二か月

一か月には　約　四週間　あります。

一年には　十二か月　あります。

あなたは　その　名前を　知って　いますか。

　はい，知って　います。

では，言って　ごらんなさい。

　一月，二月，三月，四月，五月，六月，七月，八月，九月，十月，
　十一月，十二月。

そうです。一月は　はじめの　月で，正月とも　言います。

十二月は　最後の　月です。

三月，四月，五月は　春で，六月，七月，八月は　夏です。

九月，十月，十一月は　秋で，十二月，一月，二月は　冬です。

今月は　七月です。いまは　夏です。

来月は　八月です。

では，先月は　何月でしたか。

　六月でした。

先月の　前の　月は　何と　言いますか。

　知りません。おしえて　ください。

　先先月と　言います。

　さらい月と　言うのは　いつですか。

　来月の　つぎの　月です。

　春は　夏の　前に　来て，冬は　秋の　つぎに　来ます。

　夏と　秋と　どっちが　早く　来ますか。

　夏の　方が　早く　来ます。

春は　あたたかくて，夏は　あついです。

秋は　すずしくて，冬は　さむいです。

漢字읽기 ——————

一か月　　一年　　知る　　一月　　四月　　七月　　九月　　正月　　最後

春　夏　秋　冬　今月　来月　先月　何月　先先月　再来月

暖かい　暑い　涼しい　寒い

第22課　12개월

1개월에는 약 4주일 있읍니다.　　1년에는 12개월 있읍니다.

당신은 그 이름을 알고 있읍니까?　　예, 알고 있읍니다.

그러면, 말해 보십시오.

　1월, 2월, 3월, 4월, 5월, 6월, 7월, 8월, 9월, 10월, 11월, 12월.

그렇습니다. 1월은 첫 달이고, 정월이라고도 합니다.

12월은 마지막 달입니다.

3월, 4월, 5월은 봄이고, 6월, 7월, 8월은 여름입니다.

9월, 10월, 11월은 가을이고, 12월, 1월, 2월은 겨울입니다.

이 달은 7월입니다.　지금은 여름입니다.　내달은 8월입니다.

그러면 지난 달은 몇 월이었읍니까?　　　6월이었읍니다.

지난 달의 앞 달은 무엇이라고 합니까?　　　모르겠읍니다. 가르쳐 주십시오.

지지난 달이라고 합니다.

내훗달이라고 하는 것은 언제입니까?　　　내달의 다음 달입니다.

봄은 여름 앞에 오고, 겨울은 가을 다음에 옵니다.

여름과 가을과 어느 쪽이 일찍 옵니까?　　　여름 쪽이 일찍 옵니다.

봄은 따뜻하고, 여름은 덥습니다.　가을은 서늘하고, 겨울은 춥습니다.

낱말풀이

いっかげつ(一か月) : 图 일개월

いちねん(一年) : 图 일년

し(知)る : 圧5 알다

いちがつ(一月) : 图 일월

しょうがつ(正月) : 图 정월

さいご(最後) : 图 최후, 마지막

はる(春) : 图 봄

なつ(夏) : 图 여름

あき(秋) : 图 가을

ふゆ(冬) : 图 겨울

こんげつ(今月) : 图 이달

らいげつ(来月) : 图 내달

せんげつ(先月) : 图 지난달

なんがつ(何月) : 图 몇 월

せんせんげつ(先先月)：명 지지난달
さらいげつ(再来月)：명 내훗달
あたた(暖)かい：형 따뜻하다

あつ(暑)い：형 덥다
すず(涼)しい：형 서늘하다
さむ(寒)い：형 춥다

한자풀이

年 {
　とし：年(とし) 나이
　ネン：年代(ネンダイ) 연대
}

知 {
　しる：知(し)る 알다
　チ：知識(チシキ) 지식
}

正 {
　ただしい：正(ただ)しい 옳바르다
　ただす：正(ただ)す 바로잡다
　まさ：正(まさ)に 정말로
　セイ：正義(セイギ) 정의
　ショウ：正直(ショウジキ) 정직
}

最 {
　もっとも：最(もっと)も 가장
　サイ：最大(サイダイ) 최대
}

春 {
　はる：春(はる) 봄
　シュン：青春(セイシュン) 청춘
}

夏 {
　なつ：夏(なつ) 여름
　カ：夏季(カキ) 하계
　ゲ：夏至(ゲシ) 하지
}

秋 {
　あき：秋(あき) 가을
　シュウ：秋分(シュウブン) 추분
}

冬 {
　ふゆ：冬(ふゆ) 겨울
　トウ：冬季(トウキ) 동계
}

再 {
　ふたたび：再(ふたた)び 재차
　サイ：再選(サイセン) 재선
　サ：再来週(サライシュウ) 내내주
}

暖 {
　あたたか：暖(あたた)か 따뜻함
　あたたかい：暖(あたた)かい 따뜻하다
　あたたまる：暖(あたた)まる 따뜻해지다
　あたためる：暖(あたた)める 따뜻하게 하다
　ダン：暖房(ダンボウ) 난방
}

暑 {
　あつい：暑(あつ)い 덥다
　ショ：避暑(ヒショ) 피서
}

涼 {
　すずしい：涼(すず)しい 서늘하다
　すずむ：涼(すず)む 납량하다
　リョウ：清涼(セイリョウ) 청량
}

寒 {
　さむい：寒(さむ)い 춥다
　カン：寒暑(カンショ) 한서
}

해 설

■ ～か月……「～개월」에 해당되는 助数詞.

　　一か月　二か月　三か月　四か月　五か月　六か月　七か月　八か月　九か月
　　十か月

■ ～年……「～년」에 해당되는 助数詞.

　　一年　二年　三年　四年　五年　六年　七年　八年　九年　十年

■ 知る……「알다」의 뜻으로 五段活用動詞이다.

　　知ります[1] (압니다)　　　　　　　知っている (알고 있다)

---

1) 「知ります」는 잘 쓰이지 않고 「압니다」 「알겠읍니다」라고 할 경우의 「わかります」를 主로 쓴다.

知りません(모릅니다, 모르겠읍니다)

■ ～月……「～월」의 이름을 말할 때 사용하는 助数詞.

一月　二月　三月　四月　五月　六月　七月　八月　九月　十月　十一月
十二月

■ **あったかい**……「따뜻하다」의 뜻으로 「あたたかい」의 준말이다.

会話에서는 「あったかい」쪽을 많이 쓴다.

IIIIIIIIIIIIIIIIIII 연습문제 IIIIIIIIIIIIIIIIIII

다음 글을 日本語로 번역하시오.

1. 이 근처에는 큰 건물이 많이 있읍니다.

2. 당신은 저 건물의 이름을 알고 있읍니까?

3. 아니오, 모릅니다.

4. 겨울이 되면 추워집니다.

5. 추워지면 나는 스케이트를 탑니다.

6. 당신은 한 달에 몇 번쯤 꽃을 삽니까?

7. 대개 무슨 꽃을 삽니까?

8. 요사이는 달리아랑 코스모스를 삽니다.

9. 지금은 겨울이니까 꽃이 그다지 없읍니다.

10. 이 꽃의 이름은 무엇일까요?

◁해답▷

1. この近くには大きい建物が沢山あります。　2. あなたはあの建物の名前を知っていますか。　3. いいえ，知りません。　4. 冬になると寒くなります。　5. 寒くなると私はスケートをします。㊟スケートを타다……スケートをする。「무슨 운동을 한다」라고 할 경우,「する」動詞를 쓴다. 테니스를 치다……テニスをする。　6. あなたは一か月に何度ぐらい花を買いますか。　7. 大抵なんの花を買いますか。　8. このごろはダリアやコスモスを買います。㊟요사이……このごろ　9. 今は冬ですから，花があまりありません。10. この花の名前は何でしょうか。㊟何でしょうか(무엇일까요?) 의「か」는 생략해도 된다.

二十三. 一か月

一か月には　三十日　あります。

毎月　三十日　ありますか。

　いいえ，三十一日の　月も　あります。

どの　月に　三十一日　ありますか。

　一月，三月，五月，七月，八月，十月，十二月に　あります。

外の　月には　みんな　三十日　ありますか。

　いいえ，二月には　二十八日しか　ありません。

月の　はじめの　日を　ついたちと　言います。また　一じつとも　言
います。

ついたちから　三十一日まで　順に　言って　ごらんなさい。

　ついたち，ふつか，みっか，よっか，いつか，むいか，なのか，ようか，
ここのか，とおか，十一日，十二日，十三日，十四日，十五日，十六日，
十七日，十八日，十九日，二十日，二十一日，二十二日，二十三日，二
十四日，二十五日，二十六日，二十七日，二十八日，二十九日，三十
日，三十一日。

では，一日おきに　言って　ごらんなさい。

　ついたち，みっか，いつか，なのか，ここのか，十一日……。

もう　たくさんです。今度は　一日から　十日までを　ぎゃくに　言って
ごらんなさい。

　十日，九日，八日，七日，六日，五日，四日，三日，二日，ついたち。

そうです。よく　できました。

きょうは　何日ですか。

　四日です。

すると　あさっては　五日ですね。

　いいえ，ちがいます。あさっては　六日です。

漢字읽기

| 毎月 | 三十日 | 外 | 順に | 十四日 | 二十日 | 二十四日 | 今度 |
| まいげつ | さんじゅうにち | ほか | じゅん | じゅうよっか | はつか | にじゅうよっか | こんど |

| 一日 | 二日 | 三日 | 四日 | 五日 | 六日 | 七日 | 八日 | 九日 |
| ついたち | ふつか | みっか | よっか | いつか | むいか なのか | なのか ようか | ようか | このか |

| 十日 | 逆に | 何日 | 違う |
| とおか | ぎゃく | なんにち | ちが |

第23課　1개월

1개월에는 30일 있읍니다.

매월 30일 있읍니까?　아니오, 31일의 달도 있읍니다.

어느 달에 31일 있읍니까?　1월, 3월, 5월, 7월, 8월, 10월, 12월에 있읍니다.

딴 달에는 모두 30일 있읍니까?　아니오, 2월에는 28일밖에 없읍니다.

달의 첫 날을 초하루라고 합니다. 또 1일이라고도 합니다.

초하루부터 31일까지 차례로 말해 보십시오.

　초하루, 이틀, 사흘, 나흘, 닷새, 엿새, 이레, 여드레, 아흐레, 열흘, 11일, 12일,
　13일, 14일, 15일, 16일, 17일, 18일, 19일, 20일, 21일, 22일, 23일, 24일, 25일,
　26일, 27일, 28일, 29일, 30일, 31일.

그러면, 하루 걸러 말해 보십시오.

　초하루, 사흘, 닷새, 이레, 아흐레, 11일….

　이젠 충분합니다. 이번에는 초하루부터 열흘까지를 거꾸로 말해 보십시오.

　열흘, 아흐레, 여드레, 이레, 엿새, 닷새, 나흘, 사흘, 이틀, 초하루.

그렇습니다. 잘 했읍니다.

오늘은 며칠입니까?　나흘입니다.

그러면, 모레는 닷새군요.　아니오, 틀립니다. 모레는 엿새입니다.

낱말풀이

さんじゅうにち(三十日) : 명 삼십일

まいげつ(毎月) : 명 매월

～しか : 조 ～밖에　예 一人しかいません。
（한 사람밖에 없읍니다.）

ついたち(一日) : 명 초하루

いちじつ(一日) : 명 일일

じゅん(順)に : 부 차례로

ふつか(二日) : 명 이틀

みっか(三日) : 명 사흘

よっか(四日) : 명 나흘

いつか(五日) : 명 닷새

むいか(六日) : 명 엿새

なのか(七日)：명 이레

ようか(八日)：명 여드레

ここのか(九日)：명 아흐레

とおか(十日)：명 열흘

はつか(二十日)：명 이십일

～おき：접미 ～걸러 예 一日おきに来ます。(하루 걸러 옵니다.)

たくさん(沢山)だ：형동 충분하다

こんど(今度)：명 이번

ぎゃく(逆)に：거꾸로 〈「ぎゃく(逆)명＋に」의 꼴〉

なんにち(何日)：명 며칠

すると：접속 그렇다면

～ね：조 ～요, ～군요 예 これはいいですね。(이건 좋군요.)

ちが(違)う：자5 다르다, 틀리다

한 자 풀 이

毎 {
マイ：毎度(マイド) 매번
　　毎日(マイニチ) 매일
}

逆 {
さか：逆(さか)さ 거꾸로 됨
さからう：逆(さか)らう 거역하다
ギャク：逆転(ギャクテン) 역전
}

順 {
ジュン：順序(ジュンジョ) 순서
　　　従順(ジュウジュン) 순종
}

違 {
ちがう：違(ちが)う 다르다
ちがえる：違(ちが)える 달리하다
イ：違反(イハン) 위반
}

해 설

■ ～日……날짜나 날수를 셀 때 사용하는 助数詞.

何日, 一日, 二日, 三日, 四日, 五日, 六日, 七日, 八日, 九日, 十日, 十一日,
十二日, 十三日, 十四日, 十五日, 十六日, 十七日, 十八日, 十九日, 二十日,
二十一日, 二十二日, 二十三日, 二十四日, 二十五日, 二十六日, 二十七日,
二十八日, 二十九日, 三十日, 三十一日.

이상은 날짜의 경우이고, 날수의 경우는 「一日」만 날짜하고 다르다.

あしたは九月一日です。(내일은 9월 1일입니다.)

一日日本語を勉強しました。(하루 일본어를 공부했읍니다.)

きょうは四月十日です。(오늘은 4월 10일입니다.)

十日間日本にいました。(10일간 일본에 있었읍니다.)

■ 毎～……접두어로 쓰인다.

毎時間(매시간), 毎日(매일), 毎週(매주), 毎月(매월), 毎年(매년), 毎朝(매일 아침) 등.

■ ～しか(助詞)……뒤에 반드시 否定을 수반하여 「그것만」이라고 한정하는 뜻을 나타낸다. 우리말의 「～밖에」에 해당된다.

一つしかありません。(하나밖에 없읍니다.)

私しか知りません。(나밖에 모릅니다.)

英語しか習いませんでした。(영어밖에 배우지 않았읍니다.)

■ **〜おき**……수량을 나타내는 말에 붙어 일정한 간격을 두고 일이 거듭됨을 나타내는 접미어로서 우리말의 「걸러, 간격」에 해당된다. 「〜おきに」의 形으로 부사적으로 사용되는 일이 많다.

たばこは一日おきに買います。(담배는 하루 걸러 삽니다.)

雑誌は一週間おきに来ます。(잡지는 1주일 걸러 옵니다.)

■ **今度は**……이번에는. 「今度」다음에는 「に」를 붙이지 않는다.

今度も同じです。(이번에도 같습니다.)

■ **もうたくさんです**……「이제 충분합니다」의 뜻으로 상대방이 음식 같은 것을 자꾸 권할 때라든가, 어떤 일에 대하여 「이제 더 이상은 싫습니다」라고 사양하는 경우에 사용하는 말이다.

■ **〜ね(助詞)**……文의 끝에 붙어 가벼운 감동을 나타내거나, 상대에게 동의를 구하거나, 다짐할 때 등에 사용한다. 우리말의 「〜군, 〜군요, 〜지요」에 해당된다.

これはいいね。(이것은 좋군.)

日本語もむずかしいですね。(일본어도 어렵군요.)

あしたあなたも来ますね。(내일 당신도 오지요?)

■ **새로 나온 動詞**

ちがう……다르다, 틀리다.

|||||||||||||||| 연습문제 ||||||||||||||||

1 다음 물음을 읽고 日本語로 答하시오.

1. 一か月には 何日 ありますか。

2. 三十一日 ある月を いって ごらんなさい。

3. 一週間の はじめの 日から おわりの 日まで じゅんに いって ごらんなさい。

4. ついたちから 十日までを 一日おきに いって ごらんなさい。

5. きのうは 何日でしたか。

6. あしたは 何日ですか。

7. ひとつから とおまでを ぎゃくにいって ください。

2 다음 말을 日本語로 번역하시오.

1. 아침 일찍 산책하는 것은 몸에 좋습니다.

2. 당신은 英語와 日本語와 어느 쪽을 잘 합니까?

3. 오늘은 아침밥을 먹지 않았읍니다.

4. 여기 있는 사람은 모두 당신의 친구입니까?

5. 우리들은 약 二개월 日本語를 배웠읍니다.

6. 나는 日本語를 조금밖에 모릅니다.

7. 내가 이야기할 때 잘 들어 보십시오.

8. 저 큰 집에는 아무도 없읍니다.

9. 그 분은 하루 걸러 여기에 옵니다.

10. 봄이 되면 따뜻해지겠지요.

◁해답▷

1

1. 一か月には三十日または三十一日あります。けれども，二月には二十八日しかありません。　**2**. 三十一日ある月は一月，三月，五月，七月，八月，十月，十二月です。　**3**. 日曜日，月曜日，火曜日，水曜日，木曜日，金曜日，土曜日。　**4**. ついたち，みっか，いつか，なのか，ここのか。　**5**. きのうは～でした。　**6**. あしたは～です。　**7**. とお，ここのつ，やっつ，ななつ，むっつ，いつつ，よっつ，みっつ，ふたつ，ひとつ。

2

1. 朝早く散歩するのは体にいいです。　**2**. あなたは英語と日本語とどっちがよくできますか。㊟어느 쪽을 잘합니까?……　どっちがよくできますか。「외국어를 한다」라고 할 때의 動詞는 「する」가 아니고 「できる」를 써야 한다. 그리고 「できる」가 取하는 助詞는 우리말이 「을(를)」의 경우는 「が」이다.　**3**. きょうは朝飯を食べませんでした。　**4**. ここにいる人はみんなあなたのお友だちですか。　**5**. 私たちは約二か月日本語を習いました。　**6**. 私は日本語を少ししか知りません。　**7**. 私が話す時，よく聞いてごらんなさい。　**8**. あの大きい家にはだれもいません。㊟아무도…사람을 가리키므로 「だれも」라고 해야 한다.　**9**. そのかたは一日おきにここへ来ます。　**10**. 春になると，暖かくなるでしょう。　㊟따뜻해지겠지요…暖かくなるでしょう。「따뜻하다」는 「暖かい」이고, 「～지다」는 「～なる」를 쓰고, 「～겠지요」는 「～でしょう」를 쓴다. 「暖かい」에 「なる」를 연결시킬 때에는 어미 「い」를 「く」로 고쳐서 「なる」에 연결시킨다.

二十四. 毎日 どんな ことを しますか

あなたは 毎日 どんな ことを しますか。

　私は 毎朝 七時に 起きます。

　起きると すぐ 歯を みがいて 顔を 洗います。

　それから 少し たって 朝ご飯を 食べます。

　八時 少し 前に うちを 出て 学校へ 行きます。

　大てい 歩いて 行きますが, おそい 時は バスで 行きます。

学校は あなたの うちから 遠いですか。

　いいえ, あまり 遠くは ありません。歩いて 十二, 三分しか

　かかりません。自動車なら 四, 五分です。

学校は 何時に はじまりますか。

　八時十分に はじまります。

何時に おわりますか。

　大てい 午後 三時に おわりますが, もっと 早い 日も あります。

では, あなたは いつも おべんとうを 持って 行きますか。

　たまに 持って 行きますけれども, 大てい おひるに うちへ

　帰ります。

あなたは たびたび 自動車で 行きますか。

　いいえ, たまにしか 行きません。

うちへ 帰ってから 何を しますか。

　テニスを したり 散歩を したり します。時々 かいものに

　でかけたり 友だちを たずねたりします。夕飯の 後で 新聞を

　よんだり テレビを 見たりしてから 二時間 ぐらい 予習や

　復習を します。

毎晩　勉強しますか。

土曜の　晩は　いつも　勉強しませんが, 外の　晩は　大てい

勉強します。

漢字읽기

まいにち	まいあさ	は	みが	あら	た	じどうしゃ	はじ	おわ
毎日	毎朝	歯	磨く	洗う	経つ	自動車	始まる	終る

べんとう	ときどき	かいもの	で	たず	あと	よしゅう	ふくしゅう	まいばん
弁当	時時	買物	出かける	訪ねる	後	予習	復習	毎晩

ほか　ばん
外の晩

第24課　매일 어떤 일을 합니까

당신은 매일 어떤 일을 합니까?　　나는 매일 아침 7 시에 일어납니다.

　일어나면 곧 이를 닦고 세수를 합니다.¹⁾　그리고서, 조금 지나서 아침밥을 먹습니다.

　8 시 조금 전에 집을 나와 학교에 갑니다.

　대개 걸어서 갑니다만, 늦을 때는 버스로 갑니다.

학교는 당신 집으로부터 멉니까?　　아니오, 그다지 멀지는 않습니다.

　걸어서 12, 3 분밖에 걸리지 않습니다. 자동차라면 4, 5 분입니다.

학교는 몇 시에 시작됩니까?　　8 시 10분에 시작됩니다.

몇 시에 끝납니까?　　대개 오후 3 시에 끝나지만, 더 이른 날도 있읍니다.

그러면, 당신은 언제나 도시락을 가지고 갑니까?

　간혹 가지고 갑니다만, 대개 점심 때에 집으로 돌아갑니다.

당신은 자주 자동차로 갑니까?　　아니오, 간혹밖에 가지 않습니다.

집에 돌아가고 나서 무엇을 합니까?

　테니스를 하기도 하고 산책을 하기도 합니다. 때때로 물건 사러 나가기도 하고 친구
　를 방문하기도 합니다.

　저녁 식사 후에 신문을 읽기도 하고 텔레비를 보기도 하고 나서 2 시간쯤 예습이나 복
　습을 합니다.

매일 밤 공부합니까?

　토요일 밤에는 언제나 공부하지 않지만, 다른 날 밤에는 대개 공부합니다.

날말풀이

まいにち(毎日) : 🈔 매일　　　　　　　まいあさ(毎朝) : 🈔 매일 아침

どんな : 혱동 어떠한　　　　　　　　　　すぐ : 🈕 곧, 바로

こと : 🈔 일　　　　　　　　　　　　　は(歯) : 🈔 이

---

1) 顔を洗います…「직역하면 얼굴을 씻읍니다」이다.

みが(磨)く：[타5] 닦다

あら(洗)う：[타5] 씻다

た(経)って：지나서 〈「た(経)つ(지나다) ＋て」의 꼴〉

うち(家)：[명] 집

かかる：[자5] 걸리다

じどうしゃ(自動車)：[명] 자동차

～なら：～이면 〈助動詞「だ(이다)」의 가정형〉 [예] あなたならどうしますか。(당신이라면 어떻게 하겠읍니까?)

はじ(始)まる：[자5] 시작되다

お(終)わる：[자5] 끝나다

もっと：[부] 더, 더욱

いつも：[부] 언제나, 늘

おべんとう(弁当)：[명] 도시락 〈「お」는 接頭語〉

たまに：[부] 간혹

～けれども：[조] ～지만, ～는데 [예] 持って行きますけれども，(가지고 갑니다만)

おひる(昼)：[명] 점심

たびたび：[부] 자주, 몇 번이고

～てから：～고 나서, ～한 후 [예] うちへ帰ってから，勉強します。(집에 돌아오고 나서 공부합니다.)

テニス：[명] 테니스, 정구

～たり：[조] ～하기도 하고, ～거나 [예] 寝たり起きたりします。(누웠다 일어났다 합니다.)

ときどき(時々)：[부] 때때로

かいもの(買い物)：[명] 물건을 삶

かいもの(買い物)にでかけたり：물건을 사러 나가기도 하고 〈「かいもの＋に(～하러)＋でかける(나가다, 외출하다)＋たり」의 꼴〉

で(出)かける：[자하1] 나가다, 외출하다

たず(訪)ねる：[타하1] 방문하다

あと(後)で：나중에, 후에 〈「あと＋で[조]」의 꼴〉

よしゅう(予習)：[명] 예습

ふくしゅう(復習)：[명] 복습

ばん(晩)：[명] 저녁때, 밤

まいばん(毎晩)：[명] 매일 밤

═ 한 자 풀 이 ═

歯 ｛
は ：歯(は) 이
　　入(い)れ歯(ば) 틀니
シ ：歯科(シカ) 치과

磨 ｛
みがく：磨(みが)く 닦다
マ ：研磨(ケンマ) 연마

経 ｛
へる：経(へ)る 지나다
たつ：経(た)つ 지나다
ケイ：経済(ケイザイ) 경제
キョウ：経文(キョウモン) 경문

自 ｛
みずから：自(みずか)ら 스스로
ジ ：自分(ジブン) 자기
シ ：自然(シゼン) 자연

洗 ｛
あらう：洗(あら)う 씻다
セン：洗面(センメン) 세면

動 ｛
うごく：動(うご)く 움직이다
うごかす：動(うご)かす 움직이게 하다
ドウ：動物(ドウブツ) 동물

弁 ｛
ベン：弁償(ベンショウ) 변상
　　花弁(カベン) 꽃잎

当 ｛
あたる：当(あ)たる 맞다
あてる：当(あ)てる 맞히다
トウ：当然(トウゼン) 당연

予 ｛
ヨ ：予定(ヨテイ) 예정
　　猶予(ユウヨ) 유예

訪 {
たずねる：訪(たず)ねる 방문하다
おとずれる：訪(おとず)れる 방문하다
ホウ：訪問(ホウモン) 방문
　　　探訪(タンボウ) 탐방
}

復 {
フク：復習(フクシュウ) 복습
　　　往復(オウフク) 왕복
}

晩 {
バン：晩(バン) 밤
　　　今晩(コンバン) 오늘 밤
}

해 설

■ 새로 나온 動詞

磨く…닦다, 洗う…씻다, 経つ…(시간이) 지나다, かかる…(시간이) 걸리다, 始まる…시작되다, 終る…끝나다・끝내다, 出かける…외출하다・나가다, 訪ねる…방문하다

■ こと……形式名詞[1]로서 우리말의 「일, 것 (물건이 아닌 사항), 적, 수」 등에 해당된다.

こんなことをします。(이런 일을 합니다.)

映画を見ることもあります。(영화를 보는 일〈적, 수〉도 있읍니다.)

あの人のことは私に聞きなさい。(그 사람에 대한 것은 나에게 물으시오.)

■ 起きるとすぐ……일어나면 곧, 일어나자마자.

이 助詞「と」는 動作이 同時에 行하여진다는 뜻을 나타낸다.

勉強をしていると, 友達が来ました。

(공부를 하고 있은즉 친구가 왔읍니다.)

うちへ帰るとすぐテレビを見ました。

(집에 돌아가자 곧 텔레비를 보았읍니다.)

■ ～なら(助動詞)……助動詞「だ」(이다) 의 仮定形으로서 体言에 연결되어 「～이면, ～이라면, ～같으면」이라는 뜻을 나타낸다.

私ならそんなことはしません。(나 같으면 그런 일은 하지 않겠읍니다.)

冬ならスキーが一番いいです。(겨울이라면 스키가 제일 좋습니다.)

■ ～けれども(助詞)……「～지만」의 뜻으로 動詞・形容詞・形容動詞・助動詞의 終止形에 연결된다. 会話에서는「けれど」「けども」「けど」의 形으로 많이 使用한다.

私は金ですけれども, 山田さんはいますか。

(나는 김입니다만, 야마다 씨는 있읍니까?)

英語もむずかしいけれど, 日本語もむずかしい。

(영어도 어렵지만, 일본어도 어렵다.)

勉強はするけど, 日本語の勉強ではない。

(공부는 하지만, 일본어 공부는 아니다.)

---

1) 形式名詞란 실질적인 뜻을 가지지 못하고 있으며, 독립해서 쓰이는 일이 없고, 항상 意味를 보충해 주는 수식어가 위에 없으면 사용되지 않는 명사를 말한다.

■「たびたび(자주, 몇 번이고)」「時時(때때로)」「たまに(간혹)」에서 「たびたび」가 제
일 빈도수가 잦은 것이고, 다음이 「時時」, 그 다음이 「たまに」의 차례이다.

> たびたび映画を見に行きます。(자주 영화를 보러 갑니다.)
> ときどきテニスをします。(때때로 테니스를 합니다.)
> たまに絵を書くこともあります。(간혹 그림을 그리는 일도 있습니다.)

■ ～てから(**助詞**)……「～하고 나서」「～한 후」란 뜻으로 動詞의 連用形에 연결된다. 단,
五段活用動詞 때는 連用形의 音便形에 연결된다.

> 見る(보다) ⟶ 見てから(보고 나서)
> 起きる(일어나다) ⟶ 起きてから(일어난 후)
> 数える(세다) ⟶ 数えてから(세고 나서)
> 分ける(나누다) ⟶ 分けてから(나누고 나서)
> する(하다) ⟶ してから(하고 나서)
> くる(오다) ⟶ きてから(오고 나서)
> 行く(가다) ⟶ 行ってから(가고 나서)
> 読む(읽다) ⟶ 読んでから(읽고 나서)
> 遊ぶ(놀다) ⟶ 遊んでから(놀고 나서)
> 買う(사다) ⟶ 買ってから(사고 나서)

■ ～たり(**助詞**)……여러 가지 동작 또는 상태 등을 열거하거나, 동작 상태가 되풀이
된다는 뜻을 나타낸다. 「～하기도 하고」「～하거나」「～한다든가」의 뜻이다.

보통 「～たり～たりする」…「～하기도 하고～하기도 한다」의 形으로 많이 使用한다.

動詞에 연결될 때에는 連用形에 연결되고 五段活用動詞의 경우에는 連用形의 音便
形에 연결된다.

> する ⟶ したり   くる ⟶ きたり
> とじる ⟶ とじたり   いる ⟶ いたり
> あける ⟶ あけたり   しめる ⟶ しめたり
> おもう ⟶ おもったり   たつ ⟶ たったり
> やすむ ⟶ やすんだり   とぶ ⟶ とんだり
> きく ⟶ きいたり   いく ⟶ いったり
> 行ったり来たりする。[3](왔다갔다 한다)
> 寝たり起きたりする。(누웠다 일어났다 한다.)
> 見たり聞いたりする。(보기도 하고 듣기도 한다.)

■ かいもの……動詞「かう(사다)」의 連用形에 「もの(물건, 것)」가 붙어서 **複合語**가 된
말이다. 「물건을 사는 것」, 즉 쇼핑(shopping)의 뜻이다.

> かいものに行く。(물건 사러 간다, 쇼핑하러 간다.)

---

3) 우리말의 경우와는 반대이다.

■「動詞＋名詞」「動詞＋動詞」「動詞＋形容詞」로서 複合語를 이룰 경우, 動詞가 앞에 올 때에 그 動詞의 形은 반드시 連用形이다.

　　　食べ物……먹을 것, 음식

　　　読み物……읽을 것, 읽을 거리

　　　洗い物……씻을 것, 세탁물

　　　習い始める……배우기 시작하다

　　　飲み物……마실 것, 음료수

　　　履き物……신을 것, 신

　　　書き始める……쓰기 시작하다

■～に (助詞)……「行く」「来る」의 目的을 나타낸다. 우리말의 「～하러」가 된다.

　動詞의 連用形 및 動作의 뜻을 가진 名詞에 연결된다.

　　　図書館へ本を読みに行きます。(도서관에 책을 읽으러 갑니다.)

　　　デパートへ洋服を買いに出かけました。

　　　(백화점에 양복을 사러 나갔습니다.)

　　　友達が遊びに来ました。(친구가 놀러 왔읍니다.)

　　　散歩に行きます。(산책하러 갑니다.)

■後で……나중에, 후에　助詞는 「で」를 사용하는 것에 주의할 것.

　　　後で行きます。(나중에 가겠읍니다.)

　　　後で読みます。(뒤에 읽겠읍니다.)

　　　後で買います。(후에 사겠읍니다.)

　　　読んだ後で書きます。(읽은 후에 쓰겠읍니다.)

|||||||||||||||| 연습문제 ||||||||||||||||

다음 글을 日本語로 번역하시오.

1. 여기에서 버스로 五, 六分밖에 안걸립니다.

2. 나는 学校가 끝나면 곧 집으로 돌아갑니다.

3. 집으로 돌아가 좀 쉬고 나서 공부를 합니다.

4. 책을 읽기도 하고 글씨를 쓰기도 합니다.

5. 공부가 시작되고 나서 들어오는 사람도 꽤 있읍니다.

6. 学校가 끝나고 나서 곧 집으로 돌아가서 개를 데리고 산책하러 나갔읍니다.

7. 나는 간혹밖에 친구집을 방문하지 않습니다.

8. 학교 앞의 넓은 길을 많은 사람이 왔다갔다 합니다.

9. 나는 휴일이 되면 서늘한 곳에 가서 책을 읽기도 하고 그림을 그리기도 합니다.

10. 나는 아침 일찍 일어나서 구두를 닦고 나서 손수건을 빨았읍니다.

◁해답▷

1. ここからバスで五, 六分しかかかりません。   2. 私は学校がおわるとすぐうちへ帰ります。   3. うちへ帰って少し休んでから勉強をします。   4. 本を読んだり字を書いたりします。   5. 勉強が始まってから入って来る人もかなりいます。   6. 学校が終ってからすぐうちへ帰って犬をつれて散歩に出かけました。   7. 私はたまにしか友達のうちを訪ねません。   8. 学校の前の広い道を沢山の人が行ったり来たりします。   9. 私は休みになるとすずしいところへ行って本を読んだり絵を書いたりします。   10. 私は朝早く起きて靴をみがいてからハンカチを洗いました。

二十五. きのうは 休みでした

あなたは きのう どんなことを しましたか。

私は きのうの 朝 いつもより おそく 起きました。

きのうは 休みだったからです。

八時ごろ 朝ご飯を 食べてから，アメリカの 友だちに 手紙を
　書きました。

先週 もらった 手紙の へんじです。

午後 イギリスの 友だちが たずねて 来て いろいろ 話しました。

この かたは おととしの 冬 日本へ 来たのですが，
　来週の おわりか さ来週の はじめに 国へ 帰ります。

しかし 来年か さ来年 また 日本へ 来るそうです。

私たちは 去年の 春 友だちに なりました。

友だちが 帰ってから 散歩に でかけました。

散歩の 途中で 黒田さんに あいました。

黒田さんは 昭和四十五年の 三月に 学校を 出て，今は 丸の内の
　ある 会社に つとめて います。

今晩か 明晩 私を たずねて 来るそうです。

イギリスの お友だちは 何年に 学校を 卒業したのですか。
　黒田さんより 二年前です。

すると 卒業した年は 何年でしょう。
　昭和四十五年は 千九百七十年ですから， 千九百六十八年に 卒業
　したのです。

あなたは さく晩は 何を しましたか。
　夕飯の 後で きのう ならった ところを 復習して，十時半ごろ
　休みました。

漢字읽기 —————————

手紙　先週　返事　来週　再来週　国　来年　再来年　去年
途中　会う　昭和　丸の内　会社　或る　勤める　今晩　明晩　卒業
黒田　年　何年　昨晩

第25課　어제는 휴일이었읍니다

당신은 어제 어떤 일을 했읍니까?　나는 어제 아침 평소보다 늦게 일어났읍니다.

어제는 휴일이었기 때문입니다.

8시경에 아침밥을 먹고 나서 미국 친구에게 편지를 썼읍니다.

지난 주 받은 편지의 답장입니다.

오후에 영국 친구가 방문해 와서 여러 가지 이야기했읍니다. 이 분은 재작년 겨울 일본에 왔는데, 다음 주말이나 다음다음 주초에 고국으로 돌아갑니다.

그러나, 내년이나 내후년 다시 일본에 온답니다.

우리들은 작년 봄에 친구가 되었읍니다.

친구가 돌아간 후 산책하러 나갔읍니다.

산책 도중에 쿠로다 씨를 만났읍니다.

쿠로다 씨는 쇼오와 45년(1970) 3월에 학교를 나와, 지금은 마루노우치에 있는 어떤 회사에 근무하고 있읍니다.

오늘 밤이나 내일 밤 나를 찾아온답니다.

영국 친구는 몇 년에 학교를 졸업했읍니까?　쿠로다씨 보다 2년 전입니다.

그렇다면 졸업한 해는 몇 년일까요?

쇼오와 45년은 1970년이므로 1968년에 졸업했읍니다.

당신은 어제 밤엔 무엇을 했읍니까?

저녁 식사 후에 어제 배운 곳을 복습하고 10시 반경에 잤읍니다.

≡ 낱 말 풀 이 ≡

いつもより : 여느 때보다 〈「いつも＋より」
　의 꼴〉

やす(休)みだった : 휴일였다 〈「やす(休)
　み图＋だっ(「だ」의 연용형)＋た 조통」
　의 꼴〉

てがみ(手紙) : 图 편지

せんしゅう(先週) : 图 지난주

もらう : 타5 받다

～た : 조통 과거·완료의 뜻을 나타냄 예
　先週もらった手紙。(지난주 받은 편지)

へんじ(返事) : 图 대답, 답장

おととし : 图 재작년

らいしゅう(来週) : 图 내주

さらいしゅう(再来週) : 图 내내주

くに(国) : 图 나라

らいねん(来年) : 图 내년

さらいねん(再来年)：图 내후년

しかし：圈 그러나

く(来)るそうです：온답니다 〈「く(来)る
　＋助動詞(そうです)」의 꼴〉

～そうだ：조동 ～한단다　예 もういいそ
　うだ。(이젠 괜찮단다.)

きょねん(去年)：图 작년

とちゅう(途中)で：도중에 〈「とちゅう(途
　中)＋で図」의 꼴〉

あ(会)う：자5 만나다

しょうわ(昭和)：图 쇼와 (일본의 연호)

ある：연체 어떤,

かいしゃ(会社)：图 회사

つと(勤)める：자하1 근무하다

こんばん(今晩)：图 오늘밤

みょうばん(明晩)：图 내일밤

そつぎょう(卒業)：图 졸업

なんねん(何年)：图 몇 년

さくばん(昨晩)：图 어젯밤

한 자 풀 이

返
　かえす：返(かえ)す 되돌리다
　かえる：返(かえ)る 되돌아가다
　ヘン：返事(ヘンジ) 대답

事
　こと：事(こと) 일
　　　　仕事(シごと) 일
　ジ：事物(ジブツ) 사물
　ズ：好事家(コウズカ) 호사가

去
　さる：去(さ)る 떠나다
　キョ：去年(キョネン) 작년
　コ：過去(カコ) 과거

途
　ト：途中(トチュウ) 도중
　　　前途(ゼント) 전도

会
　あう：会(あ)う 만나다
　カイ：会話(カイワ) 회화
　エ：会釈(エシャク) 인사

昭
　ショウ：昭和(ショウワ) 쇼와

和
　やわらぐ：和(やわ)らぐ 풀리다
　やわらげる：和(やわ)らげる 부드
　　　　　럽게 하다
　なごむ：和(なご)む 누그러지다
　なごやか：和(なご)やか 온화함
　ワ：和解(ワカイ) 화해
　オ：和尚(オショウ) 스님

丸
　まる：丸(まる) 동그라미
　まるい：丸(まる)い 둥글다
　まるめる：丸(まる)める 둥글게 하다
　ガン：丸薬(ガンヤク) 환약

内
　うち：内(うち) 안
　ナイ：内外(ナイガイ) 내외
　ダイ：参内(サンダイ) 참내

社
　やしろ：社(やしろ) 신사
　シャ：社会(シャカイ) 사회

或
　あるいは：或(ある)いは 혹은
　ワク：或問(ワクモン) 혹문

勤
　つとめる：勤(つと)める 근무하다
　つとまる：勤(つと)まる 근무할 수
　　　　　있다
　キン：勤務(キンム) 근무
　ゴン：勤行(ゴンギョウ) 근행

卒
　ソツ：卒業(ソツギョウ) 졸업
　　　　兵卒(ヘイソツ) 병졸

業
　わざ：業(わざ) 짓, 기술
　ギョウ：業績(ギョウセキ) 업적
　ゴウ：罪業(ザイゴウ) 죄업

昨
　サク：昨年(サクネン) 작년
　　　　一昨日(イッサクジツ) 그저께

해　설─────────────

■ 새로 나온 **動詞**

　　もらう…받다, 会う…만나다, つとめる…근무하다

■ ～た(**助動詞**)……過去 또는 完了를 나타낸다.

　　動詞에 連結될 때에는 連用形에 連結된다. 단, 五段活用動詞에는 그 音便形에 連結된다.

　　　　する(하다) ⟶ した(했다)　　　　くる(오다)⟶ きた(왔다)

　　　　着る(입다) ⟶ 着た(입었다)　　　とじる(닫다) ⟶ とじた(닫았다)

　　　　比べる(비교하다) ⟶ 比べた(비교했다)

　　　　教える(가르치다) ⟶ 教えた(가르쳤다)

　　　　思う(생각하다) ⟶ 思った(생각했다)

　　　　経つ(지나다) ⟶ 経った(지났다)　　分る(알다) ⟶ 分った(알았다)

　　　　休む(쉬다) ⟶ 休んだ(쉬었다)　　置く(놓다) ⟶ 置いた(놓았다)

■ 「動詞의 連用形＋た＋名詞」의 形으로 動作이 이미 完了된 사실을 나타낼 때 使用한다. 우리말의 어미「～ㄴ(은)」에 해당된다.

　　　　先週もらった手紙(지난 주 받은 편지)

　　　　今来た人(지금 온 사람)　　　　きのう読んだ本(어제 읽은 책)

　　이에 反하여「動詞의 連体形＋名詞」는 그 말이 일반적 사실이거나, 미래의 일을 나타낼 때에 使用한다. 우리말의 어미「～는, ～ㄹ(을)」에 해당된다.

　　　　もらう手紙(받는 편지, 받을 편지)

　　　　来る人(오는 사람, 올 사람)　　　読む本(읽는 책, 읽을 책)

■ 「来たのです」「したのです」는 「来ました」「しました」하는 것과 나타내고자 하는 뜻은 같다. 이 助詞「の」는「用言의 連体形＋の＋だ(です)」의 形으로 근거가 있는 説明・断定・強調 등의 뜻을 나타내는데, 会話体에서 많이 쓰이며 会話体에서는 이 助詞「の」는「ん」으로 発音되는 경우가 많다.[1]

■ ～そうだ(**助動詞**)……伝聞의 뜻을 나타낸다. 우리말의「～라고 한다」「～한단다」에 해당되고, 공손히 말할 때에는「～そうです」라고 한다. 用言・助動詞의 終止形에 연결된다.

　　　　はたらくそうです(일한답니다)　　やさしいそうです(쉽답니다)

　　　　履いたそうです(신었답니다)　　　同じだそうです(같답니다)

　　　　あさってだそうです[2](모레랍니다)　そうだそうです(그렇답니다)

■ 散歩の途中で……산책 도중에.「도중에」라고 할 때, 助詞는「に」가 아니고「で」를 쓰는 것에 주의할 것.

────────────

　　1) 이 助詞「の」에 대한 더 자세한 説明은 다음에 하기로 한다.

　　2) 体言에「そうです」가 연결될 때는「体言＋だ＋そうです」라고 해야 한다.

勉強の途中で(공부 도중에)

学校から帰る途中で友達に会った。

(학교에서 돌아오는 도중에 친구를 만났다.)

■ ～に会う……～ 를 만나다.「会う」動詞는「～를 만나다」라고 할 때는 助詞「を」를 취하지 않고「に」를 취한다.

先生に会う.(선생님을 만나다.)

友達に会いに行く.(친구를 만나러 간다.)

■ 昭和……1926年 이후의 일본의 연호(年号).

■ 丸の内のある会社……마루노우치의 어떤 会社.

「ある」는 連体詞로서「어떤, 某(모)」의 뜻.

ある日(어느 날)　　　　　　ある朝(어느 날 아침)

ある学生(어떤 학생)　　　　ある人(어떤 사람)

|||||||||||||||||| 연습문제 ||||||||||||||||||

다음 글을 日本語로 번역하시오.

1. 나는 어제 日本에서 前週에 온 편지의 답장을 썼습니다.

2. 그 분은 어제 저녁 때 散歩하는 길에서 만난 사람인데, 어떤 큰 会社에 勤務하고 있답니다.

3. 아침밥을 먹은 사람은 빨리 学校에 가십시오.

4. 나는 올 봄에 学校를 卒業하고 나서 毎日 집에서 놀고 있습니다.

5. 그 책은 学校에서 배운 것인데 잘 모르겠읍니다.

6. 늘 학교에 가는 길에서 만나는 사람을 오늘도 또 만났습니다.

7. 그 분은 대개 하루 걸러 이 근처에 온답니다.

8. 나는 오늘 미국 친구로부터 편지를 받았는데, 来月初에 韓国에 온답니다.

9. 나는 그 사람을 만난 일이 없습니다.

10. 저 여자는 다섯살 때부터 피아노를 배웠답니다.

◁해답▷

1. 私はきのう日本から先週来た手紙の返事を書きました。㊟ 前週에… 先週。助詞「に」는 붙이지 않음.　　2. そのかたはきのうの夕方散歩の途中で会った人ですが, 或る大きい 会社に勤めているそうです。㊟ 어제 저녁 때… きのうの夕方。「때」에 해당되는「時」는 필요없음. 산책하는 길에서…散歩の途中で。여기에서의「길」이란 뜻은「도중」이라는 뜻이므로「道」를 써서는 안 된다. 사람인데…人ですが。「～인데」는 다른 말로 고치면「～입니다만」의 뜻이므로「～ですが」하면 된다.　　3. 朝飯を食べた人ははやく学校へ行きなさい。㊟ 먹은 사람…動作이 完了되었으므로「食べた人」　4. 私はことしの春学校を卒業してから毎日うちで遊んでいます。㊟ 올 봄에… ことしの春。「금년」… ことし라고 하고「春, 夏, 秋, 冬」다음에도 때를 나타내는 助詞「に」는 붙이지 않는다.　5. その本は学校で習ったのですが, よくわかりません。　6. いつも学校へ行く途中で会う人にきょうもまた会いました。　7. そのかたは大抵一日おきにこの近くへ来るそうです。　8. 私はきょう米国の友達から手紙

をもらいましたが，来月のはじめに韓国へ来るそうです。　　9．私はその人に会ったこと
がありません。🔑 만난 일이 없읍니다··会ったことがありません。「～한 일(적)이 없읍니다」···
「～たことがありません」 본 일이 없읍니다···見たことがありません。 간 적이 있읍니다···「行っ
たことがあります。 가르친 적이 있읍니까?···教えたことがありますか。　　10．あの女の人
は五つの時からピアノを習ったそうです。

二十六. いっしょに いきましょうか

さくらの 花は いつ さきますか。

　春 さきます。

東京では 毎年 いつごろ さきますか。

　大てい 四月の はじめに さきます。

三月には まだ さきませんか。

　三月には まだ さかないでしょう。

さくらの 花が さくと, 人々は 何を しますか。

　花見に でかけます。

日本では いつ 雨が たくさん 降りますか。

　六月に 降ります。

ことしも 降るでしょうか。

　はい, ことしも きっと 降るでしょう。

いつ 天気が よく なりますか。

　七月の はじめに よく なります。

六月の 半ばには 天気が よく ならないでしょうか。

　はい, まだ よく ならないでしょう。

天気が よくなると, 大へん 暑く なります。

暑くなると, ある 人は 海や 山へ 行きます。

そして 涼しく なってから 帰ります。

東京の 人たちは どこへ 行きますか。

　かまくらや かるいざわへ 行きます。

あなたは ことし 花見に 行きましたか。

　いいえ、行きませんでした。

どうしてですか。

　いそがしくて　ひまが　ありませんでした。

あなたは　ことし　かるいざわへ　行きましたか。

　いいえ、まだ　行きません。

では、いっしょに　行きましょうか。

　はい、行きましょう。

漢字읽기────

桜　咲く　毎年　人々　花見　雨　降る　今年　天気　半ば
大変　海　山　暑い　涼しい　鎌倉　軽井沢　忙しい　暇

第26課　함께 갈까요

벚꽃은 언제 핍니까?	봄에 핍니다.
토오쿄오에서는 매년 언제쯤에 핍니까?	대개 4월 초에 핍니다.
3월에는 아직 피지 않습니까?	3월에는 아직 피지 않겠지요.
벚꽃이 피면, 사람들은 무엇을 합니까?	꽃놀이하러 나갑니다.
일본에서는 언제 비가 많이 내립니까?	6월에 내립니다.
금년에도 내릴까요?	예, 금년에도 꼭(틀림없이) 내리겠지요.
언제 날씨가 좋아집니까?	7월 초에 좋아집니다.
6월 중순에는 날씨가 좋아지지 않을까요?	예, 아직 좋아지지 않겠지요.

날씨가 좋아지면 대단히 더워집니다.　더워지면 어떤 사람들은 바다나 산으로 갑니다.
그리고, 서늘해지고 나서 돌아옵니다.

토오쿄오 사람들은 어디로 갑니까?	카마쿠라나 카루이자와로 갑니다.
당신은 금년 꽃놀이하러 갔읍니까?	아니오, 가지 않았읍니다.
어째서입니까?	바빠서 여가가 없었읍니다.
당신은 금년 카루이자와에 갔읍니까?	아니오, 아직 가지 않았읍니다.
그러면, 함께 갈까요?	예, 갑시다.

낱말풀이

さくら(桜)：뗑 벚나무
さ(咲)く：자5 피다
まいねん(毎年)：뗑 매년

さかないでしょう：피지　않겠지요 〈さ
　(咲)く＋助動詞(ない：～지 않는다)＋
　でしょう」의 꼴〉

ひとびと(人々)：명 사람들

はなみ(花見)：명 꽃구경

あめ(雨)：명 비

ふ(降)る：자5 내리다

ことし(今年)：명 금년

きっと：부 꼭, 틀림없이

てんき(天気)：명 날씨

なか(半)ば：명 중순

よくならない：좋아지지 않는다 〈「よい＋なる＋ない」의 꼴〉

たいへん(大変)：부 대단히

うみ(海)：명 바다

やま(山)：명 산

かまくら〈鎌倉〉：명 일본의 지명

かるいざわ(軽井沢)：명 일본의 지명

どうして：부 어째서

いそが(忙)しい：형 바쁘다

ひま(暇)：명 여가, 틈

いっしょに：함께 〈「いっしょ(함께 함)＋に」의 꼴〉

い(行)きましょうか：갈까요? 〈「い(行)く＋ましょう(～ㅂ시다)＋か」의 꼴〉

한 자 풀 이

桜
- さくら：桜(さくら) 벚나무
- オウ：桜花(オウカ) 벚꽃

咲
- さく：咲(さ)く 피다
- 遅咲(おそざ)き 늦핌

雨
- あめ：雨(あめ) 비
- あま：雨戸(あまど) 덧문
- ウ：雨量(ウリョウ) 우량

降
- おりる：降(お)りる 내리다
- おろす：降(お)ろす 내려놓다
- ふる：降(ふ)る 오다
- コウ：降参(コウサン) 항복

天
- あめ：天(あめ) 하늘
- あま：天下(あまくだ)り 강림
- テン：天地(テンチ) 천지

気
- キ：気体(キタイ) 기체
- ケ：気配(ケハイ) 기색

海
- うみ：海(うみ) 바다
- カイ：海岸(カイガン) 해안

変
- かわる：変(か)わる 변하다
- かえる：変(か)える 바꾸다
- ヘン：変化(ヘンカ) 변화

鎌
- かま：鎌(かま) 낫
- レン

倉
- くら：倉(くら) 창고
- ソウ：倉庫(ソウコ) 창고

軽
- かるい：軽(かる)い 가볍다
- かろやか：軽(かろ)やか 가벼움
- ケイ：軽快(ケイカイ) 경쾌

井
- い：井戸(いど) 우물
- セイ：油井(ユセイ) 유정
- ショウ：天井(テンジョウ) 천정

忙
- いそがしい：忙(いそが)しい 바쁘다
- ボウ：多忙(タボウ) 다망

暇
- ひま：暇(ひま) 여가
- カ：休暇(キュウカ) 휴가
- 余暇(ヨカ) 여가

해 설

■ 새로 나온 動詞

咲く…피다, 降る…(비가) 내리다

■ **春さきます**……봄에 핍니다. 「春, 夏, 秋, 冬」의 경우에도 때를 나타내는 助詞「に」
는 보통 붙이지 않는다.

　　　金さんは去年の秋死にました。(김씨는 작년 가을에 죽었읍니다.)

■ **～ない(助動詞)**……否定을 나타낸다. 우리말의 「～지 않는다」에 해당된다.

　○動詞의 未然形[1]에 連結된다.

　　　　できる(할 수 있다) ──→ で**き**ない(할 수 없다)

　　　　いる(있다) ──→ **い**ない(없다)

　　　　ねる(자다) ──→ **ね**ない(자지 않는다)

　　　　こしかける(걸터앉다) ──→ こしか**け**ない(걸터앉지 않는다)

　　　　かぶる(쓰다) ──→ かぶ**ら**ない(쓰지 않는다)

　　　　さす(가리키다) ──→ さ**さ**ない(가리키지 않는다)

　　　　かう(사다) ──→ か**わ**ない(안 산다)

　○고딕체 부분이 未然形이다.

☆ **動詞의 未然形을 만드는 方法**

① 五段活用動詞

　基本形의 語尾「ウ段」을 「ア段」으로 고치면 된다.

　　　즉, 「う」──→「わ」(「あ」가 아니고 「わ」가 된다.)

　　　　「く」──→「か」　　　　　　　「す」──→「さ」

　　　　「つ」──→「た」　　　　　　　「ぬ」──→「な」

　　　　「む」──→「ま」　　　　　　　「る」──→「ら」

　　　　「ぐ」──→「が」　　　　　　　「ぶ」──→「ば」

　　　例：あう(만나다) ──→ あわない

　　　　はたらく(일하다) ──→ はたらかない

　　　　はなす(말하다) ──→ はなさない　経つ(지나다) ──→ たたない

　　　　しぬ(죽다) ──→ しなない　　　よむ(읽다) ──→ よまない

　　　　とる(집다) ──→ とらない　　　かぐ(맡다) ──→ かがない

　　　　あそぶ(놀다) ──→ あそばない

② 上一段活用動詞와 下一段活用動詞는 未然形과 連用形의 活用이 같다. 즉, 基本形
　의 끝에 語尾「る」를 없애면 된다.

　　　例：みる(보다) ──→ みない　　　とじる(닫다) ──→ とじない

　　　　着る(입다) ──→ きない　　　分ける(나누다) ──→ わけない

　　　　数える(세다) ──→ かぞえない　訪ねる(방문하다) ──→ たずねない

───────────

1)「未然形」의「未然」의 뜻은「아직 實現되지 않았다」인데, 未然形의 用法과 意味는 一致하
　지 않는다. 未然形의 名稱은 便宜上 使用하는 活用形의 名稱의 하나이므로, 助動詞「ない」
　또는「う」가 연결될 때에 使用하는 活用形이라고 생각해 두는 것이 바람직하다.

③ 変格活用動詞

　　　　する(하다) ⟶ しない　　　　　　　くる(오다) ⟶ こない

④ 「ある」의 未然形 「あら」라는 変化形은 使用하지 않는다. 그러므로 「あらない」라는 말은 없고, 그저 「ない」로 하면 된다.

■ 助動詞「ない」의 用例

　　助動詞 「ない」의 語尾는 形容詞의 語尾와 같으므로 形容詞와 活用이 같고 그 用法도 同一하다.

　　　　会わない[2] (만나지 않는다)

　　　　会わないです＝会いません(만나지 않습니다)

　　　　会わないでしょう(만나지 않겠지요)

　　　　会わないそうです(만나지 않는답니다)

　　　　会わない時(만나지 않을 때)

　　　　会わなくても[3] (만나지 않아도)

　　　　会わなくなる(만나지 않게 된다)

■ 花見にでかけます……꽃놀이하러(꽃구경하러) 나갑니다. 助詞 「に」는 「でかける」의 目的을 뜻한다.

■ ひま……「틈, 여가」란 뜻으로 「한가한 시간」을 나타낼 때 사용한다.

　　　　ひまがありますか。(시간이 있읍니까?)

　　　　今晩おひまですか。(오늘 밤 한가합니까?)

■ まだ行きません……아직 가지 않았읍니다. 이것은 「まだ行きませんでした」라고 과거로 말해야 할 것 같지만, 「まだ」는 現在完了 계속을 뜻하고 있으므로 「まだ」 다음에는 과거로 말하지 않고 현재로 말한다.

　　　　まだ来ません。(아직 안 왔읍니다.)

■ ～ましょう(助動詞)……「ます」의 変化形으로 動詞의 連用形에 붙어 意志・勧誘・推測 등을 나타낸다. 우리말의 「～겠읍니다・～ㅂ시다・～겠지요」 등에 해당된다.

　　「ましょう」는 意志・勧誘의 뜻으로 使用되는 것이 보통이나, 자기의 마음대로 되는 일이 아닌 경우에는 아직도 推測의 뜻으로 쓰기도 한다.

　　　　私もきょうは学校を休みましょう。

　　　　(나도 오늘은 학교를 쉬지요.)

　　　　あの映画を見ましょう。(저 영화를 봅시다.)

　　　　私のうちで遊びましょう。(우리 집에서 놉시다.)

　　　　もうすぐ桜の花が咲きましょう。(이제 곧 벚꽃이 피겠지요.)

■ 「ましょう」와 「でしょう」의 비교

---

2) 「ない」 앞에는 여러 가지 動詞가 온다.

3) 보통 이유를 나타낸다.

① 「ましょう」는 動詞의 連用形에만 연결되고, 「でしょう」는 動詞의 終止形 및 形容詞의 終止形, 形容動詞의 語幹, 体言 등에도 連結된다.

② 「ましょう」는 자기의 마음대로 되는 말에 連結되면 意志·勧誘의 뜻을 나타내고, 자기의 마음대로 되는 일이 아닌 말에 연결되면 推測을 나타낸다.

　「でしょう」는 무슨 말에 연결되어도 推測의 뜻을 나타낸다.

③ 「ましょう」가 推測의 뜻을 나타낼 경우에는 「でしょう」와 같은 뜻이 된다.

| 行きましょう……갑시다, 가지요(勧誘·意志)
| 行くでしょう……가겠지요, 갈 것입니다(推測)

| 会いましょう……만납시다, 만나지요(勧誘·意志)
| 会うでしょう……만나겠지요, 만날 것입니다(推測)

| 帰りましょうか……돌아갈까요? (意志·勧誘)
| 帰るでしょうか……돌아갈까요? (推測)

| ありましょう……있겠지요(推測)
| あるでしょう……있겠지요(推測)

|||||||||||||||| **연습문제** ||||||||||||||||

다음 글을 日本語로 번역하시오.

1. 벚꽃은 대개 四月 中旬에 핍니다.
2. 今年에는 비가 많이 안 오겠지요.
3. 여름에 더워지면 사람들은 모두 바다랑 산으로 갑니다.
4. 金氏는 여름 휴가에도 바빠서 바다에 안 간답니다.
5. 집에 돌아갈 때 함께 갈까요?
6. 서울에서 네 시간쯤 걸리는 곳에 친구와 함께 놀러 갔었습니다.
7. 나는 바빠서 아무 곳에도 가지 않았읍니다.
8. 여름에는 더워서 저녁을 먹고 나서 산보하는 사람이 많습니다.
9. 어제와 오늘 이틀이나 비가 많이 왔으니까 내일은 오지 않겠지요.
10. 学校에 가지 않는 날, 함께 물건 사러 갑시다.

◁해답▷

1. 桜の花は大抵四月の半ばに咲きます。　2. ことしは雨が沢山降らないでしょう。　3. 夏暑くなると, 人人はみんな海や山へ行きます。　4. 金さんは夏休みにも忙しくて, 海へ行かないそうです。 㲍 여름 휴가…夏休み, 겨울 방학…冬休み　5. うちへ帰る時, いっしょに行きましょうか。　6. ソウルから四時間ぐらいかかる所へ友達といっしょに遊びに行きました。　7. 私は忙しくて, どこへも行きませんでした。 㲍 아무 데도…どこへも。 직역하면 「어디에도」가 된다.　8. 夏は暑くて, 夕ご飯を食べてから散歩する人が沢山います。 㲍 사람이 많습니다…人が沢山います。 연필이 많습니다…鉛筆が沢山あります。　9. きのうときょう, ふつかも雨が沢山降りましたから, あしたは降らないでしょう。　10. 学校へ行かない日, いっしょに買物に行きましょう。

二十七. 手　紙

手紙を　書きたい　時には　何が　いりますか。

　紙が　いります。

手紙は　何に　入れて　出しますか。

　封筒に　入れて　出します。

封筒には　何を　書きますか。

　表に　あて名を　書いて，　裏に　自分の住所と　名前を　書きます。

　あて名と　いうのは　むこうの　人の住所と　名前です。

切手は　どこに　はりますか。

　表の　左の　上の　すみに　はります。

葉書にも　切手を　はりますか。

　いいえ，葉書には　はらなくても　いいです。

　けれども　絵葉書には　はります。

手紙は　いくら　かかりますか。

　かるいのは　十円で　行きますが，おもいのは　もっと　かかります。

いくらまで　十円で　行きますか。

　二十グラムまでです。

ここから　アメリカまで　手紙は　何日ぐらい　かかりますか。

　船便で　二週間ぐらい　かかります。航空便なら　五日ぐらいで　着きます。

小包を　出したい　時には　どこへ　持って　行きますか。

　郵便局へ　持って　行きます。

漢字읽기——————————

要る　入れる　出す　封筒　表　宛名　裏　住所　自分　切手
貼る　葉書　絵葉書　軽い　重い　船便　航空　便　着く
小包　郵便局

第27課 편 지

편지를 쓰고 싶을 때에는 무엇이 필요합니까?　　종이가 필요합니다.

편지는 무엇에 넣어서 부칩니까?　　　　　봉투에 넣어서 부칩니다.

봉투에는 무엇을 씁니까?

　앞면에 받을 사람의 주소와 이름을 쓰고, 뒷면에 자기의 주소와 이름을 씁니다.

　あて名라고 하는 것은 상대방의 주소와 이름입니다.

우표는 어디에 붙입니까?　　　　　　　앞면 왼쪽 위의 구석에 붙입니다.

엽서에도 우표를 붙입니까?　　　　　아니오, 엽서에는 붙이지 않아도 됩니다.

　그렇지만,　그림엽서에는 붙입니다.

편지는 얼마 듭니까?　　가벼운 것은 10엔으로 가는데, 무거운 것은 더 듭니다.

얼마까지 10엔으로 갑니까?　　　　　　20그램까지입니다.

여기서 미국까지 편지는 며칠쯤 걸립니까?

　배편으로 2주일쯤 걸립니다. 항공편 같으면 5일 정도로 도착합니다.

소포를 내고 싶을 때에는 어디에 가지고 갑니까?

　우체국으로 가지고 갑니다.

날 말 풀 이

か(書)きたい : 쓰고 싶다 〈「か(書)く＋た
　い 区暑 (～싶다)」의 꼴〉

～たい : 区暑 ～고 싶다 예 あしたも学校
　へ行きたい。(내일도 학교에 가고 싶다.)

い(要)る : 재5 필요하다

い(入)れる : 타하1 넣다

だ(出)す : 타5 내다

ふうとう(封筒) : 명 봉투

おもて(表) : 명 앞면　　　　　　「이름

あてな(宛名) : 명 (받을 사람의) 주소와

うら(裏) : 명 뒷면

じぶん(自分) : 명 자기

じゅうしょ(住所) : 명 주소

むこう : 명 저 쪽

きって(切手) : 명 우표

は(貼)る : 타5 붙이다

すみ : 명 구석

はがき(葉書) : 명 엽서

はらなくても : 붙이지 않아도 〈「はる＋な
　い＋ても 区 (～하여도)」의 꼴〉

えはがき(絵葉書) : 명 그림 엽서

かる(軽)い : 형 가볍다

おも(重)い : 형 무겁다

もっと : 부 더욱, 더

グラム : 명 그램　　　　　　　　　　つ(着)く : 자5 도착하다

ふなびん(船便) : 명 선편　　　　　　こづつみ(小包) : 명 소포

こうくうびん(航空便) : 명 항공편　　　ゆうびんきょく(郵便局) : 명 우체국

한 자 풀 이

要 { いる : 要(い)る 필요하다	重 { え : 一重(ひとえ) 홑겹
ヨウ : 要点(ヨウテン) 요점	おもい : 重(おも)い 무겁다
封 { フウ : 封書(フウショ) 봉서	かさねる : 重(かさ)ねる 겹치다
ホウ : 封建(ホウケン) 봉건	かさなる : 重(かさ)なる 포개지다
筒 { つつ : 筒(つつ) 통	ジュウ : 重要(ジュウヨウ) 중요
トウ : 封筒(フウトウ) 봉투	チョウ : 貴重(キチョウ) 귀중

要 { いる : 要(い)る 필요하다
ヨウ : 要点(ヨウテン) 요점

封 { フウ : 封書(フウショ) 봉서
ホウ : 封建(ホウケン) 봉건

筒 { つつ : 筒(つつ) 통
トウ : 封筒(フウトウ) 봉투

表 { おもて : 表(おもて) 거죽
あらわす : 表(あらわ)す 나타내다
あらわれる : 表(あらわ)れる 나타나다
ヒョウ : 表面(ヒョウメン) 표면

宛 { あたかも : 宛(あたか)も 마치
あて : 宛名(あてな) 주소와 이름
エン : 宛然(エンゼン) 완연

裏 { うら : 裏(うら) 뒷면
リ : 表裏(ヒョウリ) 표리

住 { すむ : 住(す)む 살다
すまう : 住(す)まう 살고 있다
ジュウ : 住民(ジュウミン) 주민

貼 { はる : 貼(は)る 붙이다　「사용함
チョウ : 貼用(チョウヨウ) 몸에 붙여

葉 { は : 葉(は) 잎
ヨウ : 紅葉(コウヨウ) 단풍

絵 { カイ : 絵画(カイガ) 회화
エ : 絵本(エホン) 그림책

重 { え : 一重(ひとえ) 홑겹
おもい : 重(おも)い 무겁다
かさねる : 重(かさ)ねる 겹치다
かさなる : 重(かさ)なる 포개지다
ジュウ : 重要(ジュウヨウ) 중요
チョウ : 貴重(キチョウ) 귀중

船 { ふね : 船(ふね) 배
ふな : 船便(ふなビン) 선편
セン : 汽船(キセン) 기선

便 { たより : 便(たよ)り 소식
ベン : 便利(ベンリ) 편리
ビン : 郵便(ユウビン) 우편

航 { コウ : 航海(コウカイ) 항해
就航(シュウコウ) 취항

空 { そら : 空(そら) 하늘
あく : 空(あ)く 비다
あける : 空(あ)ける 비우다
クウ : 空港(クウコウ) 공항

包 { つつむ : 包(つつ)む 싸다
ホウ : 包囲(ホウイ) 포위

郵 { ユウ : 郵便(ユウビン) 우편
郵送(ユウソウ) 우송

局 { キョク : 局部(キョクブ) 국부
結局(ケッキョク) 결국

해 설

■ 새로 나온 動詞

要る(五段)…필요하다, 入れる…넣다, 出す…내다, 貼る…붙이다, かかる…(비용이)
들다·(시간이)걸리다, 着く…도착하다

■ ～たい(助動詞)…… 말하는 이나 상대방의 希望的인 기분을 나타낸다. 우리말의 「～

고 싶다」에 해당된다.

動詞의 連用形에 連結된다.

> する(하다) ⟶ したい(하고 싶다)
>
> くる(오다) ⟶ きたい(오고 싶다)
>
> 習う(배우다) ⟶ 習いたい(배우고 싶다)
>
> みがく(닦다) ⟶ みがきたい(닦고 싶다)
>
> おきる(일어나다) ⟶ おきたい(일어나고 싶다)
>
> いれる(넣다) ⟶ いれたい(넣고 싶다)

■ **助動詞「たい」의 用例**

助動詞「たい」는 語尾가 形容詞와 같으므로 그 用法도 形容詞와 같다.

> 洗いたい[1] (씻고 싶다)   洗いたいです(씻고 싶습니다)
>
> 洗いたいから(씻고 싶으니까)   洗いたいそうです(씻고 싶답니다)
>
> 洗いたい人(씻고 싶은 사람)   洗いたくありません(씻고 싶지 않습니다)
>
> 洗いたくて(씻고 싶고, 씻고 싶어서)
>
> 洗いたくなる(씻고 싶어진다)

■ **～ても(助詞)**……条件을 나타내는 부분에 붙여, 뒤에 말하는 사건이 그 条件에 구속되지 않는 뜻을 나타낸다.

우리말의 語尾「～아도, ～어도」에 해당된다.

動詞・形容詞・助動詞, 形容詞와 活用形이 같은 助動詞의 連用形에 연결된다. 단, 五段活用動詞는 그 音便形에 연결된다.

① 動詞에 연결되는 경우

> できる(할 수 있다) ⟶ できても(할 수 있어도)
>
> 訪ねる(방문하다) ⟶ 訪ねても(방문하여도)
>
> わける(나누다) ⟶ わけても(나누어도)
>
> 降る(내리다) ⟶ 降っても(내려도)
>
> 読む(읽다) ⟶ 読んでも(읽어도)
>
> 履く(신다) ⟶ 履いても(신어도)

② 形容詞에 연결되는 경우

> ながい(길다) ⟶ ながくても(길어도)
>
> とおい(멀다) ⟶ とおくても(멀어도)
>
> 忙しい(바쁘다) ⟶ 忙しくても(바빠도)

③ 助動詞에 연결되는 경우

> はらない(붙이지 않는다) ⟶ はらなくても(붙이지 않아도)
>
> 行かない(가지 않는다) ⟶ 行かなくても(가지 않아도)

---

1) 「たい」 앞에는 여러 가지 動詞가 온다.

分らない(모른다) ⟶ 分らなくても(몰라도)

会いたい(만나고 싶다) ⟶ 会いたくても(만나고 싶어도)

書きたい(쓰고 싶다) ⟶ 書きたくても(쓰고 싶어도)

死にたい(죽고 싶다) ⟶ 死にたくても(죽고 싶어도)

■ はらなくてもいい……붙이지 않아도 된다, 붙이지 않아도 좋다. 「~하지 않아도 된다」의 경우의 된다는 「なる」가 아니고 「いい」를 써야 한다.

いつ来てもいいです。(언제 와도 됩니다.)

来なくてもいいです。(오지 않아도 됩니다.)

■ 지금까지 배운 動詞의 連用形의 用例

① 五段活用動詞의 連用形

会う (만나다) ⟶ 会います(만납니다, 만나겠읍니다)

会いません(만나지 않습니다)

会いました(만났읍니다)

会いませんでした(만나지 않았읍니다)

会いましょう(만납시다, 만나지요)

会いなさい(만나시오)

会いに行く(만나러 간다)

会いたい(만나고 싶다)

会って[2](만나고, 만나, 만나서)

会ってから(만나고 나서, 만난 후)

会ったり(만나기도 하고)

会った(만났다)

会っても(만나도)

② 五段活用動詞 以外의 動詞의 連用形

食べる (먹다) ⟶ 食べます(먹습니다, 먹겠읍니다)

食べません(안 먹습니다, 안 먹겠읍니다)

食べました(먹었읍니다)

食べませんでした(안 먹었읍니다)

食べましょう(먹읍시다, 먹지요)

食べなさい(먹으시오)

食べに行く(먹으러 간다)

食べたい(먹고 싶다)

食べて(먹고, 먹어, 먹어서)

食べてから(먹고 나서, 먹은 후)

---

2) 「て」「てから」「たり」「た」「ても」는 五段活用動詞의 連用形의 音便形에 연결된다.

食べたり (먹기도 하고)

食べた (먹었다)

食べても (먹어도)

|||||||||||||||| 연습문제 ||||||||||||||||

다음 글을 日本語로 번역하시오.

1. 오늘은 休日이니까 일찍 일어나지 않아도 됩니다.

2. 日曜日에 근처의 山에 놀러가고 싶은데 당신도 함께 갑시다.

3. 그 山은 무엇이라는 山입니까?

4. 우리 집에서 學校까지는 걸어서 十五分밖에 걸리지 않습니다.

5. 나는 대개 도시락을 가지고 갑니다만, 가지고 가지 않는 날은 食堂에서 먹습니다.

6. 映畵를 보러 가고 싶을 때 나는 대개 친구와 함께 갑니다.

7. 내일은 休日이니까 學校에 가지 않아도 됩니다.

8. 먼 곳에 있는 친구를 만나고 싶을 때에 편지를 씁니다.

9. 오늘은 누가 와도 만나고 싶지 않습니다.

10. 이 구두는 닦지 않아도 되겠지요.

◁해답▷

1. きょうは休みですから、早く起きなくてもいいです。 2. 日曜日に近くの山へ遊びに行きたいですが、あなたもいっしょに行きましょう。 3. その山はなんという山ですか。 4. 私のうちから学校までは歩いて十五分しかかかりません。 5. 私は大抵お弁当を持って行きますけれども、持って行かない日は食堂で食べます。㈜ 갑니다만… 行きますけれども、또는 行きますが。식당…食堂 6. 映画を見に行きたい時、私は大抵友達といっしょに行きます。 7. あしたは休みですから、学校へ行かなくてもいいです。 8. 遠い所にいる友達に会いたい時、手紙を書きます。 9. きょうはだれが来ても会いたくありません。 10. この靴はみがかなくてもいいでしょう。

二十八. 目が なければ

私たちは 目で ものを 見ます。耳で 音を 聞きます。鼻で に
　おいを かぎます。

目が なければ 見ることが できません。目が あっても，それを
　とじれば 何も 見えません。

しかし 目を あければ すぐに 見えます。

私たちは 明るければ 見えますけれども，暗ければ 見えません。

ですから 夜は 明かりが あれば 見えますが，なければ 見えません。

ねこは 暗くても 見えます。

ある 人は いつも 見ることが できません。

なぜでしょう。

　目が 不自由だからです。目の 不自由な 人は 明るくても 見えません。

もし 耳がなければ 聞くことが できません。

耳が あっても それを ふさげば 何も 聞こえません。

しかし 耳を あければ すぐに 聞こえます。

ある 人は いつも 聞く ことが できません。

なぜですか。

　耳が 不自由だからです。

私たちは 手で ものを 持ちます。

手が なくても ものを とることが できますか。

　いいえ，手が なければ ものを とることが できません。

では，手が なければ 話を することが できませんか。

　いいえ，手が なくても 話を することが できます。

私たちは 口で 話すので，手は いらないからです。

私は　右の手に　何を　持って　いますか。

　コップを ·持って　います。

この　コップを　おとせば　どう　なりますか。

こわれます。

漢字읽기─────
音　明るい　暗い　明かり　不自由　塞ぐ　話　落とす

第28課　눈이 없으면

우리들은 눈으로 물건을 봅니다. 귀로 소리를 듣습니다.　코로 냄새를 맡습니다.

눈이 없으면 볼 수가 없습니다. 눈이 있어도 그것을 감으면 아무것도 보이지 않습니다.

그러나, 눈을 뜨면 곧 보입니다.

우리들은 밝으면 보입니다만 어두우면 보이지 않습니다.

그러므로, 밤에는 등불이 있으면 보이는데 없으면 보이지 않습니다.

고양이는 어두워도 보입니다.

어떤 사람은 언제나 볼 수가 없습니다. 왜일까요?

　눈이 부자유스럽기 때문입니다. 눈이 불편한 사람(장님)은 밝아도 보이지 않습니다.

만약 귀가 없으면 들을 수가 없습니다.

귀가 있어도 그것을 막으면 아무것도 들리지 않습니다.

그러나 귀를 열면 곧 들립니다.

어떤 사람은 언제나 들을 수가 없습니다.

왜입니까?　귀가 부자유스럽기 때문입니다.

우리들은 손으로 물건을 듭니다.

손이 없어도 물건을 집을 수가 있습니까?

　아니오, 손이 없으면 물건을 집을 수가 없습니다.

그러면, 손이 없으면 말을 할 수가 없습니까?

　아니오, 손이 없어도 말을 할 수가 있습니다.

우리들은 입으로 말하므로, 손은 필요없기 때문입니다.

나는 오른손에 무엇을 가지고 있습니까?　컵을 가지고 있습니다.

이 컵을 떨어뜨리면 어떻게 됩니까?　깨집니다.

낱말풀이

おと(音)：명 소리　　　　「의 꼴〉　み(見)ることができません：볼 수가 없읍

なければ：없으면〈「ない(없다)＋ば 죕」　　　니다〈み(見)る＋ことができる(〜할 수

가 있다) ＋ません」의 꼴〉

あっても : 있어도 〈「ある＋ても」의 꼴〉

と(閉)じれば : 감으면 〈「と(閉)じる＋ば」의 꼴〉

み(見)える : 자하1 보이다　　　　　　「꼴〉

あ(開)ければ : 뜨면 〈「あ(開)ける＋ば」의

しかし : 접 그러나

すぐに : 부 곧

あか(明)るければ : 밝으면 〈「あか(明)るい(밝다)＋ば」의 꼴〉

くら(暗)ければ : 어두우면 〈「くら(暗)い(어둡다)＋ば」의 꼴〉

あ(明)かり : 명 등불

あれば : 있으면 〈「ある＋ば」의 꼴〉

くら(暗)くても : 어두워도 〈「くら(暗)い＋ても」의 꼴〉

ふじゆう(不自由)だ : 형동 부자유스럽다, 불편하다

あか(明)るくても : 밝아도 〈「あか(明)るい＋ても」의 꼴〉

もし : 부 만약

ふさ(塞)げば : 막으면 〈「ふさ(塞)ぐ(막다)＋ば」의 꼴〉

き(聞)こえる : 자하1 들리다

なくても : 없어도 〈「ない＋ても」의 꼴〉

はなし(話) : 명 이야기, 말

い(要)らない : 필요없다 〈「い(要)る＋ない」의 꼴〉

コップ : 명 컵

お(落)とせば : 떨어뜨리면 〈「お(落)とす(떨어뜨리다)＋ば」의 꼴〉

こわれる : 자하1 깨지다

한·자·풀·이

音
- おと : 音(おと) 소리
- ね : 音色(ねいろ) 음색
- オン : 音楽(オンガク) 음악
- イン : 福音(フクイン) 복음

不
- フ : 不当(フトウ) 부당
- ブ : 不用心(ブヨウジン) 조심성이 없음

自
- みずから : 自(みずか)ら 스스로
- おのずから : 自(おの)ずから 저절로, 자연히
- ジ : 自由(ジユウ) 자유
- シ : 自然(シゼン) 자연

由
- よし : 由(よし) 이유
- ユ : 由来(ユライ) 유래
- ユウ : 理由(リユウ) 이유
- ユイ : 由緒(ユイショ) 유서

塞
- ふさぐ : 塞(ふさ)ぐ 막다
- ソク : 閉塞(ヘイソク) 폐색
- サイ : 要塞(ヨウサイ) 요새

落
- おちる : 落(お)ちる 떨어지다
- おとす : 落(お)とす 떨어뜨리다
- ラク : 落第(ラクダイ) 낙제

해 설

■ 새로 나온 動詞

見える…보이다, 閉じる…(눈을) 감다·닫다, 塞ぐ…막다, 聞こえる…들리다, 落とす…떨어뜨리다, こわれる…깨지다

■ 音……소리. 입으로부터 나오는 소리는 「声」라고 한다.

■ **～ば**(助詞)……仮定하는 뜻을 나타낸다. 우리말의 어미「～면(으면)」에 해당된다.

用言・助動詞의 仮定形[1]에 연결된다.

① 動詞의 仮定形

動詞의 種類에 관계없이 動詞의 基本形의 語尾「ウ段」을「エ段」으로 고치고 助詞「ば」를 연결시키면 된다.

> する(하다) ——→ **すれば**(하면)　　くる(오다) ——→ **くれば**(오면)
>
> 起きる(일어나다) ——→ **起きれば**(일어나면)
>
> 出かける(나가다) ——→ **出かければ**(나가면)
>
> 出す(내다) ——→ **出せば**(내면)　　嗅ぐ(맡다) ——→ **嗅げば**(맡으면)

② 形容詞의 仮定形

形容詞의 基本形의 語尾「い」를「けれ」로 고치고 助詞「ば」를 붙이면 된다.

> 難しい(어렵다) ——→ **難しければ**(어려우면)
>
> 黒い(검다) ——→ **黒ければ**(검으면)
>
> 洗わない[2] (씻지 않는다) ——→ **洗わなければ** (씻지 않으면)
>
> 見たい[3] (보고 싶다) ——→ **見たければ**(보고 싶으면)

■ **ない**……形容詞로서「없다」의 뜻이다.「動詞」에 붙는「ない」는 助動詞로서 否定을 나타낸다.

> ない(없다)　　　　　　　　ないです＝ありません(없읍니다)
>
> ないでしょう(없겠지요)　　　ない人(없는 사람)
>
> なくて(없고, 없어서)　　　　なくなる(없어지다)
>
> なくても(없어도)　　　　　　なければ(없으면)

■ **「動詞의 連体形＋ことができる」**……「～할 수가 있다」

> 教えることができます。(가르칠 수가 있읍니다.)
>
> 入れることができません。(넣을 수가 없읍니다.)
>
> 置くことができても。(놓을 수가 있어도.)
>
> 休むことができれば。(쉴 수가 있으면.)

■ **不自由だ**…「불편하다, 부자유스럽다」의 뜻으로, 形容動詞[4] 이다.

> 目の[5] 不自由[6] 人(눈이 불편한 사람, 장님)
>
> 耳の不自由な人(귀가 불편한 사람, 귀머거리)
>
> 体の不自由な人(몸이 불편한 사람, 신체장애자)

■ **話**……말, 이야기. 動詞「話す」에서 나온 말로서 動詞를 中心으로 생각한다면 動詞

---

1) 仮定形이란 活用形의 하나로서 仮定을 나타내는 助詞「ば」에 연결될 때의 形을 말한다.
2) 이「ない」는 助動詞이지만 形容詞의 活用과 같다.
3) 이「たい」도 助動詞이지만 形容詞의 活用과 같다.
4) 形容動詞에 대해서는 제29과 해설란 참조.
5) 이「の」에 대해서는 제31과 해설란 참조.
6) 제29과의 해설란「形容動詞에 대하여」참조.

의 連用形이 된다. 즉, 動詞의 連用形은 名詞로 使用할 수도 있다.

休みの日(휴일날, 쉬는 날)　　話の時(이야기할 때)

悪い遊び(나쁜 놀이)　　終りです(끝입니다)

■ 動詞의 活用形(배운 범위 내에서)

区 分	基本形	未然形 −ない	連用形 -ます, -て	終止形	連体形 ──とき	仮定形 −ば
五 段	かく	かか(ない)	かき(ます) かい(て)	かく	かく(とき)	かけ(ば)
五 段	よむ	よま(ない)	よみ(ます) よん(で)	よむ	よむ(とき)	よめ(ば)
五 段	あう	あわ(ない)	あい(ます) あっ(て)	あう	あう(とき)	あえ(ば)
五 段	だす	ださ(ない)	だし(ます て)	だす	だす(とき)	だせ(ば)
上一段	みる	み(ない)	み(ます て)	みる	みる(とき)	みれ(ば)
下一段	たべる	たべ(ない)	たべ(ます て)	たべる	たべる(とき)	たべれ(ば)
サ 変	する	し(ない)	し(ます て)	する	する(とき)	すれ(ば)
カ 変	くる	こ(ない)	き(ます て)	くる	くる(とき)	くれ(ば)

‖‖‖‖‖‖‖‖‖‖‖ 연습문제 ‖‖‖‖‖‖‖‖‖‖‖

다음 글을 日本語로 번역하시오.

1. 당신은 저 山을 볼 수가 있읍니까?

2. 당신은 저 山이 보입니까?

3. 그 사람은 눈이 부자유스럽기 때문에 아무것도 볼 수가 없읍니다.

4. 窓을 열면 연기가 들어옵니다.

5. 저 소리가 안 들립니까, 잘 들어보십시오.

6. 내일 비가 오지 않으면 함께 꽃구경 갑시다.

7. 지금 있는 꽃병이 깨어지면 다시 사오겠읍니다.

8. 돈이 없어 놀러 갈 수가 없읍니다.

9. 고양이는 어두운 곳에서도 잘 보입니다.

10. 내일은 휴일이므로 학교에 오지 않아도 됩니다.

◁해답▷

1. あなたはあの山を見ることができますか。　2. あなたはあの山が見えますか。　3. その人は目が不自由だから, なにも見ることができません。　4. 窓を開ければ, 煙が入ってきます。　5. あの音が聞こえませんか, よく聞いてごらんなさい。　6. あした雨が降らなければ, いっしょに花見に行きましょう。 ㊖꽃구경 갑시다…花見に行きましょう。 「가다」의 目的이 「꽃구경」이므로 助詞 「に」를 붙여야 한다.　7. 今ある花瓶がこわれれば, また買ってきます。　8. お金がなくて, 遊びに行くことができません。　9. ねこは暗い所でもよく見えます。　10. あしたは休みですから, 学校へ来なくてもいいです。

二十九. 私は 工員です

私は 工員です。毎日 町の 工場で はたらきます。私は ことし 二十です。体は 丈夫で いつも 元気です。 たまに 頭や おなかが いたいことが ありますけれども，大てい じきに なおります。

この間 かぜを ひいて 工場を 一日 休みました。その 時には 熱が あって のどが いたかったですから すぐに 医者へ 行きました。 すると 翌朝は すっかり なおりました。

私は 前には やせて いましたが，このごろは 太って きました。 私は 毎朝 早く うちを 出て 工場へ 行きます。

工場には 若い 工員も としよりの 工員も います。私たちは 毎日 八時間ずつ 働きます。

工場が いそがしい 時には 夜も 働きますが，その時には 別に お金を もらいます。

私たちは 一月に 二度 給料を もらいます。 けれども·事務所の 事務員たちは 月末に 一度 月給を もらいます。

私たちは 自動車を なおします。こうばは ひろくて きれいです。毎日 よく そうじをしますから ごみは あまり ありません。 けれども あぶらを たくさん 使いますから あぶらだらけに なります。 ですから 働く 時には いつも 服を きかえます。

しごとが おわると，おふろに はいって よごれた 服を きれいなのに きかえてから 帰ります。

漢字読기————————————

こういん	まち	こうば	はたち	じょうぶ	げんき	あたま	いた	なお	かぜ
工員	町	工場	二十	丈夫	元気	頭	痛い	治る	風邪

ねつ	のど	いしゃ	よくあさ	や	ふと	わか	としより	べつ	ひとつき
熱	喉	医者	翌朝	痩せる	太る	若い	年寄り	別	一月

<ruby>給料<rt>きゅうりょう</rt></ruby>　<ruby>事務所<rt>じむしょ</rt></ruby>　<ruby>事務員<rt>じむいん</rt></ruby>　<ruby>月末<rt>げつまつ</rt></ruby>　<ruby>月給<rt>げっきゅう</rt></ruby>　<ruby>直す<rt>なおす</rt></ruby>　<ruby>掃除<rt>そうじ</rt></ruby>　<ruby>油<rt>あぶら</rt></ruby>　<ruby>使う<rt>つかう</rt></ruby>
<ruby>服<rt>ふく</rt></ruby>　<ruby>着替える<rt>きかえる</rt></ruby>　<ruby>仕事<rt>しごと</rt></ruby>　<ruby>風呂<rt>ふろ</rt></ruby>　<ruby>汚れる<rt>よごれる</rt></ruby>

第29課　나는 직공입니다

나는 직공입니다. 매일 도회지의 공장에서 일합니다.

나는 올해 스무 살입니다. 몸은 튼튼하고, 언제나 건강합니다.

간혹 머리나 배가 아픈 일이 있읍니다만 대개 금방 낫습니다.

일전에 감기가 들어 공장을 하루 쉬었읍니다. 그 때에는 열이 있고 목이 아팠었기 때문에 곧 의사에게로 갔읍니다.

그랬더니, 다음날 아침은 말끔히 나았읍니다.

나는 전에는 여위었었읍니다만, 요사이는 뚱뚱해졌읍니다.

나는 매일 아침 일찍 집을 나와 공장에 갑니다.

공장에는 젊은 직공도 노인인 직공도 있읍니다. 우리들은 매일 8 시간씩 일합니다.

공장이 바쁠 때에는 밤에도 일하는데, 그 때에는 따로 돈을 받습니다.

우리들은 한 달에 두 번 급료를 받습니다. 그렇지만 사무실의 사무원들은 월말에 한 번 월급을 받습니다.

우리들은 자동차를 고칩니다. 공장은 넓고 깨끗합니다. 매일 청소를 잘 하므로 먼지는 그다지 없습니다. 그렇지만, 기름을 많이 사용하기 때문에 기름투성이가 됩니다. 그러므로 일할 때는 언제나 옷을 갈아입습니다.

일이 끝나면 목욕을 하고 더러워진 옷을 깨끗한 것으로 갈아입고 나서 돌아갑니다.

─낱─말─풀─이─

こういん (工員) : 명 직공

まち (町) : 명 도회, 읍

こうば (工場) : 명 공장

はたち (二十歳) : 명 스무살

じょうぶ (丈夫) だ : 형동 튼튼하다

げんき (元気) だ : 형동 건강하다

あたま (頭) : 명 머리

おなか : 명 배

いた (痛) い : 형 아프다

じきに : 부 곧, 금방

なお (治) る : 자5 낫다

このあいだ (間) : 명 요전

かぜ (風邪) : 명 감기

かぜ (風邪) をひ (引) く : 감기가 들다.

ねつ (熱) : 명 열

のど (喉) : 명 목, 인후

いた (痛) かった : 아팠다 〈「いた (痛) い＋た」의 꼴〉

いしゃ (医者) : 명 의사

よくあさ (翌朝) : 명 다음 날 아침

すっかり : 부 완전히, 말끔히

や (痩) せる : 자하1 여위다

このごろ : 명 요사이

ふと (太) る : 자5 살찌다

ふとってきました : 뚱뚱해졌읍니다 〈「ふとる＋て＋くる (～하게 되다) ＋ました」

의 꼴〉

わか(若)い：혱 젊다

としよ(年寄)り：閔 노인

べつ(別)に：뷘 따로

ひとつき(一月)：閔 한 달

きゅうりょう(給料)：閔 급료

じむしょ(事務所)：閔 사무실

じむいん(事務員)：閔 사무원

げつまつ(月末)：閔 월말

げっきゅう(月給)：閔 월급

なお(直)す：타5 고치다.

きれいだ：혱동 깨끗하다, 예쁘다

そうじ(掃除)：閔 청소

ごみ：閔 먼지

あぶら(油)：閔 기름

つか(使)う：타5 사용하다

～だらけ：접미 ～투성이 예 血だらけ
(피투성이)

ふく(服)：閔 옷

きか(着替)える：타하1 갈아 입다

しごと(仕事)：閔 일

おふろ(風呂)にはい(入)る：목욕하다

よご(汚)れる：자하1 더러워지다

══ 한 자 풀 이 ══

工 { コウ：工場(コウジョウ) 공장
　　ク ：大工(ダイク) 목수

員 { イン：定員(テイイン) 정원
　　　　社員(シャイン) 사원

町 { まち：町(まち) 상가, 동네
　　チョウ：町会(チョウカイ) 읍의회

場 { ば ：場所(ばショ) 장소
　　ジョウ：場内(ジョウナイ) 장내

丈 { たけ：丈(たけ) 키
　　ジョウ：丈夫(ジョウブ) 튼튼함

夫 { おっと：夫(おっと) 남편
　　フ ：夫妻(フサイ) 부처
　　フウ：夫婦(フウフ) 부부

元 { もと：元(もと) 시초
　　ゲン：元気(ゲンキ) 건강함
　　ガン：元日(ガンジツ) 정월초하루

頭 { あたま：頭(あたま) 머리
　　かしら：頭(かしら) 우두머리
　　トウ：頭部(トウブ) 두부
　　ズ ：頭上(ズジョウ) 두상
　　ト ：音頭(オンド) 선창함

痛 { いたい：痛(いた)い 아프다
　　いたむ：痛(いた)む 아프다
　　いためる：痛(いた)める 아프게 하다
　　ツウ：痛快(ツウカイ) 통쾌

治 { おさめる：治(おさ)める 다스리다
　　おさまる：治(おさ)まる 다스려지다
　　なおる：治(なお)る 낫다
　　なおす：治(なお)す 고치다
　　ジ ：政治(セイジ) 정치
　　チ ：治安(チアン) 치안

風 { かぜ：風(かぜ) 바람
　　かざ：風車(かざぐるま) 풍차
　　フウ：風力(フウリョク) 풍력
　　フ ：風情(フゼイ) 운치

邪 { ジャ：邪悪(ジャアク) 사악
　　ゼ ：風邪(かぜ) 감기

熱 { あつい：熱(あつ)い 뜨겁다
　　ネツ：熱病(ネツビョウ) 열병

喉 { のど：喉(のど) 인후
　　コウ：咽喉(インコウ) 인후

医 { イ ：医者(イシャ) 의사

		名医(メイイ) 명의	

者 〔 もの：者(もの) 사람
シャ：前者(ゼンシャ) 전자

翌 〔 ヨク：翌年(ヨクネン) 익년
翌春(ヨクはる) 다음 봄

痩 〔 やせる：痩(や)せる 여위다
ソウ：痩軀(ソウク) 수구

太 〔 ふとい：太(ふと)い 굵다
ふとる：太(ふと)る 살찌다
タイ：太陽(タイヨウ) 태양
タ：丸太(まるタ) 통나무

若 〔 わかい：若(わか)い 젊다
もしくは：若(も)しくは 혹은
ジャク：若年(ジャクネン) 연소
ニャク：老若(ロウニャク) 노소

寄 〔 よる：寄(よ)る 접근하다
よせる：寄(よ)せる 밀려오다
キ：寄宿(キシュク) 기숙

別 〔 わかれる：別(わか)れる 헤어지다
ベツ：別離(ベツリ) 이별

給 〔 キュウ：給水(キュウスイ) 급수
月給(ゲッキュウ) 월급

料 〔 リョウ：料金(リョウキン) 요금
材料(ザイリョウ) 재료

務 〔 つとめる：務(つと)める 임무를 맡다
ム：事務(ジム) 사무

末 〔 すえ：末(すえ) 끝
マツ：末代(マツダイ) 후세
粉末(フンマツ) 분말
バツ：末子(バッシ) 막내동이

直 〔 ただちに：直(ただ)ちに 곧
なおす：直(なお)す 고치다
なおる：直(なお)る 고쳐지다
チョク：直立(チョクリツ) 직립
ジキ：正直(ショウジキ) 정직

掃 〔 はく：掃(は)く 쓸다
ソウ：掃除(ソウジ) 청소

除 〔 のぞく：除(のぞ)く 없애다
ジョ：除外(ジョガイ) 제외
ジ：掃除(ソウジ) 청소

油 〔 あぶら：油(あぶら) 기름
ユ：油田(ユデン) 유전

使 〔 つかう：使(つか)う 사용하다
シ：使役(シエキ) 사역

替 〔 かえる：替(か)える 바꾸다
かわる：替(か)わる 대리하다
タイ：代替(ダイタイ) 대체

仕 〔 つかえる：仕(つか)える 시중들다
シ：仕事(シごと) 일
ジ：給仕(キュウジ) 급사

呂 〔 リョ：呂后(リョコウ) 한고조 황후
ロ：風呂(フロ) 목욕

汚 〔 けがす：汚(けが)す 더럽히다
けがれる：汚(けが)れる 더러워지다
けがらわしい：汚(けが)らわしい
더럽다
よごす：汚(よご)す 더럽히다
よごれる：汚(よご)れる 더러워지다
きたない：汚(きたな)い 더럽다
オ：汚点(オテン) 오점

〔 해　설 〕

■ 새로 나온 動詞

なおる…낫다・회복되다, かぜをひく…감기가 들다, やせる…여위다, 太(ふと)る…
살찌다, なおす…고치다, 使(つか)う…사용하다, きかえる…갈아입다, おふろにはい
る…목욕하다, よごれる…더러워지다

■ **私はことし二十です**……나는 올해 스무 살입니다. 나이를 말할 때에 「二十」을 「はたち」라고 읽는다.

■ **形容動詞에 대하여**

形容動詞는 形容詞와 마찬가지로 事物의 性質・状態 등을 나타내며, 単独으로 述語가 되고 語尾変化를 한다. 形容詞와 다른 点은 形容詞의 基本形의 語尾는 「い」이지만, 形容動詞의 基本形의 語尾는 반드시 「だ」이다.

「**丈夫だ**(튼튼하다), **元気だ**(건강하다, 씩씩하다), **きれいだ**(깨끗하다, 예쁘다), **同じだ**(같다)」 등은 모두 形容動詞이다.

○形容動詞의 用例

丈夫だ(튼튼하다) ──→ **丈夫だろう**(튼튼할 것이다)

　　　　　　　　　　　丈夫で(튼튼하고, 튼튼해서)

　　　　　　　　　　　丈夫だ(튼튼하다)

　　　　　　　　　　　丈夫だそうです(튼튼하답니다)

　　　　　　　　　　　丈夫な[1]**子供**(튼튼한 어린이)

　　　　　　　　　　　丈夫ならば[2](튼튼하면)

　공손히 말할 때에는　**丈夫です**(튼튼합니다)

　　　　　　　　　　　丈夫でしょう(튼튼하겠지요)

　　　　　　　　　　　丈夫でした(튼튼했읍니다.)

　　　　　　　　　　　丈夫ではありません＝丈夫じゃありません(튼튼하지 않습니다.)

■ **〜ことが(も)ある**……〜 하는 일이(도) 있다. 즉, 할 때가 있다는 뜻.

いたいことがあります。(아픈 일이 있읍니다.)

つとめることがあります。(근무하는 일이 있읍니다.)

会わないこともあります。(만나지 않는 일도 있읍니다.)

ねることもあります。(자는 일도 있읍니다.)

■ **かぜをひく**……감기가 들다. 助詞 「が」를 취하지 않고 「を」를 취하는 것에 注意할 것.

■ **一月**……「한 달」이라는 뜻으로 사용되면 「ひとつき」라고 읽는다.

一月　二月　三月　四月　五月　六月　七月　八月　九月　十月

■ **〜だらけ(접미어)**……名詞에 붙어 「〜투성이」에 해당되는 말.

血だらけ(피투성이)　　　　　きずだらけ(상처투성이)

どろだらけ(진흙투성이)　　　借金だらけ(빚투성이)

---

1) 「丈夫な」는 「丈夫だ」의 連体形으로서 体言을 修飾하는 역할을 한다. 즉, 形容動詞가 名詞를 수식할 때에는 基本形의 語尾 「だ」가 「な」로 되어야 한다.

2) 「丈夫なら」는 「丈夫だ」의 仮定形으로서, 「なら」의 경우에는 助詞 「ば」는 보통 생략해서 많이 사용한다.

■「よごれた服」(더러워진 옷, 즉 더러운 옷)의 助動詞「た」는 과거의 뜻이 아니라, 동작이 행하여져서 그 결과가 현재 잇따라 존재하고 있는 상태를 나타낸다. 이 뜻의「動詞＋た」는 다른 말, 즉「동사＋ている」또는「동사＋てある」[3]로 바꾸어 말할 수 있다.

やせた人＝やせている人(여윈 사람)

ふとった子供＝ふとっている子供(살이 찐 어린이)

まがった道＝まがっている道(구부러진 길)

　注意할 것은, 狀態를 나타내는 動詞의 경우는 動詞의 基本形, 즉 終止形이나 連体形 또는 動詞의 連用形＋ます를 사용하여 현재의 상태를 뜻하지 않고 未來의 상태를 뜻하게 된다는 점이다.

やせる人(여윌 사람)　　　　　　　ふとる子供(살이 찔 어린이)

よごれる服(더러워질 옷)

おなかがすく (배가 고프게 된다) → 미래의 상태

おなかがすいた＝おなかがすいている (배가 고프다) → 현재의 상태

おなかがすきます(배가 고프게 됩니다) → 미래의 상태

おなかがすきました＝おなかがすいています。(배가 고픕니다) → 현재의 상태

■ **おふろにはいる**……목욕하다. 직역하면「목욕통에 들어가다」가 된다.「목욕하다」라고 해서「する」動詞를 쓰지 않으니 注意할 것.

おふろに行く(목욕하러 가다)

|||||||||||||||||| **연습문제** ||||||||||||||||||

다음 말을 日本語로 번역하시오.

1. 나의 母親은 금년에 五十四세로 벌써 老人인 편이지만, 아직 정정합니다.

2. 나는 의사에게 간 일이 한 번도 없읍니다.

3. 그 분이 회사를 결근하는 일은 간혹밖에 없읍니다.

4. 여기는 매일 청소하므로 늘 깨끗합니다.

5. 오늘은 休日이니까 일찍 일어나지 않아도 된다고 생각하여 늦잠을 잤읍니다.

6. 나는 집에 돌아가면 목욕을 하고 나서 저녁밥을 먹습니다.

7. 나는 한 달에 한 번쯤 상가로 물건 사러 갑니다.

8. 당신의 집은 이 공장에서 꽤 멀다지요?

9. 아니오, 그렇지도 않습니다.

10. 당신은 다른 사람보다 젊게 보입니다.

◁해답▷

1. 私の母はことし五十四才でもう年寄りの方ですが, まだ元気です。 圏 모친…자기의 모

---

3)「동사＋てある」에 대해서는 30과에서 설명하기로 한다.

친을 남에게 말할 때에는「はは」라 하고, 남의 모친을 말할 때에는「おかあさん」이라고 한다.

2. 私は医者へ行ったことが一度もありません。 3. そのかたが会社を休むことはたまにしかありません。 4. ここは毎日掃除をしますから、いつもきれいです。 5. きょうは休みですから、早く起きなくてもいいと思って朝寝坊をしました。㉣ ～라고 생각하다 …～と思う。 늦잠을 자다…朝ねぼうをする。 6. 私は家へ帰ると、おふろにはいってから夕飯を食べます。 7. 私は一月に一度ぐらい町へ買物に行きます。 8. あなたの家はこの工場からかなり遠いそうですね。㉣ 멀다지요…とおいそうですね。 ～한다지요…～ そうですねらこ 한다. 온다지요…くるそうですね。 9. いいえ、そうでもありません。 10. あなたはほかの人より若く見えます。㉣ 젊다…わかい。 젊게…わかく。

三十. いろいろな もの

この 絵には いろいろな ものが 書いて あります。

箱や びんや ボタンや はさみや, その外 いろいろ あります。

箱は 四つ あって, 三つは からですが, 一つは いっぱいです。

いっぱいなのは マッチの 箱です。

まるい 箱も ありますか。

　いいえ, まるいのは ありません。みんな 四角の ばかりです。

ボタンは 三角ですか。

　いいえ, 三角じゃ ありません。

　みんな まるいの ばかりです。

靴は 何足, はさみは なんちょう ありますか。

　靴は 一足, はさみは 二ちょう あります。

靴は 大てい 皮で 作ります。

はさみや ナイフは はがねで 作ります。はがねは 鉄の 一種です。

なべや 釜は 鉄や アルミニュームなどで 作ります。

鉄には いろいろの 種類が あります。

バケツは トタンや アルミニュームなどで できて います。

びんや かがみは 何で 作りますか。

　ガラスで 作ります。

この びんには 紙が はって あります。紙には 字が 書いて あ
ります。

このびんの 中に 何が はいって いますか。

　分かりません。たぶん インキが 入れて あると 思います。

びんは あいて いますか, ふたが して ありますか。

ふたが　して　あります。

窓は　大てい　何で　できて　いますか。

　大てい　木と　ガラスで　できて　いますが，鉄と　ガラスで　でき
て　いるのも　あります。

あの　窓は　あけて　ありますか，しめて　ありますか。

　あけて　あります。さっきまで　しまって　いましたが，　少し前に
私が　あけました。

漢字읽기 ——————————

瓶（びん）　丸い（まるい）　四角（しかく）　三角（さんかく）　何足（なんぞく）　何丁（なんちょう）　一足（いっそく）　皮（かわ）　鉄（てつ）　一種（いっしゅ）
鍋（なべ）　釜（かま）　種類（しゅるい）　鏡（かがみ）　開く（あく）　作り（つくり）

第30課　여러 가지 물건

이 그림에는 여러 가지 물건이 그려져 있읍니다.
상자랑 병이랑 단추랑 가위랑 그 밖에 여러 가지 있읍니다.
상자는 네 개 있고, 세 개는 비어 있지만 한 개는 가득 차 있읍니다.
가득 차 있는 것은 성냥 갑입니다.
둥근 상자도 있읍니까?
　아니오, 둥근 것은 없읍니다. 모두 네모 난 것뿐입니다.
단추는 세모입니까?　　아니오 세모가 아닙니다. 모두 둥근 것 뿐입니다.
구두는 몇 켤레, 가위는 몇자루있읍니까?
　구두는 한 켤레, 가위는 두 자루 있읍니다.
구두는 대개 가죽으로 만듭니다.
가위랑 나이프는 강철로 만듭니다. 강철은 철의 일종입니다.
남비나 솥은 철이나 알루미늄 등으로 만듭니다.
철에는 여러 가지 종류가 있읍니다.
양동이는 함석이나 알루미늄 등으로 되어 있읍니다.
병이나 거울은 무엇으로 만듭니까?　　유리로 만듭니다.
이 병에는 종이가 붙여져 있읍니다. 종이에는 글씨가 씌어 있읍니다.
이 병 속에 무엇이 들어 있읍니까?
　모르겠읍니다. 아마 잉크가 들어 있다고 생각합니다.
병은 열려 있읍니까, 뚜껑이 덮여 있읍니까?　　뚜껑이 덮여 있읍니다.

창문은 대개 무엇으로 되어 있읍니까?

대개 나무와 유리로 되어 있지만, 철과 유리로 되어 있는 것도 있읍니다.

저 창문은 열려 있읍니까, 닫혀 있읍니까?

열려 있읍니다. 아까까지 닫혀 있었는데, 조금 전에 내가 열었읍니다.

낱말풀이

か(書)いてあります：씌어 있읍니다 〈「か(書)く＋て＋ある＋ます」의 꼴〉

びん(瓶)：명 병

ボタン：명 단추

はさみ：명 가위

から(空)：명 빔

いっぱい：부 가득

マッチ：명 성냥

まる(丸)い：형 둥글다.

しかく(四角)：명 네모, 사각

～ばかり：조 ～뿐, ～만 예 雨ばかり降っている。(비만 오고 있다.)

さんかく(三角)：명 세모, 삼각

なんぞく(何足)：명 몇 켤레

なんちょう(何丁)：명 몇 자루

かわ(皮)：명 가죽

つく(作)る：타5 만들다

ナイフ：명 나이프, 칼

はがね：명 강철

てつ(鉄)：명 철

いっしゅ(一種)：명 일종

なべ：명 남비

かま：명 솥

アルミニューム：명 알루미늄

しゅるい(種類)：명 종류

バケツ：명 양동이

トタン：명 함석

できています：되어 있읍니다 〈「できる(만들어지다)＋て＋いる＋ます」의 꼴〉

かがみ(鏡)：명 거울

ガラス：명 유리

はってあります：붙어져 있읍니다 〈「はる＋て＋ある＋ます」의 꼴〉

はいっています：들어 있읍니다 〈「はいる＋て＋いる＋ます」의 꼴〉

たぶん：부 아마

インキ：명 잉크

い(入)れてある：넣어져 있다 〈「い(入)れる＋て＋ある」의 꼴〉

あいています：열려 있읍니다 〈「あく(열리다)＋て＋いる＋ます」의 꼴〉

ふた：명 뚜껑

ふたがしてあります：뚜껑이 덮여 있읍니다 〈「ふた＋が＋する＋て＋ある＋ます」의 꼴〉 예 ふたをする。(뚜껑을 덮다)

あけてあります：열려 있읍니다 〈「あける＋て＋ある＋ます」의 꼴〉

しめてあります：닫혀 있읍니다 〈「しめる＋て＋ある＋ます」의 꼴〉

さっき：부 아까, 조금 전

한자풀이

瓶 ┤ ビン：瓶(ビン) 병
　　　花瓶(カビン) 꽃병

角 ┤ かど：角(かど) 모퉁이
　　　つの：角(つの) 뿔

丁 {
カク：角度(カクド) 각도
チョウ：丁数(チョウスウ) 책의 장수
テイ：丁字(テイジ) 정자
}

皮 {
かわ：皮(かわ) 가죽
ヒ：皮膚(ヒフ) 피부
}

作 {
つくる：作(つく)る 만들다
サク：作為(サクイ) 작위
サ：作業(サギョウ) 작업
}

鉄 {
テツ：鉄道(テツドウ) 철도
鉄筋(テッキン) 철근
}

種 {
たね：種(たね) 씨앗
シュ：種類(シュルイ) 종류
}

鍋 {
なべ：鍋(なべ) 남비
カ
}

釜 {
かま：釜(かま) 솥
フ
}

類 {
ルイ：類型(ルイケイ) 유형
分類(ブンルイ) 분류
}

鏡 {
かがみ：鏡(かがみ) 거울
キョウ：鏡台(キョウダイ) 경대
}

[해 설]

■「動詞의 連用形＋ている」와「動詞의 連用形＋てある」의 差異

「動詞의 連用形＋ている」의 形은 動作의 進行, 또는 現在 存続하고 있는 状態를 나타낸다.

本を読んでいる。(책을 읽고 있다.) ──→ 動作의 進行

仕事をしている(일을 하고 있다.) ──→ 動作의 進行

花が咲いている。(꽃이 피어 있다.) ──→ 現在의 状態

服が汚れている。(옷이 더러워져 있다.) ──→ 現在의 状態

「動詞의 連用形＋てある」의 形은 現在 存続하고 있는 状態를 나타내지만, 이 경우의 状態는 저절로 어떻게「되어 있는」状態가 아니고, 어떤 힘에 의해서 動作이 끝난 状態, 즉 그렇게「해 놓여져 있는」状態를 나타낸다.

本が置いてある。(책이 놓여 있다.)

バナナが買ってある。(바나나를 사 놓았다.)

行くと言ってある。(가겠다고 말해 놓았다.)

いろいろなものがこしらえてある。

(여러 가지 물건이 만들어져 있다.)

自動詞의 경우에는「ている」만이 연결되며, 그 動詞 자체의 뜻에 따라서 動作의 進行을 나타내기도 하고 現在의 状態를 나타내기도 한다.

他動詞의 경우에는「ている」,「てある」가 다 연결되고,「ている」를 연결시키면 動作의 進行을 나타내고,「てある」를 연결시키면「해 놓여져 있는」状態를 나타낸다.

{
インキを入れている。(잉크를 넣고 있다.)
インキが入れてある。(잉크가 넣어져 있다.)
インキがはいっている。(잉크가 들어 있다.)
}

まどをしめている。(창문을 닫고 있다.)
まどがしめてある。(창문이 닫혀져 있다.)
まどがしまっている。(창문이 닫혀 있다.)

まどをあけている。(창문을 열고 있다.)
まどがあけてある。(창문이 열려져 있다.)
まどがあいている。(창문이 열려 있다.)

くつをこしらえている。(구두를 만들고 있다.)
くつがこしらえてある。(구두가 만들어져 있다.)
くつができている。(구두가 되어 있다.)

紙をはっている。(종이를 붙이고 있다.)
紙がはってある。(종이가 붙여져 있다.)

字をかいている。(글씨를 쓰고 있다.)
字がかいてある。(글씨가 씌어져 있다.)

ふたをしている。(뚜껑을 덮고 있다.)
ふたがしてある。(뚜껑이 덮여 있다.)

話をしている。(이야기를 하고 있다.)
話がしてある。(이야기를 해 놓았다.)

■ 새로 나온 動詞

つく(作)る…만들다, できる…되다・만들어지다・할 수 있다, 開く…열리다,
ふたをする…뚜껑을 덮다, しまる…닫히다

■ 「いっぱい」의 用例[1]

部屋は人でいっぱいです。(방은 사람으로 가득 차 있읍니다.)
この電車はいっぱいだから, 次ので行きましょう。
(이 전차는 만원이므로 다음 것으로 갑시다.)
場内いっぱいの人。(장내에 가득 찬 사람.)
いっぱいなのはマッチの箱です。(가득 차 있는 것은 성냥갑입니다.)
水がいっぱいはいっています。(물이 가득 들어 있읍니다.)
漢字がいっぱいあります。(한자가 가득 있읍니다.)
もう少しでいっぱいになります。(조금만 더하면 가득 차게 됩니다.)

■ 「から」의 用例

このはこはからです。(이 상자는 비어 있읍니다.)
からのびん(빈 병)　　　　　からにする。(비우다.)
財布はすぐからになる。(지갑은 곧 비게 된다.)

---

1) 이런 単語는 文法的인 説明은 복잡하므로 理論보다 語法을 実例로 알아 두는 편이 낫다.

■ ~**ばかり**(助詞)……범위를 그것에 한정한다는 뜻을 나타낸다. 우리말의 「~뿐, ~만」
에 해당된다.[2]

雑誌ばかり読んでいる。(잡지만 읽고 있다.)

雨ばかり降っている。(비만 오고 있다.)

遅く来たのは彼ばかりです。(늦게 온 것은 그 남자뿐입니다.)

四角のばかりです。(네모 난 것뿐입니다.)

遊んでばかりいます。(놀고만 있읍니다.)

食べてばかりいます。(먹고만 있읍니다.)

■ ~**角**……「모, 각」에 해당되는 助数詞

一角　二角　三角　四角　五角　六角　七角　八角　九角　十角

■ ~**足**……「켤레」에 해당되는 助数詞

何足　一足　二足　三足　四足　五足　六足　七足　八足　九足　十足

■ ~**丁**……총・가위・괭이 등을 셀 때의 우리말의 「자루」에 해당되는 助数詞. 그러나,
연필・만년필・초 등을 셀 때는 「本」이라고 한다.

一丁　二丁　三丁　四丁　五丁　六丁　七丁　八丁　九丁　十丁

■ ~**など**(助詞)……한 例를 들어 나타내거나, 나열하거나, 예를 들어 업신여긴다는 뜻
을 나타낸다. 우리말의 「~등, ~따위, ~같은 것」 등에 해당된다.

お金など要らないです。(돈 따위 필요 없읍니다.)

あの万年筆などはどうですか。(저 만년필 같은 것은 어떻습니까?)

本やノートなどを買いました。(책이랑 노트 등을 샀읍니다.)

私は英語や日本語や中国語などを話すことができる。

(나는 영어랑 일본어랑 중국어 등을 말할 수 있다.)

りんごや桃などがすきです。(사과나 복숭아 따위를 좋아합니다.)

木やガラスなどでこしらえます。(나무나 유리 등으로 만듭니다.)

こんなまずい料理など, とても食べることができない。

(이런 맛없는 요리 따위, 도저히 먹을 수가 없다.)

死ぬなどと言っています。(죽는다는 등 말하고 있읍니다.)

‖‖‖‖‖‖‖‖‖‖‖ 연습문제 ‖‖‖‖‖‖‖‖‖‖‖

1 다음 글의 줄 친 곳에 적당한 말을 넣으시오.

1. 先生が 壁に 紙をはって —— ます。

2. 壁に 紙が はって —— ます。

3. ある 人が 窓を あけて ____ ます。

4. あの 窓が あけて ____ ます。

5. あの 窓が あいて ____ ます。

6. びんの 中に インキを 入れて ____ ます。

---

2) 다른 뜻도 있다.

7. びんの 中に インキが 入って____ます。

8. びんの 中に インキが 入れて____ます。

9. ある 人が 窓を しめて____ました。

10. あの 窓が しめて____ました。

11. あの 窓が しまって____ました。

12. この びんは あいて____ます。

2 다음 글을 日本語로 번역하시오.

1. 이 병 속에 기름이 가득 들어 있습니다.
2. 어떤 大学에서는 学生들이 四角 모자를 쓰는 일도 있습니다.
3. 이 바께쓰는 폴리에틸렌으로 만들어져 있습니다.
4. 使用하고 나서 뚜껑을 잘 덮어 놓아 주시오.
5. 내 구두가 잘 닦여 있는데 누가 닦은 것입니까?
6. 여기에 놓여 있는 時計는 처음으로 보는 時計입니다.
7. 이 상자는 유리로 되어 있으니까 떨어뜨리면 깨집니다.
8. 이 窓을 열고 싶은데 열 수가 없습니다.
9. 이 책에 어떤 이야기가 씌어 있습니까?
10. 감기가 들었을 때에는 어떻게 하느냐 하는 것이 씌어 있습니다.

◁해답▷

1

1. 先生が壁に紙をはっています。(선생님이 벽에 종이를 붙이고 있습니다.) 2. 壁に紙がはってあります。(벽에 종이가 붙여져 있습니다.) 3. ある人が窓をあけています。(어떤 사람이 창문을 열고 있습니다.) 4. あの窓があけてあります。(저 창문이 열려져 있습니다.) 5. あの窓があいています。(저 창문이 열려 있습니다.) 6. 瓶の中にインキを入れています。(병 속에 잉크를 넣고 있습니다.) 7. 瓶の中にインキが入っています。(병 속에 잉크가 들어 있습니다.) 8. 瓶の中にインキが入れてあります。(병 속에 잉크가 넣어져 있습니다.) 9. ある人が窓をしめていました。(어떤 사람이 창문을 닫고 있었습니다.) 10. あの窓がしめてありました。(저 창문이 닫혀져 있었습니다.) 11. あの窓がしまっていました。(저 창문이 닫혀 있었습니다.) 12. この瓶はあいています。(이 병은 열려 있습니다.)

2

1. この瓶の中に油がいっぱい入っています。2. ある大学では学生たちが四角の帽子をかぶることもあります。 3. このバケツはホリエチレンでこしらえてあります。 주 만들어져 있습니다……できていますと고 해도 된다. 4. 使ってからふたをよくしておいてください。 주 뚜껑을 덮어 놓다……ふたをしておく。 5. 私の靴がよくみがいてありますが, だれがみがいたのですか。 주 닦여 있다……みがいてある。 6. ここにおいてある時計ははじめて見る時計です。 주 처음 본다……はじめて見る。 처음 읽는다……はじめて読む。 먹는 것은 처음이다……たべるのははじめてだ。 7. この箱はガラスでできていますから, 落とせばこわれます。 8. この窓をあけたいのですが, あけることができません。 주 열고 싶은데……あけたいですが라고도 하나 강조해서 あけたいのですが라고 하는 것이 더 낫다. 9. この本にどんな話が書いてありますか。 주 어떤 이야기……「이야기」의 내용을 뜻하므로 「ある話」라고 하지 않고 「どんな話」라고 해야 한다. 10. かぜをひいた時にはどうするかということが書いてあります。 주 감기가 들다……かぜをひく。ひくは 他動詞이

므로 「が」를 취하지 않고 「を」를 취해야 한다. 어떻게 하느냐……どうするか。「하느냐」는 의문을 나타내므로 「するか」이다. 어떻게 하느냐 하는 것……다른 말로 고치면 「어떻게 하느냐 라고 말하는 것」이 되므로 「どうするかということ」라고 해야 한다. 「こと」 대신에 助詞 「の」를 사용할 수도 있다.

三十一. 辞　書

本が　四さつ　あります。

左の　上の　本は　小さくて　うすいのですが，その　下のは　大きくて
あついのです。

右の　上の　本は　はばが　ひろいけれども　あつくは　ありません。

右の　下のは　はばが　せまくて　うすいのです。

この　大きくて　あつい　本は　なんですか。

　辞書です。

辞書は　大てい　あつくて、ページが　たくさん　あります。

しかし　うすいのも　あります。

小さい　辞書なら　ポケットの　中へ　入れることが　できますけれども，
大きいのはできません。

小さい　辞書は　持って　歩くのに　便利ですが，大きいのは　不便です。

あなたは　辞書を　持って　いますか。

　はい，二さつ　持って　います。英和辞典と　和英辞典です。

今　ここに　持って　いますか。

　いいえ，二さつとも　二階の　へやに　おいて　あって　下には　あり
　ません。

辞書は　何に　使いますか。

　ことばの　意味を　調べるのに　使います。

　あなたは　たびたび　辞書を　引きますか。

　はい，ほとんど　毎日　引きます。

大きい　辞書に　ある　ことばを　みんな　知ることは　できません。

　なぜでしょう。

ことばの　かずが　あまり　多いからです。

あなたの　知っている　日本語の　かずは　かなり　多いですか。

どう　いたしまして。私の　知っている　ことばの　かずは　ごく

わずかです。

私は　まだ　日本語を　少ししか　勉強して　いませんから。

漢字읽기——————
辞書　四冊　薄い　厚い　幅　狭い　広い　便利　不便
英和辞書　二階　言葉　調べる　引く　数　多い

第31課 사 전

책이 네 권 있읍니다.

왼쪽 위의 책은 작고 얇은데, 그 아랫것은 크고 두껍습니다.

오른쪽 위의 책은 폭이 넓지만, 두껍지는 않습니다.

오른쪽 아랫것은 폭이 좁고 얇습니다.

이 크고 두꺼운 책은 무엇입니까?　사전입니다.

사전은 대개 두껍고, 페이지가 많이 있읍니다.

그러나 얇은 것도 있읍니다.

작은 사전 같으면 호주머니 속에 넣을 수가 있읍니다만, 큰 것은 불가능합니다.

작은 사전은 가지고 다니기 편리한데, 큰 것은 불편합니다.

당신은 사전을 가지고 있읍니까?

　예, 두 권 가지고 있읍니다. 英日사전과 日英사전입니다.

지금 여기에 가지고 있읍니까?

　아니오, 두 권 모두 이층 방에 놓여 있고 아래층에는 없읍니다.

사전은 무엇에 사용합니까? 말 뜻을 아는 데에 사용합니다.

당신은 자주 사전을 찾습니까?　예, 거의 매일 찾습니다.

큰 사전에 있는 말을 모두 알 수는 없읍니다. 왜일까요?

　말 수효가 너무 많기 때문입니다.

당신이 알고 있는 일본어 수효는 꽤 많습니까?

　천만의 말씀입니다. 내가 알고 있는 말 수효는 극히 적습니다.

　나는 아직 일본어를 조금밖에 공부하지 않았으므로.

낱말풀이

じしょ(辞書) : 名 사전

よんさつ(四冊) : 名 네 권

うす(薄)い : 形 얇다

あつ(厚)い : 形 두껍다

はば(幅) : 名 폭

せま(狭)い : 形 좁다

ポケット : 名 주머니

べんり(便利)だ : 形動 편리하다

ふべん(不便)だ : 形動 불편하다

えいわじしょ(英和辞書) : 名 영일사전

わえいじしょ(和英辞書) : 名 일영사전

にかい(二階) : 名 이층

お(置)いてあって : 놓아 두고 있고 〈「お
(置)く＋て＋ある＋て」의 꼴〉

した(下) : 名 아래층

ことば(言葉) : 名 말

しら(調)べる : 他下1 조사하다, 알아보「다

ひ(引)く : 他5 (사전을) 찾다.

ほとんど : 副 거의

かず(数) : 名 수효

おお(多)い : 形 많다

どういたしまして : 천만에

ごく : 副 극히, 아주

わずかだ : 形動 적다

한자풀이

辞 {
やめる : 辞(や)める 사직하다
ジ : 辞典(ジテン) 사전
}

冊 {
サツ : 別冊(ベッサツ) 별책
サク : 短冊(タンザク) 조붓한 종이
}

薄 {
うすい : 薄(うす)い 얇다
うすめる : 薄(うす)める 얇게 하다
うすまる : 薄(うす)まる 엷어지다
うすらぐ : 薄(うす)らぐ 덜해지다
うすれる : 薄(うす)れる 엷어지다
ハク : 薄情(ハクジョウ) 박정
}

厚 {
あつい : 厚(あつ)い 두껍다
コウ : 厚生(コウセイ) 후생
}

幅 {
はば : 幅(はば) 폭
フク : 振幅(シンプク) 진폭
}

せまい : 狭(せま)い 좁다

狭 {
せばめる : 狭(せば)める 좁히다
せばまる : 狭(せば)まる 좁아지다
キョウ : 狭量(キョウリョウ) 협량
}

利 {
きく : 利(き)く 듣다
リ : 利益(リエキ) 이익
}

不 {
フ : 不利(フリ) 불리
ブ : 不作法(ブサホウ) 무례함
}

階 {
カイ : 階段(カイダン) 계단
地階(チカイ) 지하층
}

調 {
しらべる : 調(しら)べる 조사하다
ととのう : 調(ととの)う 정돈되다
ととのえる : 調(ととの)える 정돈하다
チョウ : 調査(チョウサ) 조사
}

多 {
おおい : 多(おお)い 많다
タ : 多少(タショウ) 다소
}

해설

■ 새로 나온 動詞

字引(じびき)を引(ひ)く…사전을 찾다(즉, 사전에서 말을 찾다)

■ 助詞「の」의 用例

① 「体言＋の＋体言」의 形으로 앞 体言이 뒷 体言을 수식하는 역할을 한다.

私の本(나의 책)　　　　　　　　ソウル大の学生(서울대 학생)
日本の友達(일본 친구)　　　　　　三番目の駅(세 번째 역)
先生の話(선생님 이야기)　　　　　近くの山(가까운 산)
フランス人の先生(프랑스 사람인 선생님)

② 名詞 대신에 쓰이는 말이 되어 「것」이란 뜻이 된다.

このかばんはだれのですか。(이 가방은 누구 것입니까?)
私のはあなたのより悪い時計です。(내 것은 당신 것보다 나쁜 시계입니다.)
あそこにあるのが私の洋服です。(저기 있는 것이 내 양복입니다.)
きれいなのをください。(깨끗한 것을 주십시오.)
早く起きるのは体にいいです。(일찍 일어나는 것은 몸에 좋습니다.)

③ 用言이 体言을 수식하는 形으로 使用될 때, 그 動作이나 状態의 主体나 対象이
되는 사람 또는 事物을 나타낸다. 이 때의 用言은 連体形이 되어 体言에 연결된다. 일
반적으로 우리말의 助詞「～이(가)」에 해당된다.

私が知っている。(내가 알고 있다.)
私の知っている日本語[1]。(내가 알고 있는 일본어.)
桜の花が咲いた。(벚꽃이 피었다.)
桜の花の咲いたうち。(벚꽃이 핀 집.)
意味がよく分らない。(뜻을 잘 모른다.)
意味のよく分らないところ。(뜻을 잘 모르는 곳.)
山がきれいだ。(산이 아름답다.)
山のきれいな韓国。(산이 아름다운 한국.)

④ 「用言 및 助動詞의 連体形＋の＋だ(です)」의 形으로 이유·근거·주체의 입장
등을 설득적으로 설명·단정·강조함을 나타낸다. 이 경우의「の」는 会話에서는「ん」
으로 많이 사용한다. 직역하면 우리말의「것」에 해당된다.

使うのです(사용합니다)　　　　　使ったのです(사용했읍니다)
使わないのです(사용하지 않습니다)
軽いのです(가볍습니다)　　　　　若いのです(젊습니다)
買いたいんです(사고 싶습니다)　　きれいなんです(깨끗합니다, 예쁩니다)
元気なのです(건강합니다)　　　　同じなんです(같습니다)
海なのです[2](바다입니다)　　　　そうなんです(그렇습니다)

---

1) 이 用法과 같은 用法으로 助詞「が」도 사용된다. あの人が言ったこと。(그 사람이 한 말.)
2) 助動詞「だ」의 連体形이「な」이다. 설명·단정·강조의 뜻을 가진「の」가 体言에 연결될
　때에는 時制가 過去가 아니면「体言＋な＋の＋だ(です, か)」의 形이 되어야 한다.

どこなんですか(어디입니까?)

「用言 및 助動詞의 連体形＋の＋か」의 形으로도 使用된다.

着くのか(도착하느냐?)　　　　　着いたのか(도착했느냐?)

重いのか(무거우냐?)　　　　　　行きたいのか(가고 싶으냐?)

いつなのか(언제냐?)　　　　　　あなたなのか(너냐?)

丈夫なのか(튼튼하냐?)　　　　　同じなのか(같으냐?)

「～のです」의 用法에 대해서 좀더 구체적으로 설명해 두고자 한다.

　　a. 話があります。(이야기가 있읍니다.)

　　b. ちょっと待ってください。話があるんです。

　　　(잠깐 기다려 주십시오. 이야기가 있읍니다.)

위 두 문장 중 a는 단순한 사실을 말한 것이고, b의「話があるんです」는 말하는 이가 상대에게 왜 기다리도록 부탁하고 있는지의 설명이다.

　　a. 勤めるところがないです＝勤めるところがありません。

　　　(근무할 곳이 없읍니다.)

　　b. 金さんは勤めていませんね。勤めるところがないのです。

　　　(김씨는 근무하고 있지 않군요. 근무할 곳이 없읍니다.)

b의 문장은 왜 근무하고 있지 않는지를 설명하고 있다.

　　a. その小包は重いですか。(그 소포는 무겁습니까?)

　　b. 重いんですか。(무겁습니까?)

a의 문장은 단순히 사실에 관해서 질문한 것이고, b의 문장은 무거워하는 모습을 보고 그것에 대한 설명을 원하고 있다.

　　a. 何をしていますか。(무엇을 하고 있읍니까?)

　　b. 何をしているのですか。(무엇을 하고 있는 것입니까?)

a의 문장은 단순한 질문이고, b의 문장은 무엇인가에 열중하고 있는 모습을 보고, 하고 있는 것에 대한 설명을 원하고 있다.

以上의 例로써 説明한 바와 같이「～のです」는 말하는 이가 앞에서 한 말, 한 일, 혹은 말하는 이의 상태에 대하여 설명을 필요로 할 경우에 쓰이고,「～のですか」는 말하는 이가 보고 들은 것에 대해 듣는 이의 설명을 원할 경우에 사용된다고 볼 수 있다. 예를 들면, 지금 밥을 먹고 있는 사람에 대해서「たべていますか」라고 하는 것은 부자연스럽고,「たべているのですか」라고 해야 자연스럽다.[3]

■ ～冊……책 등을 셀 때에 사용하는 助数詞. 우리말의「권」에 해당된다.

　　一冊　二冊　三冊　四冊　五冊　六冊　七冊　八冊　九冊　十冊

■ 暑い…… 덥다　　　　厚い…… 두껍다　　　　熱い…… 뜨겁다

---

3)「のです」의 설명은 이상으로 이해될 줄로 생각되지만,「のです」의 用法을 실제로 사용하기란 어렵다고 볼 수 있다. 많은 実例를 통해 익히도록 해 주었으면 한다.

寒い……춥다　　　薄い……얇다　　　冷たい……차다

■「持って歩くのに」……가지고 다니는 데, 가지고 다니기에.

「知るのに」……아는 데, 알기 위해서.

　이 助詞「に」는「動詞의 連体形＋の＋に」의 形으로 動作의 目的을 나타낸다. 우리말의「～하는 데, ～하기에, ～하기 위해서」에 해당된다.「動詞의 連体形＋のには(또는 のにも)」의 形으로도 쓰이며, 이 경우는 助詞「の」를 생략하여「動詞의 連体形＋には(또는 にも)」로도 쓰인다.

　　お金は買物をするのに使います。(돈은 물건을 사는 데 사용합니다.)

　　字を書くのに便利なものは万年筆です。

　　(글씨를 쓰는 데〈쓰기에〉 편리한 것은 만년필입니다.)

　　ソウル駅へ行くのには(＝行くには) どう行けばいいですか。

　　(서울역에 가려면〈가기 위해서는〉 어떻게 가면 됩니까?)

　　紙を切るのにははさみが必要です。(종이를 자르려면 가위가 필요합니다.)

■階……건물 따위의「층」에 해당되는 助数詞

何階　一階　二階　三階　四階　五階　六階　七階　八階　九階　十階

‖‖‖‖‖‖‖‖‖‖‖ 연습문제 ‖‖‖‖‖‖‖‖‖‖‖

다음 글을 日本語로 번역하시오.

1. 내가 어제 사 온 日韓辞典을 어디에 두었습니까?

2. 二층 방의 책상 위에 놓아 두었습니다.

3. 우리 집 앞의 길은 좁아서 自動車는 通過할 수가 없습니다.

4. 그것은 참 不便하겠군요.

5. 우리 学校는 집에서 三十分쯤 걸리는 곳에 있는데, 걸어가기에는 좀 멉니다.

6. 당신은 미국에 간 친구에게 몇 번쯤 편지를 냈습니까?

7. 아직 한 번밖에 내지 않았습니다.

8. 사전을 찾아도 잘 理解되지 않는 곳이 있는데, 좀 가르쳐 주시지 않겠습니까?

9. 네, 그렇게 하지요. 어디가 理解되지 않습니까?

10. 여기에서 여기까지가 무슨 뜻인지 잘 모르겠습니다.

◁해답▷

1. 私がきのう買って来た日韓辞典をどこに置きましたか。 ㊄ 일한사전…日韓辞典, 한일사전…韓日辞典 2. 二階の部屋の机の上に置いておきました。㊄ 놓아 두다…置いておく, ～해 두다…～ておく 3. 私のうちの前の道は狭くて自動車は通ることができません。㊄ 통과하다… 通る 4. それはほんとうに不便でしょうね。 ㊄ 참…ほんとうに이지만「대단히」라고 생각하여「たいへん」을 써도 무방하다. 불편하겠군요… 不便でしょうね。말하는 이의 추측을 나타내므로「でしょう」를 써야 하고, 가벼운 감동을 나타내므로「ね」를 붙여야 한다. 5. 私の学校は家から三十分ぐらいかかるところにあるのですが、歩いて行くには少し遠いんです。 6. あなたは米国へ行った友達に何度ぐらい手紙を出しましたか。 7. まだ一度しか出しません。㊄「まだ」다음에는 現在로 쓴다. 8. 字引を引いてもよく分ら

ない所がありますが，少し教えてくださいませんか。㊟ 가르쳐 주시지 않겠읍니까?…教え
てくださいませんか。読み 주시지 않겠습니까?…読んでくださいませんか。말해 주시지 않
겠읍니까?…話してくださいませんか。   9. はい，そうしましょう。 どこがわからないん
ですか。   10. ここからここまでがどんな意味かよく分りません。㊟ 무슨 뜻인지 …どん
な意味か。확실치 않은 사항을 나타낼 경우의 「~인지, ~인가」에 해당되는 말은 助詞「か」
를 사용한다.   어딘지 모른다…どこかわからない。   언젠가 오겠지요…いつか来るでしょう。
어딘가에 있읍니다…どこかにあります。   어디선가 하고 있읍니다…どこかでしています。   어
딘가 갔읍니다…どこかへ行きました。   무엇이 들어 있는지 알고 있읍니까?…なにがはいって
いるか知っていますか。

三十二. 勉強と 病気

あなたは　もう　日本語を　どのくらい　勉強しましたか。

　もう　一か月半　勉強しました。

では　かなり　上手に　話せますか。

　いいえ，まだです。よくは　話せません。

日本語の　本が　読めますか。

少し　読めますけれども　下手です。たびたび　まちがいます。

日本語は　一年ぐらいで　習えるでしょうか。

　一年ぐらいで　全部は　習えませんが　よく　勉強すれば　かなり
　上手に　なれるでしょう。一度　習っても　おぼえているのは　かな
　り　むずかしいです。

毎日　十五六時間ずつ　勉強できますか。

　多分　できるでしょう。しかし　長く　つづければ　病気に　なるで
　しょう。

あまり　つづけて　勉強ばかり　するのは　体に　わるいです。

　時々　散歩や　運動を　する　方が　いいです。

病人は　よく　はたらけません。

かるい　病気の　人なら　少しは　働けますが，　重い　病気の　人は
とても　働けません。病人には　夜　ねむれない　人や，歩けない　人
や，動けない人や，いろいろな人がいます。

病気の　時には　どうする　方が　いいですか。

　医者に　かかる　方が　いいです。

お医者さんは　病人を　見て，適当な　薬を　やって　病気を　なおし
ます。

薬を　のめば　必ず　なおりますか。

　いいえ, 病気が　重ければ　薬を　のんでも　なおらないことも　あ
ります。

病気は　早く　なおす　方が　いいです。

だから　病気の　時には　早く　医者に　行くか, 医者を　よぶ　方が
いいです。

漢字읽기───────────

病気　上手　下手　間違う　全部　覚える　多分　続ける　運動
病人　眠る　動く　適当　薬　必ず　飲む　呼ぶ

第32課　공부와 병

당신은 이제 일본어를 얼마쯤 공부했읍니까?

　이제 1개월 반 공부했읍니다.

그러면 꽤 능숙하게 말할 수 있읍니까?

　아니오, 아직입니다. 잘은 말할 수 없읍니다.

일본어 책을 읽을 수 있읍니까?

　조금 읽을 수 있읍니다만 서툽니다. 자주 틀립니다.

일본어는 1년 정도로 배울 수 있을까요?

　1년 정도로 모두는 배울 수 없읍니다만, 잘 공부하면 꽤 능숙해질 수 있겠지요. 한
번 배워도 기억하고 있기란 꽤 어렵습니다.

매일 15, 6 시간씩 공부할 수 있읍니까?

　아마 할 수 있겠지요. 그러나 오래 계속하면 병이 되겠지요.

　너무 계속해서 공부만 하는 것은 몸에 해롭습니다.

　때때로 산책이나 운동을 하는 편이 좋습니다.

　환자는 잘 일할 수 없읍니다.

　가벼운 병에 걸린 사람이라면 조금은 일할 수 있지만, 무거운 병에 걸린 사람(중환자)
은 도저히 일할 수 없읍니다. 환자에는 밤에 잘 수 없는 사람이랑, 걸을 수 없는 사
람이랑, 움직일 수 없는 사람이랑 가지각색의 사람이 있읍니다.

병일 때에는 어떻게 하는 편이 좋습니까?

　의사에게 치료를 받는 편이 좋습니다.

　의사 선생은 환자를 보고 적당한 약을 주어 병을 고칩니다.

약을 먹으면 꼭 낫습니까?

아니오, 병이 무거우면 약을 먹어도 낫지 않는 일도 있습니다.

병은 빨리 고치는 편이 좋습니다.

그러므로, 병일 때에는 빨리 의사에게 가든지 의사를 부르는 편이 좋습니다.

═낱═말═풀═이═

じょうず(上手)に: 형동 익숙하게 〈「じょうず(上手)だ(익숙하다, 잘 한다)」의 連用形〉

はな(話)せる: 자하1 :말할 수 있다 〈「はな(話)す」의 可能動詞〉

よ(読)める: 자하1 읽을 수 있다 〈「よ(読)む」의 可能動詞〉

へた(下手)だ: 형동 서툴다, 잘 못한다

まちが(間違)う: 자5 틀리다, 잘못되다

なら(習)える: 자하1 배울 수 있다 〈「なら(習)う」의 可能動詞〉

ぜんぶ(全部): 명 모두, 전부

べんきょう(勉強)すれば: 공부하면〈「べんきょう(勉強)する+ば」의 꼴〉

じょうず(上手)になれる: 능숙해질 수 있다 〈「じょうず(上手)だ의 連用形+なる의 可能動詞」의 꼴〉

おぼ(覚)える: 타하1 기억하다

べんきょう(勉強)できる: 공부할 수 있다.

つづ(続)ければ: 계속하면 〈「つづ(続)ける(계속하다)+ば」의 꼴〉

びょうき(病気): 명 병

びょうき(病気)になる: 병들다

うんどう(運動): 명 운동

びょうにん(病人): 명 환자

はたら(働)ける: 자하1 : 일할 수 있다 〈「はたら(働)く」의 可能動詞〉

とても: 부 도저히

ねむ(眠)れない: 잘 수 없다 〈「ねむ(眠)る(자다)의 可能動詞+ない」의 꼴〉

ある(歩)けない: 걸을 수 없다 〈「ある(歩)く의 可能動詞+ない」의 꼴〉

うご(動)けない: 움직일 수 없다. 〈「うご(動)く(움직이다)의 可能動詞+ない」의 꼴〉

いしゃ(医者)にかかる: 의사에게 치료를 받다

おいしゃ(医者)さん: 명 의사선생님 〈「お접투+いしゃ(医者)+さん접미」의 꼴〉

てきとう(適当)な: 형동 적당한 〈「てきとう(適当)だ(적당하다)」의 連体形〉

くすり(薬): 명 약

やる: 타5 주다

の(飲)めば: 복용하면 〈「の(飲)む(마시다, 먹다, 복용하다)+ば」의 꼴〉

かなら(必)ず: 부 반드시, 꼭

だから: 접 그러므로

よ(呼)ぶ: 타5 부르다.

═한═자═풀═이═

病
- やむ: 病(や)む 앓다
- やまい: 病(やまい) 병
- ビョウ: 病気(ビョウキ) 병
- ヘイ: 疾病(シッペイ) 질병

覚
- おぼえる: 覚(おぼ)える 기억하다
- さます: 覚(さ)ます 깨우다
- さめる: 覚(さ)める 깨다
- カク: 覚悟(カクゴ) 각오

全 {
まったく：全(まった)く 완전히
ゼン：全部(ゼンブ) 모두
}

続 {
つづく：続(つづ)く 계속되다
つづける：続(つづ)ける 계속하다
ゾク：続出(ゾクシュツ) 속출
}

運 {
はこぶ：運(はこ)ぶ 운반하다
ウン：運動(ウンドウ) 운동
}

眠 {
ねむる：眠(ねむ)る 자다
ねむい：眠(ねむ)い 졸리다
ミン：不眠(フミン) 불면
}

適 {
テキ：適切(テキセツ) 적절
　　　快適(カイテキ) 쾌적
}

薬 {
くすり：薬(くすり) 약
ヤク：薬剤(ヤクザイ) 약제
}

必 {
かならず：必(かなら)ず 반드시
ヒツ：必要(ヒツヨウ) 필요
}

飲 {
のむ：飲(の)む 마시다, 먹다
イン：飲食(インショク) 음식
}

呼 {
よぶ：呼(よ)ぶ 부르다
コ ：呼吸(コキュウ) 호흡
}

┃해 설┃

■ 可能動詞

　　五段活用動詞를 下一段活用動詞로 変形시키면 変形된 下一段活用動詞는 可能의 뜻을 가지게 된다. 이 可能의 뜻을 가진 動詞를 可能動詞라고 하며 命令形을 갖지 않는다.

　　可能動詞를 만들려면, 五段活用動詞의 語尾 「ウ段」을 「エ段」으로 고치고 거기에 「る」를 붙이면 된다.

　　　　会う(만나다) ⟶ 会える(만날 수 있다)
　　　　書く(쓰다) ⟶ 書ける(쓸 수 있다)
　　　　話す(말하다) ⟶ 話せる(말할 수 있다)
　　　　持つ(들다) ⟶ 持てる(들 수 있다)
　　　　死ぬ(죽다) ⟶ 死ねる(죽을 수 있다)
　　　　飛ぶ(날다) ⟶ 飛べる(날 수 있다)
　　　　読む(읽다) ⟶ 読める(읽을 수 있다)
　　　　貼る(붙이다) ⟶ 貼れる(붙일 수 있다)
　　　　塞ぐ(막다) ⟶ 塞げる(막을 수 있다)

　　他動詞든지 自動詞든지 可能動詞로 変形될 수 있으며 可能動詞가 되면 모두 自動詞로 되고, 助詞 「を」를 취하는 動詞가 可能動詞가 되면 助詞는 「を」가 아니고 「が」를 취하게 된다.

　　　　本を読む。(책을 읽는다.) ⟶ 本が読める。(책을 읽을 수 있다.)
　　　　洋服を洗う。(양복을 빨다.) ⟶ 洋服が洗える。(양복을 빨 수 있다.)
　　　　近道を通る。(지름길을 통과하다.) ⟶ 近道が通れる。(지름길을 통과할 수 있다.)
　　　　坂道をのぼる。(비탈길을 오르다.) ⟶ 坂道がのぼれる。(비탈길을 오를 수 있다.)

　　五段活用動詞는 거의 다 可能動詞로 될 수 있으나, 그 중에는 그렇게 使用되지 않는

것들〔咲く (피다), 要る (필요하다), ある (있다), 分る (알다) 등〕도 있다.

「~할 수 있다」의 表現은 五段活用動詞의 경우에는 可能動詞로써 말할 수도 있고, 「動詞의 連体形＋ことができる」로도 말할 수 있다.

> 本が読める＝本を読むことができる。(책을 읽을 수 있다.)
> 字が書ける＝字を書くことができる。(글씨를 쓸 수 있다.)
> 人に会える＝人に会うことができる。(사람을 만날 수 있다.)
> 家へ行ける＝家へ行くことができる。(집에 갈 수 있다.)

可能動詞의 活用은 다음과 같다.

可能動詞	未 然 形 －ない	連用形 －ます ——た	終 止 形	連体形 －とき	仮定形 ——ば
動ける	動け	動け	動ける	動ける	動けれ
飲める	飲め	飲め	飲める	飲める	飲めれ
呼べる	呼べ	呼べ	呼べる	呼べる	呼べれ
眠れる	眠れ	眠れ	眠れる	眠れる	眠れれ

■ 새로 나온 動詞

間違う…틀리다・잘못되다, 覚える…기억하다, 続ける…계속하다, 眠る…자다・잠들다, 動く…움직이다, 医者にかかる…의사에게 치료를 받다, やる…(내가 남에게) 주다・하다・보내다, 飲む…마시다・(약) 먹다・(담배) 피우다, 呼ぶ…부르다.

■ 「上手だ」…능숙하다・잘하다, 「下手だ」…서투르다・잘 못하다, 「適当だ」…적당하다

이 「上手だ」 「下手だ」 「適当だ」는 모두 形容動詞이다. 形容動詞는 動詞 앞에 와서 그 動詞를 수식하는 역할을 한다. 이 경우, 形容動詞의 基本形의 語尾 「だ」는 「に」로 変해야 한다.

> 日本語を上手に話します。(일본어를 능숙하게 말합니다.)
> 適当にしましょう。(적당히 합시다.)
> 元気に働いています。(건강하게 일하고 있읍니다.)
> 下手になります。(서툴게 됩니다.)

■ 習えましょう＝習えるでしょう。(배울 수 있겠지요.)

> 上手になれましょう＝上手になれるでしょう。(능숙해질 수 있겠지요.)

■ 勉強できる……공부할 수 있다.

다른 말에 「する」가 붙어서 된 動詞 중 語幹이 二字 以上의 漢字로 表記된 것, 語幹이 外来語・擬態語・擬声語로 된 것 등은 「する」를 「できる」로 바꾸어 可能의 뜻, 즉 「~할 수 있다」의 표현을 한다.

> 運動する (운동하다) ──→ 運動できる (운동할 수 있다)
> 理解する (이해하다) ──→ 理解できる (이해할 수 있다)

パスする(패스하다) ⟶ パスできる(패스할 수 있다)

ゆっくりする(푹 쉬다) ⟶ ゆっくりできる(푹 쉴 수 있다)

ごろごろする(빈둥빈둥 놀다) ⟶ ごろごろできる(빈둥빈둥 놀 수 있다)

■「とても」……이 말은 밑에 否定이 올 때에는 「도저히」, 肯定이 올 때에는 「대단히, 굉장히」의 뜻으로 쓰인다.

とても三十才とは見えないです。(도저히 서른 살로는 보이지 않습니다.)

とてもきれいな所です。(대단히 아름다운 곳입니다.)

■ やる……①「する」(하다) 와 같은 뜻.

勉強をやっています。=勉強をしています。(공부를 하고 있습니다.)

②「보내다」의 뜻인데, 주로「가게 한다」의 뜻으로 많이 쓴다.

私の子供たちはみんな大学へやります。

(우리 애들은 모두 대학에 보내겠읍니다.)

③「(내가 또는 남이 남에게) 주다」의 뜻.

私は弟に字引をやりました。(나는 남동생에게 사전을 주었읍니다.)

「動詞의 連用形+て+やる」의 形으로 「~해 주다」의 뜻이 된다.

教えてやる(가르쳐 주다)

書いてやる(써 주다)

洗ってやる(씻어주다)

「(남이 나에게) 주다」는 「くれる」라고 한다.

この時計は友達がくれました。(이 시계는 친구가 주었읍니다.)

‖‖‖‖‖‖‖‖‖‖‖‖‖‖‖ 연습문제 ‖‖‖‖‖‖‖‖‖‖‖‖‖‖‖

1 다음 動詞의 活用形을 생각하여, 위의 解說에 있는, 같은 番號의 動詞의 活用形과 비교해 보시오.

原　　　形	種　　類	未 然 形	連 用 形	終 止 形	連 体 形	仮 定 形
1　よむ						
2　話す						
3　習う						
4　ねむる						
5　歩く						
6　動く						
7　働く						

2 다음 글을 日本語로 번역하시오.

1. 당신은 英語 편지를 쓸 수 있읍니까?　　2. 나는 英語가 서툴러서 사전을 찾고 써

도 잘 쓸 수 없습니다.

3. 나의 兄은 英語를 굉장히 잘 해서 나는 언제나 모르는 것을 兄에게 묻습니다.

4. 밤에 잠들지 못할 때에는 어떻게 하는 것이 좋습니까?

5. 하나, 둘, 셋이라고 數를 세면 잘 수 있다고 합니다.

6. 더우니까 이 窓을 열어 놓는 편이 좋겠지요.

7. 네, 그렇게 해 주셔요.

8. 친구를 만나러 가고 싶지만 바빠서 못 갑니다.

9. 저, 살이 찐 아이는 누구일까요?

10. 나도 잘 모르겠읍니다만, 아마 내 친구 K氏의 남동생이겠지요.

◁해답▷

1

原　形	種　類	未然形 ―ない	連用形 ―ます ―た	終止形	連体形 ―とき	仮定形 ―ば
1. よむ	五段	よま	よみ よん(だ)	よむ	よむ	よめ
2. 話す	五段	話さ	話し	話す	話す	話せ
3. 習う	五段	習わ	習い 習っ	習う	習う	習え
4. ねむる	五段	ねむら	ねむり ねむっ	ねむる	ねむる	ねむれ
5. 歩く	五段	歩か	歩き 歩い	歩く	歩く	歩け
6. 動く	五段	動か	動き 動い	動く	動く	動け
7. 働く	五段	働か	働き 働い	働く	働く	働け

2

1. あなたは英語の手紙が書けますか。㊟편지를 쓸 수 있다…手紙が書ける。 또는 手紙を書くことができる。　2. 私は英語が下手で，字引を引いて書いてもよく書けません。㊟서툴다…下手だ。서툴어서…下手で。능숙해서…上手で。예뻐서…きれいで。3. 私の兄は英語がとても上手で，私はいつも分らないことを兄に聞きます。㊟잘 한다…上手だ。묻다…聞く，형…兄。남의 兄을 말할 때에는「おにいさん」이라고 한다。　4. 夜眠れない時には，どうする方がいいですか。㊟잠들다…眠る。잠들지 못하다…「眠る」의 可能動詞는「眠れる」이고，「眠れる」의 否定은「眠れない」이다。　어떻게 하는 것이 좋습니까?…どうする方がいいですか。「方」대신에「の」를 써도 되나「～하는 것이 좋다」고 할 경우의「것」에 해당되는 말은「の」보다도「方」쪽이 바람직하다。　5. 一つ，二つ，三つと数を数えると，眠れるそうです。　6. 暑いから，この窓を開けておく方がいいでしょう。　7. はい，そうしてください。　8. 友達に会いに行きたいけれど，忙しくて行けません。㊟친구를 만나다…友達に会う。　9. あの太った子供はだれでしょうか。㊟살이 찐 아이…太った子供，또는太っている子供。　10. 私もよく分りませんが，多分私の友達のKさんの弟でしょう。

三十三. こうさてん

ここは　こうさてんです。ひろい　通りには　電車と　バスが　走って
います。こちらがわの　停留所では　たくさんの　人が　のったり　お
りたり　して　います。

むこうがわでは　五，六人の　人が　電車を　待って　います。

停留所の　前の　店は　薬屋です。

いろいろの　薬や　化粧品などを　うって　います。

薬屋の　となりは　洋品店です。ネクタイ，ハンカチ，ワイシャツ，シ
ャツ，ズボン下，かさなどを　うって　います。

その　となりは　家具屋です。たんす，本箱，寝台などが　ならべて
あります。

その　となりは　せともの屋です。店には　ちゃわんや　さらが　たく.
さん　ならんで　います。

その　となりの　さか屋では　さけや　ビールを　うりますが，　塩や
砂糖も　うります。

角の　店は　理髪屋です。二，三人の　人が　髪を　かって　もらった
り　ひげを　そって　もらったり　して　います。

この　店の　横に　せまい　ろじが　あります。ろじの　むこうがわは
くだもの屋で　いろいろの　くだものが　ならべて　あります。

漢字읽기

交差点　通り　走る　こちら側　停留所　乗る　降りる　待つ　店　薬屋
化粧品　売る　隣　洋品店　家具屋　本箱　寝台　並べる　茶碗　皿
並ぶ　酒屋　酒　塩　砂糖　角　理髪屋　髪　刈る　剃る　横　路地
果物屋

第33課 네거리

여기는 네거리입니다. 넓은 거리에는 전차와 버스가 달리고 있읍니다. 이 쪽 정류장에서는 많은 사람이 타기도 하고 내리기도 하고 있읍니다.

맞은 쪽에서는 5, 6 명이 전차를 기다리고 있읍니다.

정류장 앞 가게는 약국입니다.

여러 가지 약이랑 화장품 등을 팔고 있읍니다.

약국 이웃은 양품점입니다. 넥타이, 손수건, 와이셔츠, 셔츠, 속바지, 우산 등을 팔고 있읍니다.

그 이웃은 가구점입니다. 옷장, 책장, 침대 등이 진열되어 있읍니다.

그 이웃은 사기그릇 가게입니다. 가게에는 밥 공기랑 접시가 많이 진열되어 있읍니다.

그 이웃의 술 파는 집에서는 술이랑 맥주를 팝니다만, 소금이나 설탕도 팝니다.

모퉁이의 가게는 이발소입니다. 2, 3 명이 머리를 깎아 받기도 하고 면도해 받기도 하고 있읍니다.

이 가게 옆에 좁은 골목이 있읍니다. 골목 맞은 쪽은 과일 가게인데, 여러 가지 과일이 진열되어 있읍니다.

날말풀이

こうさてん(交差点) : 뎽 네거리

とお(通)り : 뎽 거리

はし(走)る : 자5 달리다

こちらがわ(側) : 뎽 이 쪽편

ていりゅうじょ(停留所) : 뎽 정류장

の(乗)る : 자5 타다

お(降)りる : 자상1 내리다

む(向)こうがわ(側) : 뎽 저 쪽편, 건너 편

ま(待)つ : 타5 기다리다

みせ(店) : 뎽 가게, 상점

くすりや(薬屋) : 뎽 약방

けしょうひん(化粧品) : 뎽 화장품

う(売)る : 타5 팔다

となり(隣) : 뎽 이웃

ようひんてん(洋品店) : 뎽 양품점

ネクタイ : 뎽 넥타이

ワイシャツ : 뎽 와이셔츠

シャツ : 뎽 셔츠

ズボンした(下) : 뎽 속바지

かさ : 뎽 우산(雨)・양산(日光)

かぐや(家具屋) : 뎽 가구점

たんす : 뎽 옷장

ほんばこ(本箱) : 뎽 책장

しんだい(寝台) : 뎽 침대

なら(並)べる : 타하1 늘어 놓다

せとものや : 뎽 사기그릇점

ちゃわん(茶わん) : 뎽 밥공기

さら(皿) : 뎽 접시

なら(並)ぶ : 자5 늘어서다

さかや(酒屋) : 술집

さけ(酒) : 뎽 술

ビール : 뎽 맥주

しお(塩) : 뎽 소금

さとう(砂糖) : 뎽 설탕

かど(角) : 뎽 모퉁이

りはつや(理髪屋) : 뎽 이발소

かみ(髪)：图 머리털

か(刈)る：타5 깎다

かってもらう：(다른 사람이)깎아주다〈「かる＋て＋もらう」의 꼴〉

ひげ：图 수염

そ(剃)る：타5 면도하다, 깎다

そってもらう：(다른 사람이) 면도해 주다〈「そる＋て＋もらう」의 꼴〉

よこ(横)：图 옆

ろじ(路地)：图 골목길

くだものや(果物屋)：图 과일 가게

くだもの(果物)：图 과일

한 자 풀 이

交
- まじわる：交(まじ)わる 사귀다
- まじえる：交(まじ)える 섞다
- まじる：交(ま)じる 섞이다
- まざる：交(ま)ざる 섞이다
- まぜる：交(ま)ぜる 섞다
- かわす：交(か)わす 주고받다
- かう：飛(と)び交(か)う 난비하다
- コウ：交通(コウツウ) 교통

差
- さす：差(さ)す 비치다
- サ：差別(サベツ) 차별

点
- テン：点線(テンセン) 점선
- 採点(サイテン) 채점

通
- とおる：通(とお)る 통과하다
- とおす：通(とお)す 통과시키다
- かよう：通(かよ)う 다니다
- ツウ：通行(ツウコウ) 통행
- ツ：通夜(ツヤ) 밤샘

走
- はしる：走(はし)る 달리다
- ソウ：走行(ソウコウ) 주행

側
- かわ：側(かわ) (한)쪽, 裏側(うら がわ) 뒤쪽
- ソク：側面(ソクメン) 측면

停
- テイ：停止(テイシ) 정지
- 調停(チョウテイ) 조정

乗
- のる：乗(の)る 타다
- のせる：乗(の)せる 태우다
- ジョウ：乗車(ジョウシャ) 승차

留
- とめる：留(と)める 채우다, 멈추다
- とまる：留(と)まる 서다
- リュウ：留学(リュウガク) 유학
- ル：留守(ルス) 집을 봄

待
- まつ：待(ま)つ 기다리다
- タイ：待機(タイキ) 대기

店
- みせ：店(みせ) 가게
- テン：開店(カイテン) 개점

化
- ばける：化(ば)ける 둔갑하다
- ばかす：化(ば)かす 호리다
- カ：化学(カガク)화학
- ケ：化粧(ケショウ) 화장

粧
- ショウ：粧飾(ショウショク) 장식
- 仮粧(カショウ) 가장

品
- しな：品物(しなもの) 물건
- ヒン：作品(サクヒン) 작품

売
- うる：売(う)る 팔다
- うれる：売(う)れる 팔리다
- バイ：売買(バイバイ) 매매

隣
- となる：隣(とな)る 이웃하다
- となり：隣(となり) 이웃
- リン：隣接(リンセツ) 인접

並
- なみ：並(なみ) 보통
- ならべる：並(なら)べる 늘어놓다
- ならぶ：並(なら)ぶ 늘어서다
- ならびに：並(なら)びに 및
- ヘイ：並列(ヘイレツ) 병렬

洋	ヨウ：洋品(ヨウヒン) 양품
	海洋(カイヨウ) 해양
具	グ：具体的(グタイテキ) 구체적
	道具(ドウグ) 도구
台	ダイ：台地(ダイチ) 대지
	タイ：台風(タイフウ) 태풍
碗	ワン：茶碗(チャワン) 밥공기
皿	さら：皿(さら) 접시
	灰皿(はいざら) 재털이
酒	さけ：酒(さけ) 술
	さか：酒場(さかば) 술집
	シュ：洋酒(ヨウシュ) 양주
塩	しお：塩(しお) 소금
	エン：塩分(エンブン) 염분
理	リ：理科(リカ) 이과
	整理(セイリ) 정리
糖	トウ：糖分(トウブン) 당분
	製糖(セイトウ) 제당

砂	すな：砂(すな) 모래
	サ：砂糖(サトウ) 설탕
	シャ：土砂(ドシャ) 토사
髪	かみ：髪(かみ) 머리털
	ハツ：理髪(リハツ) 이발
刈	かる：刈(か)る 깎다
	刈(か)り入(い)れ 추수
剃	そる：剃(そ)る 면도하다
	テイ：剃髪(テイハツ) 체발
路	じ：旅路(たびじ) 여로
	ロ：道路(ドウロ) 도로
地	チ：地下(チカ) 지하
	ジ：地面(ジメン) 지면
果	はたす：果(は)たす 완수하다
	はてる：果(は)てる 끝나다
	はて：果(は)て 끝
	カ：結果(ケッカ) 결과
	くだ：果物(くだもの) 과일

해　설

■ 새로 나온 動詞

走る(五段)…달리다, 乗る…타다, 降りる…내리다, 待つ…기다리다, 売る…팔다, 並べる…늘어 놓다・나란히 하다・진열하다, 並ぶ…줄지다・한 줄로 서다, 刈る…(머리 등을) 깎다, 剃る…(수염 등을) 깎다

■ 交差点……네거리.「四つ角」(네거리) 라고도 한다.「三つ角」는「삼거리」의 뜻이다.

■ ~がわ(接尾語)……「쪽, 편, 측」의 뜻이다.

右側(우측), 左側(좌측), こちら側(이쪽), 東側(동쪽), 両側(양쪽) 등.

■ 乗る……타다.「~을 타다」라고 할 때에는「~を乗る」라고 하지 않고「~に乗る」라고 한다.

電車に乗ります。(전차를 탑니다.)

タクシーに乗って行きましょう。(택시를 타고 갑시다.)

■ ~屋(接尾語)……물건 이름에 붙어 그 물건을 파는 가게를 뜻한다.

たばこ屋(담배 가게), さかな屋(생선 가게), 本屋(서점), パン屋(빵집) 등.

■「もらう」란 動詞는 單獨으로 使用하면「(물건을) 받는다」의 뜻이 된다.

友達から手紙をもらった。(친구에게서 편지를 받았다.)

父からお金をもらいます。(아버지에게서 돈을 받습니다.)

「動詞의 連用形＋て＋もらう」의 形으로「(動作・作用 등을 누구누구로부터) 해 받는다」의 뜻이 된다. 우리말의 경우는「(～로부터) 해 받는다」의 表現은 없다. 우리말로는「(～가) 해 준다」라고 하는 것이 보편적이다. 그러나, 日本語에 있어서 留意할 것은 動作이나 作用이 자기가 하는 것이 아니고 다른 사람이 해 주어야 이루어지는 경우는「髪を刈ってもらう」(머리를 깎아 받다)와 같이「もらう」를 붙여 말해야 한다.

この手紙は先生に書いてもらいました。

(이 편지는 선생님에게서 써 받았읍니다.) 즉, (선생님이 써 주었읍니다) 의 뜻이다. この手紙は先生が書いてくれました。라고 해도 같은 뜻이 된다.

駅へ行く道を教えてもらえませんか。

직역하면 (역에 가는 길을 가르쳐 받을 수 없읍니까?) 가 된다. 즉, (역에 가는 길을 가르쳐 주지 않겠읍니까?) 의 뜻이다. 駅へ行く道を教えてくれませんか。라 해도 같은 뜻.

読んでもらう。(읽어 받다. 즉, 읽어 주다.)

なおしてもらう。(고쳐 받다. 즉, 고쳐 주다.)

あけてもらう。(열어 받다. 즉, 열어 주다.)

日本語의 경우는 자기를 主體로 해서 動作이나 作用을 다른 사람이「해 준다」라고 할 경우에는「～해 받다」에 해당되는「～てもらう」의 表現을 主로 많이 使用한다.

本文에서의「二, 三人の人が髪をかってもらったりひげをそってもらったりしています」는, 말하자면「이발사가 2, 3명에게 머리를 깎아 주기도 하고 수염을 깎아 주기도 한다」는 뜻이다.

|||||||||||||||||||||||| 연습문제 ||||||||||||||||||||||||

다음 글을 日本語로 번역하시오.

1. 나는 이 가방을 아버지에게서 사 받았읍니다.

2. 내 영어 사전은 책상 위에 놓여 있읍니다.

3. 감기가 들어서 아무 데도 못 갔읍니다.

4. 당신의 감기약은 이 봉투에 넣어져 있읍니다.

5. 어제는 집에서 책을 읽기도 하고 동생과 놀기도 하였읍니다.

6. 쇼윈도에는 와이셔츠, 스웨터 등이 아름답게 진열되어 있읍니다.

7. 나는 英語를 잘 못 하기 때문에 친구에게 이 편지를 읽어 받았읍니다.

8. 学校 앞의 거리에 책을 벌여 놓고 팔고 있는 사람이 있는데, 학생들이 값을 묻기도 하고 책을 펴 보기도 합니다.

9. 일이 바빠서 아무것도 못 한답니다.

10. 기다리고 있는 사람에게 미안하니 빨리 갑시다.

◁해답▷

1. 私はこのかばんを父に買ってもらいました。㊐ 父がこのかばんを私に買ってくれました。 라고 해도 된다. 그러나, 日本語의 表現으로는 「買ってもらう」쪽이 一般的이다. 　**2**. 私の 英語の字引は机の上に置いてあります。㊐ 놓여 있다……「置く」는 他動詞이므로 他動詞의 경 우, 狀態를 나타낼 때에는 「ある」를 붙여야 한다. 즉, 「置いてある」라고 해야 한다. **3**. 風 邪を引いてどこへも行けませんでした。　**4**. あなたのかぜぐすりはこの封筒に入れてあ ります。　**5**. きのうは家で本を読んだり弟と遊んだりしました。　**6**. ショーウインド ーにはワイシャツ, セーターなどがきれいに並べてあります。㊐ 아름답게……きれいに。形 容動詞 「きれいだ」가 動詞를 修飾하게 될 境遇에는 語尾 「だ」가 「に」로 変形되어야 한다. 아 름답게 피다……きれいに咲く。　**7**. 私は英語が下手ですから, 友達にこの手紙を読んでも らいました。㊐ 영어를 잘 못하다……英語が下手だ, 또는 英語がよくできない라고 해도 된다. 助詞 「が」에 注意할 것. 　**8**. 学校の前の通りに本を並べておいて売っている人がいます が, 学生たちが値段を聞いたり本をあけてみたりします。　　㊐ 벌이어 놓다……並べて置 く。값을 묻다……値段を聞く。　**9**. 仕事が忙しくてなんにもできないそうです。**10**. 待 っている人にすまないから, はやく行きましょう。㊐ 미안하다……すまない。미안합니다… …すみません。

三十四. 食料品

あなたは　くだものが　すきですか，きらいですか。　　大すきです。
どんな　くだものが　おすきですか。

　りんご，桃，なし，かき，みかん，いちご，ぶどう，バナナなどが　す
きです。　くだものは　八百屋で　売って　いますか。

　売って　いることも　ありますが，八百屋では　ふつう　じゃがいも，
　にんじん、かぶ、たまねぎ　ほうれんそうなどの　野菜を　売ります。
野菜を　買う　時には　お金を　たくさん　はらわなければ　なりませ
　んか。

　いいえ，そんなに　たくさん　はらわなくても　いいです。

　野菜は　安い　ものですから。
もし　こなや　かんづめなどを　買いたい　時には　どんな　店へ　行
かなければ　なりませんか。

　食料品店へ　行かなければ　なりません。
パンや　肉が　ほしい　時には　どんな店へ　行かなければ　なりませ
んか。

　パンは　パン屋へ，牛肉や　ぶた肉は　肉屋へ　行かなければ　なり
　ません。
パンは　何で　作りますか。

　メリケンこで　作ります。
パンは　いつも　パン屋で　買わなければ　なりませんか。

　いいえ，てんぴが　あれば　じぶんの　うちで　やくことが　できます。
パンを　作る　時には　牛乳を　使いますか。

　ふつう　使いませんが，使う時も　あります。

漢字읽기 ────────────

<ruby>食料品<rt>しょくりょうひん</rt></ruby>　<ruby>好<rt>す</rt></ruby>き　<ruby>嫌<rt>きら</rt></ruby>い　<ruby>大好<rt>だいす</rt></ruby>き　<ruby>八百屋<rt>や お や</rt></ruby>　<ruby>普通<rt>ふ つう</rt></ruby>　<ruby>野菜<rt>や さい</rt></ruby>　<ruby>払<rt>はら</rt></ruby>う　<ruby>安<rt>やす</rt></ruby>い

<ruby>粉<rt>こな</rt></ruby>　<ruby>肉<rt>にく</rt></ruby>　<ruby>牛肉<rt>ぎゅうにく</rt></ruby>　<ruby>豚肉<rt>ぶたにく</rt></ruby>　<ruby>天火<rt>てん び</rt></ruby>　<ruby>焼<rt>や</rt></ruby>く　<ruby>牛乳<rt>ぎゅうにゅう</rt></ruby>

第34課　식 료 품

당신은 과일을 좋아합니까, 싫어합니까?　　대단히 좋아합니다.

어떤 과일을 좋아하십니까?

　사과, 복숭아, 배, 감, 귤, 딸기, 포도, 바나나 등을 좋아합니다.

과일은 야채 가게에서 팔고 있읍니까?

　팔고 있는 일도 있읍니다만, 야채 가게에서는 보통 감자, 당근, 순무, 양파, 시금치 등의 야채를 팝니다.

야채를 살 때에는 돈을 많이 지불하지 않으면 안 됩니까?

　아니오, 그렇게 많이 지불하지 않아도 됩니다. 야채는 싸기 때문입니다.

만약 (밀) 가루나 통조림 등을 사고 싶을 때에는 어떤 상점으로 가지 않으면 안 됩니까?

　식료품 가게로 가지 않으면 안 됩니다.

빵이나 고기를 원할 때에는 어떤 상점으로 가지 않으면 안 됩니까?

　빵은 빵집으로, 쇠고기나 돼지고기는 정육점으로 가야 됩니다.

빵은 무엇으로 만듭니까?　　밀가루로 만듭니다.

빵은 언제나 빵집에서 사야 됩니까?

　아니오, 오븐이 있으면 자기 집에서 구울 수가 있읍니다.

빵을 만들 때에는 우유를 사용합니까?

　보통 사용하지 않습니다만, 사용할 때도 있읍니다.

═낱┘말┘풀┘이═

しょくりょうひん(食料品)：名 식료품

す(好)きだ：形動 좋아하다

きら(嫌)いだ：形動 싫어하다

だいす(大好)きだ：形動 대단히 좋아한다

りんご：名 사과

もも(桃)：名 복숭아

なし：名 배

かき：名 감

みかん：名 귤

いちご：名 딸기

ぶどう：名 포도

バナナ：名 바나나

やおや(八百屋)：名 야채 가게

ふつう(普通)：名 보통

じゃがいも：名 감자

にんじん：名 당근

かぶ：名 순무

たまねぎ：名 양파

ほうれんそう：名 시금치

やさい(野菜)：名 채소

はら(払)わなければなりません：지불하지 않으면 안 됩니다. 지불해야 됩니다.

〈「はら(払)う(지불하다)＋ない＋ば＋なる＋ません」의 꼴〉

そんなに : 형동 그렇게 〈「そんなだ (그렇다)」의 連用形〉

やす(安)い : 형 싸다.

こな(粉) : 명 가루

かんづめ : 명 통조림

パン : 명 빵

にく(肉) : 명 육류

ほしい : 형 원하다, 갖고 싶다

ぎゅうにく(牛肉) : 명 쇠고기

ぶたにく(豚肉) : 명 돼지고기

にくや(肉屋) : 명 정육점

メリケンこ : 명 밀가루

てんぴ(天火) : 명 오븐

や(焼)く : 타5 굽다

ぎゅうにゅう(牛乳) : 명 우유

한 자 풀 이

好 {
このむ : 好(この)む 좋아하다
すく : 好(す)く 좋아하다
コウ : 好意(コウイ) 호의
}

嫌 {
きらう : 嫌(きら)う 싫어하다
ケン : 嫌悪(ケンオ) 혐오
ゲン : 機嫌(キゲン) 기분
}

普 {
フ : 普通(フツウ) 보통
普及(フキュウ) 보급
}

野 {
の : 野(の) 들판
ヤ : 野外(ヤガイ) 야외
}

菜 {
な : 菜(な) 야채
サイ : 菜食(サイショク) 채식
}

払 {
はらう : 払(はら)う 지불하다
フツ : 払拭(フッショク) 불식
}

安 {
やすい : 安(やす)い 싸다
アン : 安全(アンゼン) 안전
}

粉 {
こ : 小麦粉(こむぎこ) 밀가루
こな : 粉(こな) 가루
フン : 粉末(フンマツ) 분말
}

肉 {
ニク : 肉(ニク) 육류
筋肉(キンニク) 근육
}

牛 {
うし : 牛(うし) 소
ギュウ : 牛乳(ギュウニュウ) 우유
}

豚 {
ぶた : 豚(ぶた) 돼지
トン : 養豚(ヨウトン) 양돈
}

焼 {
やく : 焼(や)く 굽다
やける : 焼(や)ける 구워지다
ショウ : 焼却(ショウキャク) 소각
}

乳 {
ちち : 乳(ちち) 젖
ち : 乳首(ちくび) 젖꼭지
ニュウ : 乳児(ニュウジ) 유아
}

해 설

■ 大好(だいす)きです…대단히 좋아합니다.
大嫌(だいきら)いです…대단히 싫어합니다.

■ くだものがすきです…과일을 좋아합니다. 「すきだ」(좋아하다)는 形容動詞로서 「～을 좋아한다」라고 할 경우, 「～をすきだ」라고 하지 않고 「～がすきだ」라고 助詞 「が」를 써야 한다.

　　形容動詞의 경우는 助詞 「を」를 취하지 않는다.

日本語が上手です。(일본어를 잘 합니다.)

歌が下手です。(노래가 서툽니다.)

犬が嫌いです。(개를 싫어합니다.)

私は金先生が好きです。(나는 김선생님을 좋아합니다.)

■ 形容動詞의 말은 더 공손하게 말할 때에는 「お」(接頭語)를 붙여서 말한다.

お元気ですか。(건강하십니까?)

お上手ですね。(잘 하시는 군요.)

お好きですか。(좋아하십니까?)

■ 「動詞의 未然形＋なければならない」……「～하지 않으면 안 된다」

買わなければならない。(사지 않으면 안 된다.)

払わなければなりません。(지불하지 않으면 안 됩니다.)

行かなければなりませんでした。

(가지 않으면 안 되었읍니다, 가지 않을 수 없었읍니다.)

日本語에서는 「～해야 된다, ～해야 한다」라고 肯定的으로 말하는 表現 方法이 없고, 「～하지 않으면 안 된다」라고 否定으로 말해야 한다.

来なければならない。(와야 한다. 오지 않으면 안 된다.)

着替えなければならない。(갈아입어야 한다.)

おふろに入らなければなりません。(목욕해야 합니다.)

■ ほしい……「원하다, 탐나다」의 뜻인데, 「갖고 싶다, 필요하다, 마시고 싶다, 사고 싶다」 등 자기 것으로 만들고 싶다에 해당되는 경우에는 다 使用할 수 있다. 「～을 원한다」고 할 경우에 「ほしい」를 使用하려면 「～をほしい」라고 하지 않고, 「～がほしい」라고 「が」를 쓴다.

あなたはなにがほしいですか。(당신은 무엇을 갖고 싶습니까?)

私はなんにもほしくありません。

(나는 아무것도 갖고 싶지 않습니다.)

水がほしいです。(물을 마시고 싶습니다.)

お金がほしいです。(돈이 필요합니다.)

なしがほしいです。(배가 먹고 싶습니다.)

「動詞의 連用形＋てほしい」의 形으로 「～해 주기를 바란다, ～해 주었으면 한다」의 뜻이 된다.

あそびに来てほしいです。(놀러 와 주었으면 합니다.)

これを使ってほしいです。(이것을 사용해 주기 바랍니다.)

あなたの書いた絵を見せてほしいです。

(당신이 그린 그림을 보여 주었으면 합니다.)

|||||||||||||| 연습문제 ||||||||||||||

다음 글을 日本語로 번역 하시오.

1. 미국人에게 편지를 써야 하는데 나는 英語를 잘 못하기 때문에 英語를 잘 하는 사람에게 써 받아야 하겠읍니다.

2. 빵을 먹고 싶으면(원하면) 저 상자 속에 넣어 두었으니까 얼마든지 잡수시오. (おあがりなさい)

3. 나는 포도를 대단히 좋아해서 여름이 되면 每日같이 어머니가 사 주어서 먹습니다.

4. 우리 집에서는 때때로 누님에게 빵을 구워 받는데 빵집 것보다도 맛이 있읍니다.

5. 우리 집 근처에는 食料品店이 없어서

통조림을 사고 싶은 때에는 電車를 타고 사러 가지 않으면 안 됩니다.

6. 나는 일찍 돌아가지 않아도 되니까, 도서관에서 책을 읽기도 하고 돌아가는 途中에 친구와 이야기를 하기도 합니다.

7. 저 사람은 映画를 좋아해서 잘 보러 가니까 늘 映画 이야기만 합니다.

8. 미국에 가려면 비행기나 배를 타지 않으면 안 됩니다.

9. 나는 여위었으므로 좀 살찌고 싶습니다.

10. 그 사람은 공부를 싫어해서 학교에는 그다지 가지 않았읍니다.

◁ 해답 ▷

1. 米国人に手紙を書かなければなりませんが, 私は英語が下手ですから, 英語の上手な人に書いてもらわなければなりません。㊀영어를 잘 하는 사람…「영어를 잘 한다」는 「英語が上手だ」라고 하고, 「영어를 잘 한다」가 「사람」을 수식하는 文이 되므로 이 文의 主語는 助詞「の」로써 表現한다. 그래서 「英語の上手な人」라고 한다.   2. パンがほしければ, あの箱の中に入れてありますから, いくらでもおあがりなさい。㊀원하면…「ほしい」의 仮定形을 使用해서 「ほしければ」라고 한다.   얼마든지…いくらでも.「~든지, ~라도」라고 할 경우에는 助詞「でも」를 使用한다.   무엇이든지 좋습니다.…なんでもいいです.   누구든지 와 주십시오.…だれでも来てください.   잡수시다…あがる.「たべる」의 존경어이다.   3. 私はぶどうが大好きで, 夏になると, 毎日のように母に買ってもらって食べます。㊀매일같이…毎日のように.「~과 같이」라고 할 때에는 「名詞＋めように」라고 한다.   일본인과 같이 능숙하게 일본어를 말합니다.…日本人のように上手に日本語を話します.   4. 私の家では時時姉にパンを焼いてもらいますが, パン屋のよりもおいしいです。㊀누님…姉. 자기 누님의 경우는 「あね」라고 하고, 남의 누님의 경우는 「おねえさん」이라고 한다. 맛이 있다…おいしい.
5. 私の家の近くには食料品屋がなくて, かんづめを買いたい時には電車に乗って買いに行かなければなりません。㊀전차를 타다…電車に乗る.「に」를 使用하는 것에 注意할 것. 6. 私は早く帰らなくてもいいですから, 図書館で本を読んだり帰る途中で友達と話をしたりします。㊀도서관…図書館. 7. あの人は映画が好きで, よく見に行きますから, いつも映画の話ばかりします。   8. 米国へ行くには飛行機か船に乗らなければなりません。㊀가려면…「가기 위해서는」이라는 뜻이므로 目的을 나타내는 助詞「に」를 使用해서 「行くのには」라고 하면 된다. 이 경우의 「の」는 생략해서 「行くには」라고도 할 수 있다. 비행기나 배…飛行機か船. 둘 중의 하나를 선택한다는 뜻이므로 「~나~」에 해당되는 말은 「~か~」이다. 9. 私はやせましたから, 少し太りたいのです。   10. その人は勉強がきらいで, 学校へはあまり行きませんでした。

三十五. 山 と 川

この　絵の　まん中に　町が　あります。

かなり　大きな　町です。

町の　むこうに　ひくい　小山が　たくさん　あります。

その　むこうに　高い　山が　あります。

その　山の　頂上には　雪が　つもって　います。

この　山は　富士山でしょうか。

　　多分　そうじゃ　ないでしょう。富士山の　高さは　三千七百メートル

　　以上　ありますから　もっと　高いでしょう。

町の　こちらに　川が　あります。

小さな　川ですか。

　　いいえ，かなり　大きな　川です。

川は　右から　ながれて　海へ　はいります。

川には　橋が　二つ　かかって　います。

一つは　汽車の　ためで　もう　一つは　車や　人の　ためです。

この　橋は　二つとも　鉄橋でしょうか。

　　汽車のは　鉄橋ですが，外のは　そうじゃ　ないかも　知れません。

どうも　木の　橋らしいです。

この　川の　ふかさは　どの　くらいでしょう。

　　さあ，わかりません。六メートルぐらいかも　知れません。

川が　海へ　はいる　所では　もっと　ふかい　所も　あさい　所も

ありますから　よく　わかりません。けれども　この　川は　かなり

ふかいらしいです。

漢字읽기

かわ
川　低い　小山　高い　頂上　雪　積もる　富士山　以上　流
れる　橋　車　鉄橋　深い　浅い

第35課　산 과 강

이 그림의 한가운데에 마을이 있읍니다.

꽤 큰 마을입니다.

마을 건너편에 낮은 작은 산이 많습니다.

그 건너편에 높은 산이 있읍니다. 그 산의 정상에는 눈이 쌓여 있읍니다.

이 산은 후지산일까요?

　아마 그렇지 않겠지요. 후지산의 높이는 3 천 7 백 미터 이상 되므로 더 높겠지요.

마을 이 쪽에 강이 있읍니다.

작은 강입니까?　　아니오, 꽤 큰 강입니다.

강은 오른쪽에서 흘러 바다로 들어갑니다.

강에는 다리가 두 개 놓여 있읍니다.

하나는 기차를 위해서이고, 또 하나는 차나 사람을 위해서 입니다.

이 다리는 둘다 철교일까요?

　기차 것은 철교이지만, 다른 것은 그렇지 않을지도 모르겠읍니다. 아무래도 나무 다
리인 것 같습니다.

이 강의 깊이는 얼마쯤일까요?

　글쎄, 모르겠읍니다. 6 미터 정도일지도 모릅니다.

강이 바다로 들어가는 곳에서는 더 깊은 곳도 얕은 곳도 있으므로 잘 모르겠읍니다. 그
렇지만 이 강은 꽤 깊은 것 같습니다.

낱말풀이

かわ(川)：명 강

おお(大)きな：연체 큰

む(向)こう：명 저 쪽, 건너편

ひく(低)い：형 낮다

こやま(小山)：명 작은 산

たか(高)い：형 높다, 비싸다

ちょうじょう(頂上)：명 정상

ゆき(雪)：명 눈

つ(積)もる：자5 : 쌓이다

そうじゃないでしょう：그렇지 않겠지요

〈「そう＋だ＋は＋ない＋でしょう」의 꼴〉

たか(高)さ：명 높이

メートル：명 미터

いじょう(以上)：명 이상

もっと：부 더욱, 더

ちい(小)さな：연체 작은

なが(流)れる：자하1 흐르다

はし(橋)：명 다리

かかる：자5 놓이다, 걸리다

ため：명 (~을) 위함, ~때문

くるま(車):ভ 차

てっきょう(鉄橋):ভ 철교

そうじゃないかもしれません: 그렇지 않
을지도 모릅니다 〈「そう＋だ＋は＋ない
＋か＋も＋しれる＋ません」의 꼴〉

どうも:틘 암만해도

~らしい:죄통 ~인 것 같다 ⑩ 木の橋
らしいです。(나무 다리인 것 같습니다.)

ふか(深)さ:ভ 깊이

さあ:ꊯ 글쎄

ふか(深)い:ᅙ 깊다

あさ(浅)い:ᅙ 얕다

한 자 풀 이

川 { かわ：川(かわ) 강
セン：河川(カセン) 하천

低 { ひくい：低(ひく)い 낮다
ひくめる：低(ひく)める 낮추다
ひくまる：低(ひく)まる 낮아지다
テイ：低級(テイキュウ) 저급

高 { たかい：高(たか)い 높다
たか：売上高(うりあげだか) 매상고
たかまる：高(たか)まる 높아지다
たかめる：高(たか)める 높이다
コウ：高級(コウキュウ) 고급

頂 { いただく：頂(いただ)く 받다
いただき：頂(いただき) 꼭대기
チョウ：頂上(チョウジョウ) 정상

雪 { ゆき：雪(ゆき) 눈
セツ：雪辱(セツジョク) 설욕

士 { シ：士官(シカン) 사관
武士(ブシ) 무사

以 { イ：以上(イジョウ) 이상
以内(イナイ) 이내

積 { つむ：積(つ)む 쌓다
つもる：積(つ)もる 쌓이다
セキ：面積(メンセキ) 면적

流 { ながれる：流(なが)れる 흐르다
ながす：流(なが)す 흘리다
リュウ：流行(リュウコウ) 유행
ル：流転(ルテン) 유전

橋 { はし：橋(はし) 다리
キョウ：鉄橋(テッキョウ) 철교

深 { ふかい：深(ふか)い 깊다
ふかめる：深(ふか)める 깊게하다
ふかまる：深(ふか)まる 깊어지다
シン：深夜(シンヤ) 심야

浅 { あさい：浅(あさ)い 얕다
セン：浅薄(センパク) 천박

向 { むく：向(む)く 향하다
むける：向(む)ける 돌리다
むかう：向(む)かう 향하다
むこう：向(む)こう 건너편
コウ：向上(コウジョウ) 향상

해 설

■ 大きな…큰   小さな…작은

　形容詞에서 変化한 것으로 名詞의 앞에 쓰여 名詞를 修飾하는 역할만을 하기 때문
에 連体詞이다. 어느 形容詞나 다 이렇게 変化하지는 않고 이런 것은 아주 드물다.
　大きな音(큰 소리)　　　　大きなかばん(큰 가방)
　小さなさら(작은 접시)　　小さな体(작은 몸)

■ **そうじゃないでしょう**……그렇지 않겠지요.

「~じゃない」(~이 아니다)는「だ」(~이다)의 否定이다.「だ」의 부정은「だ」의 連用形인「で」에다가「ない」를 붙여「でない」라고 하는데, 보통은 助詞「は」를「で」다음에 넣어「ではない」라고 한다.

　○「じゃない」는「ではない」의 준말이다.

　　山じゃない＝山ではない (산이 아니다)

　　海じゃない＝海ではない (바다가 아니다)

　○形容動詞의 낮춤말의 否定도 마찬가지이다.

　　好きじゃない＝好きではない (좋아하지 않는다)

　　適当じゃない＝適当ではない (적당하지 않다)

　○「~じゃない」의 用例는「ない」가 形容詞이므로 形容詞의 用例와 같다.

　　私じゃなくて，あなたです。(내가 아니고 당신입니다.)

　　お金じゃなくてもいいです。(돈이 아니라도 좋습니다.)

　　りんごじゃなくなります。(사과가 아니게 됩니다.)

　　本屋じゃないです＝本屋じゃありません。(책방이 아닙니다.)

　　薬でもない。(약도 아니다.)

　　なしでもかきでもない。(배도 감도 아니다.)

　　ぶどうじゃないそうです。(포도가 아니랍니다.)

　　船じゃなければ，乗りません。(배가 아니면 타지 않겠읍니다.)

　　あしたじゃなければなりません。(내일이 아니면 안 됩니다, 내일이라야 됩니다.)

■ **高さ**…높이　　　　　　　　　　　　　**深さ**…깊이

　形容詞의 語幹에「さ」를 붙이면 程度를 나타내는 뜻을 갖는 名詞가 된다.

　　長さ (길이)　広さ (넓이)　寒さ (추위)　厚さ (두께)　むずかしさ (어려움, 어려운 정도)　よさ (좋은 점, 좋은 정도)　明るさ (밝기, 밝음) 등.

　○形容動詞도 이와 같이 될 수 있다.

　　丈夫さ (튼튼함, 튼튼한 정도)　　　　不便さ (불편함, 불편한 정도)

■「以上」「以下」「以内」「以前」「以後」「以来」와 같은 단어들은 体言에 연결될 때에는 직접 연결되고, 連体詞에는 連結되지 않는다.

　　毎日，八時間以上眠る必要があります。(매일 8 시간 이상 잘 필요가 있읍니다.)

　　中流以下の家庭が多いです。(중류 이하의 가정이 많습니다.)

　　これ以上はできません。[1] (이 이상은 할 수 없읍니다.)

■ **汽車のため**……기차를 위하여.

　「ため」는 形式名詞로서「위함」또는「때문」등의 뜻을 나타낸다.「ため」는 名詞이

---

1) 「이 이상」이라고 할 경우「この以上」라고는 하지 않는다. 반드시「これ以上」라고 해야 한다.「この」는 連体詞이다.

므로 **体言**에 연결될 때에는「**体言＋の＋ため**」의 形이 되고,「**ため**」가 **動詞** 앞에 와서 그 **動詞**를 수식하게 되는 경우에는 主로「**ために**」의 形을 使用한다.

会社のために働きます。(회사를 위해서 일합니다.)

だれのために勉強をしますか。自分のためです。

(누구를 위하여 공부를 합니까? 자기를 위해서입니다.)

言葉の意味を知るために字引を引きます。

(단어의 뜻을 알기 위해서 사전을 찾습니다.)

生きるために食べます。(살기 위해서 먹습니다.)

あなたのためなら, どんなことでもします。

(당신을 위해서라면 어떤 일이라도 하겠읍니다.)

病気のために休みました。(병 때문에 쉬었읍니다.)

▨ **～かも知れない**……～ㄹ지도 모른다.

○「**体言＋かも知れない**」

あしたは雪かも知れません。(내일은 눈이 올지도 모릅니다.)

あさってかも知れません。(모레일는지도 모릅니다.)

○「**形容動詞의 語幹＋かもしれない**」

好きかもしれません。(좋아할지도 모릅니다.)

きれいかもしれません。(예쁠는지도 모릅니다.)

○「**動詞・形容詞 및 助動詞의 終止形＋かもしれない**」

待っているかも知れない。(기다리고 있을는지도 모른다.)

洗うかも知れません。(씻을는지도 모릅니다.)

なおしたかも知れません。(고쳤을지도 모릅니다.)

軽いかも知れません。(가벼울지도 모릅니다.)

▨ **どうも**……아무래도, 암만해도, 참말로

どうもよく分らない。(암만해도 잘 모르겠다.)

どうもそうらしいです。(암만해도 그런 것 같습니다.)

日本語はどうもむずかしい。(일본어는 참말로 어렵다.)

どうもすみません。(참말로 미안합니다.)

どうもありがとう。(참말로 고맙소.)

▨ **～らしい**(**助動詞**)……推定의 뜻을 나타낸다. 환언하면, 어떤 이유나 근거가 있어 어느 정도 확실하다고 생각하는 기분을 나타낸다. 즉, 우리말의「～인 듯하다, ～인 것 같다, ～인 모양이다」에 해당된다.

体言・形容動詞의 語幹, **形容詞・動詞**의 終止形 등에 연결된다.

あれは海らしいです。(저것은 바다인 것 같습니다.)

体は丈夫らしいです。(몸은 튼튼한 것 같습니다.)

汽車が遅くなるらしいです。(기차가 늦어질 것 같습니다.)

きのう雨が降ったらしいです。(어제 비가 온 것 같습니다.)

きょうは来ないらしい。(오늘은 오지 않을 모양이다.)

インドは暑いらしいです。(인도는 더운 모양입니다.)

そうらしい。(그런 것 같다.)

■ ～らしい (接尾語)……名詞에 붙여 形容詞를 만든다. 우리말의 「～답다」에 해당된다.

男らしい人。(남자다운 사람.)

子供は子供らしくしなさい。(어린이는 어린이답게 해요.)

このごろのあなたは，あなたらしくありません。

(요사이의 당신은 당신답지 않습니다.)

※ ┌ あそこにいるのは女らしい。(助動詞)
　 │ (저기에 있는 것은 여자인 것 같다.)
　 │ 彼女は，大変女らしい。(接尾語)
　 └ (그 여자는 대단히 여자답다.)

||||||||||||||||||| 연습문제 |||||||||||||||||||

다음 글을 日本語로 번역하시오.

1. 鉄橋는 무엇으로 되어 있읍니까?

2. 그 사람이 오늘 올지도 모르겠읍니다.

3. 저 편에서 걸어오는 사람은 나의 친구일지도 모르겠읍니다.

4. 암만해도 내 친구인 金氏 같습니다.

5. 東京의 크기는 얼마쯤입니까?

6. 글쎄요, 잘 모르겠읍니다.

7. 뉴욕보다 더 클까요?

8. 아마 그렇지는 않겠지요.

9. 공부를 하는 것은 自己를 위해서이지 남을 위해서가 아닙니다.

10. 돈은 사람들이 사용하기 위해서 만들어진 것입니다.

◁해답▷

1. 鉄橋はなんでできていますか。　2. その人がきょう来るかもしれません。　3. むこうから歩いて来る人は私の友達かもしれません。　4. どうも私の友達の金さんらしいです。　5. 東京の大きさはどのくらいですか。　6. さあ，よく分りません。　7. ニューヨークよりもっと大きいでしょうか。　8. 多分そうではないでしょう。　9. 勉強をするのは自分のためで，人のためじゃありません。　10. お金は人々が使うためにできたものです。

三十六. 汽車と 船

小山には トンネルが あって 鉄道が 通って います。

今 走って いる 汽車は 少し 前に トンネルを 通りました。

今 駅に つくところです。駅の 前を ひろい 道が 通って います。

たいらな いい 道です。

この道は まっすぐですか, まがって いますか。

かなり まがって います。

この 道を 一台の 自動車が 走って 来ます。

今 警察の 前を 通る ところです。運転して いる 人は 女の 人の ようです。

多分 外国人でしょう。

　そうかも 知れません。

道ばたに いる 人は 何を して いますか。

　自転車に よりかかって 休んで います。多分 つかれたのでしょう。

　道が 少し さかですから。

みなとには 汽船が 一そう とまって います。

かなり 大きい 船の ようです。みなとの 外を 小さい 船が 走って います。

この 船は 今 島の そばを 通って います。

ヨットは 汽船ぐらい 速く 走る ことが できますか。

　いいえ, ヨットは 汽船ほど 速く 走る ことは できません。

自転車は 汽車ぐらい 速く 走る ことが できますか。

いいえ, 自転車は 汽車ほど 速く 走る ことは できません。

　しかし 自動車なら 汽車ぐらい 速く 走る ことが できます。

漢字읽기 ────────────

鉄道　通る　駅　曲がる　一台　警察　運転　外国人　道端
寄り掛かる　疲れる　坂　港　汽船　止まる　外　島　自転車

第36課　기차와 배

작은 산에는 터널이 있고 철도가 지나고 있읍니다.

지금 달리고 있는 기차는 조금 전에 터널을 지났읍니다.

지금 역에 도착하려는 참입니다.　역 앞을 넓은 길이 통하고 있읍니다.　평탄한 좋은 길
입니다.

이 길은 똑바로입니까, 구부러져 있읍니까?　　꽤 구부러져 있읍니다.

이 길을 한 대의 자동차가 달려옵니다.

지금 경찰서 앞을 지나는 참입니다.　운전하고 있는 사람은 여자인 모양입니다.　아마 외
국인이겠지요.

　그럴지도 모릅니다.

길가에 있는 사람은 무엇을 하고 있읍니까?

자전거에 기대어서 쉬고 있읍니다.　아마 피곤해진 것이겠지요.

　길이 좀 비탈길이기 때문에.

항구에는 기선이 한 척 정박하고 있읍니다.

꽤 큰 배인 것 같습니다.　항구 밖을 작은 배가 달리고 있읍니다.

이 배는 지금 섬 옆을 지나고 있읍니다.

요트는 기선만큼 빨리 달릴 수가 있읍니까?

　아니오, 요트는 기선처럼 빨리 달릴 수는 없읍니다.

자전거는 기차만큼 빨리 달릴 수가 있읍니까?

　아니오, 자전거는 기차처럼 빨리 달릴 수는 없읍니다.

　그러나, 자동차라면 기차만큼 빨리 달릴 수가 있읍니다.

═ 낱 말 풀 이 ═

ふね(船)：몡 배

トンネル：몡 터널

てつどう(鉄道)：몡 철도

とお(通)る：자5 통과하다

つ(着)くところ：도착하는 참 〈「つ(着)く
　＋ところ」의 꼴〉

たいらな：형동 평탄한 〈「たいらだ(평탄
　하다)의 連体形〉

まっすぐだ：형동 똑바르다

ま(曲)がる：자5 구부러지다

いちだい(一台)：몡 한 대

けいさつ(警察)：몡 경찰, 경찰서

うんてん(運転)：몡 운전

～ようだ：조동 ～인 모양이다　예 女の人
　のようだ。(여자인 모양이다.)

がいこくじん(外国人)：몡 외국인

みちばた(道端)：🅜 길가

じてんしゃ(自転車)：🅜 자전거

よ(寄)りかかる：🔟 기대다

つか(疲)れる：🅐하1 피곤해지다

さか(坂)：🅜 언덕

みなと(港)：🅜 항구

きせん(汽船)：🅜 기선

いっそう(一そう)：🅜 한 척

と(止)まる：🔟 정지하다

そと(外)：🅜 밖

しま(島)：🅜 섬

ヨット：🅜 요트

きせん(汽船)ぐらい：기선만큼 〈「ぐらい」는 助詞로서 「～만큼 ～하다」라고 할 때에 쓴다.〉 🅔 それはりんごぐらい の 大(おお)きさです。(그것은 사과만큼의 크기입니다.)

～ほど：🅟 ～만큼, ～정도 🅔 きのうほど 暑(あつ)くはありません。(어제만큼 덥지는 않습니다.)

한 자 풀 이

曲
- まがる：曲(ま)がる 구부러지다
- まげる：曲(ま)げる 구부리다
- キョク：曲線(キョクセン) 곡선

警
- ケイ：警告(ケイコク) 경고
- 婦警(フケイ) 여자경찰관

察
- サツ：察(サッ)する 헤아리다
- 観察(カンサツ) 관찰

転
- ころがる：転(ころ)がる 구르다
- ころげる：転(ころ)げる 넘어지다
- ころがす：転(ころ)がす 굴리다
- ころぶ：転(ころ)ぶ 쓰러지다
- テン：転出(テンシュツ) 전출

疲
- つかれる：疲(つか)れる 피곤해지다
- つからす：疲(つか)らす 지치게하다
- ヒ：疲労(ヒロウ) 피로

端
- はし：端(はし) 끝
- は：端数(はスウ) 우수리
- 軒端(のきば) 처마끝
- はた：端(はた) 가장자리
- 道端(みちばた) 길가
- タン：端正(タンセイ) 단정

坂
- さか：坂(さか) 비탈길
- ハン：急坂(キュウハン) 가파른 언덕

港
- みなと：港(みなと) 항구
- コウ：港湾(コウワン) 항만

止
- とまる：止(と)まる 멈추다
- とめる：止(と)める 세우다
- シ：中止(チュウシ) 중지

島
- しま：島(しま) 섬
- トウ：島民(トウミン) 도민

해 설

■ ところ……形式名詞로서 여러 가지 뜻으로 쓰이는 単語인데, 動詞에 붙어 「막 ～하(려)는 참, 마침 그 때」라는 뜻으로 쓰이기도 한다.

これから出(で)かけるところです。(지금부터 외출하려는 참입니다.)

警察(けいさつ)の前(まえ)を通(とお)るところです。(경찰서 앞을 막 지나는 참입니다.)

本を読んでいるところです。(책을 읽고 있는 중입니다.)

今帰って来たところです。(지금 막 돌아온 참입니다.)

■ **～台(助数詞)**……車나 비행기・기계 등을 셀 때에 使用하는 말로서, 우리말의 「대」에 해당된다.

一台　二台　三台　四台　五台　六台　七台　八台　九台　十台

■ **～ようだ(助動詞)**……어떤 것이 다른 것과 비슷하다는 뜻을 나타내기도 하고, 같은 종류 중에서 하나를 골라 例로서 나타내기도 하고, 推定의 뜻(助動詞「らしい」와 같은 뜻)을 나타내기도 한다. 우리말의 「～과 같다, ～인 것 같다, ～인 듯하다, ～인 모양이다, ～인가 보다」에 해당된다.

「ようだ」는 다음과 같이 연결되어 使用된다.

「体言＋の＋ようだ」・「用言 및 助動詞의 連体形＋ようだ」・「この(その, あの, どの)＋ようだ」 등이다.

「ようだ」의 用法은 形容動詞의 用法과 같다.

私はかぜを引いたようです。(나는 감기가 든 것 같습니다.)

あの会社で働くようです。(저 회사에서 일하는 모양입니다.)

少し寒いようです。(좀 추운 모양입니다.)

りんごが好きなようです。(사과를 좋아하는 것 같습니다.)

勉強している人は先生のようです。(공부하고 있는 사람은 선생님인가 봅니다.)

きょうは寒くて, まるで冬のようです。(오늘은 추워서 마치 겨울과 같습니다.)

あの人は日本人のように上手に日本語をします。

(저 사람은 일본인처럼 능숙하게 일본어를 말합니다.)

あの店には鉛筆やノートのようなものを売ります。

(저 상점에는 연필이랑 노우트와 같은 것을 팝니다.)

働かないでお金がもらえるような仕事はないでしょうか。

(일하지 않고 돈을 받을 수 있는 따위의 일은 없을까요?)

そのような仕事はありません。(그와 같은 일은 없습니다.)

このようにしてください。(이와 같이 〈이렇게〉 해 주십시오.)

■ **～艘(助数詞)**……작은 배를 셀 때에 사용하는 말. 우리말의 「척」에 해당된다.

一艘　二艘　三艘　四艘　五艘　六艘　七艘　八艘　九艘　十艘

■ **～ぐらい(＝くらい)**……助詞로서 「～쯤, ～정도, ～만큼」의 뜻이다.[1]

私は毎月三万円ぐらい使います。(나는 매달 3만엥쯤 씁니다.)

百人ぐらいは来るでしょう。(백 명쯤은 오겠지요.)

それはりんごぐらいの大きさです。(그것은 사과 정도의 크기입니다.)

子供にも分るくらいのやさしい本です。(어린이에게도 알 정도의 쉬운 책입니다.)

私もあなたぐらい日本語ができます。(나도 당신만큼 일본어를 합니다.)

きょうもきのうぐらい寒いです。(오늘도 어제만큼 춥습니다.)

---

1) 14과 참조

きょうぐらい忙しい日はなかった。[2]

(오늘만큼 바쁜 날은 없었다.) 즉, (오늘이 제일 바쁜 날이었다.) 의 뜻이다.

新聞に出ているくらいの漢字ならみんな読めます。

(신문에 나 있는 정도의 한자라면 다 읽을 수 있습니다.)

■ ～ほど(助詞) …… ①「～쯤, ～정도, ～만큼」의 뜻.

かぜをひいて十日ほど学校を休みました。

(감기가 들어 열흘쯤 학교를 쉬었습니다.)

一か月ほど前にこの会社に勤めました。(한 달쯤 전에 이 회사에 근무했습니다.)

ことしは去年の夏ほど暑くはありません。

(금년은 작년 여름만큼 덥지는 않습니다.)

きのうは足が痛くなるほど歩きました。

(어제는 다리가 아프게 될 정도로 걸었습니다.)

かれほど頭のいい男はいません。[3]

(그 사람만큼 머리가 좋은 남자는 없습니다.) 즉, (그 사람이 제일 머리가 좋다.) 의 뜻.

②「～ㄹ수록(일수록, 을수록) 의 뜻. 主로「～ば～ほど(～면 ～ㄹ수록)」의 形으로 많이 使用한다.

多ければ多いほどいいです。(많으면 많을수록 좋습니다.)

練習すればするほど上手になります。(연습하면 할수록 능숙하게 됩니다.)

飲めば飲むほど(마시면 마실수록)

■「ほど」와「ぐらい(＝くらい)」는 主로 같은 뜻으로 쓰이나, 比較의 基準을 나타낼 경우에는, 같은 정도를 나타내면「ぐらい(＝くらい)」쪽을 使用하고 그렇지 않을 경우에는「ほど」를 쓴다. 다시 말하면, 肯定에는 主로「ぐらい(＝くらい)」, 否定에는「ほど」를 使用한다.

自転車は汽車ほど速く走れません。

(자전거는 기차만큼 빨리 달릴 수 없습니다.)

自動車は汽車ぐらい速く走れます。

(자동차는 기차만큼 빨리 달릴 수 있습니다.)

ことしは去年の夏ほど暑くありません。

(금년은 작년 여름만큼 덥지 않습니다.)

ことしは去年の夏ぐらい暑いです。

(금년은 작년 여름만큼 덥습니다.)

「こ(そ, あ, ど)の」다음에는「くらい」는 연결되지만「ほど」는 연결되지 않고, 「こ

---

2)「～くらい～はない」의 形으로 使用하여「～이 제일 ～이다」의 뜻이 된다.

3)「～ほど～はない」의 形으로「그것이 제일 ～이다」의 뜻이 된다.

(そ, あ, ど)れ」다음에는 양쪽 다 연결된다.

どれほどの長さですか＝どのくらいの長さですか。

(어느 정도의 길이입니까?)

||||||||||||||| 연습문제 |||||||||||||||

다음 글을 日本語로 번역하시오.

1. 지금 학교 앞을 걷고 있는 사람은 학교가 끝나서 집으로 돌아가는 참입니다.

2. 또 한 사람 저 쪽에서부터 달려오는 사람은 나의 친구인 듯합니다.

3. 당신도 저 사람만큼 빨리 달릴 수 있읍니까?

4. 나는 그처럼 빨리 달릴 수는 없읍니다. 그렇지만 金氏라면 그만큼 빨리 달릴 수 있을지도 모릅니다.

5. 당신은 自動車를 운전할 수 있읍니까?

6. 조금 배웠읍니다만 아직 잘 하지 못합니다.

7. 낮 동안 일하고 피곤해진 모양이지요. 벌써 자고 있읍니다.

8. 지금 저녁밥을 먹는 참입니다. 함께 먹읍시다.

9. 나는 山에 갔다와서 피곤해졌기 때문에 목욕을 하고 나서 쉬고 있는 참입니다.

10. 그 분은 일본인처럼 능숙하게 일본어를 말합니다.

◁해답▷

1. 今学校の前を歩いている人は学校が終って家へ帰るところです。 2. もうひとりむこうから走ってくる人は私の友達のようです。 3. あなたもあの人ぐらい速く走れますか。 4. 私はそれほど速く走れません。けれども，金さんなら，それぐらい速く走れるかも知れません。 5. あなたは自動車の運転ができますか。㉙자동차를 운전할 수 있다…직역해서「自動車を運転することができる」라고 해도 무방하나，「自動車の運転ができる」라고도 한다。 6. 少し習いましたが，まだ下手です。㉙잘 하지 못합니다…下手です，또는よくできません。 7. 昼間働いて疲れたようですね。もう寝ています。 8. 今夕飯を食べるところです。いっしょに食べましょう。 9. 私は山へ行って来て疲れたので，おふろに入ってから休んでいるところです。㉙갔다오다…行って来る。 10. そのかたは日本人のように上手に日本語を話します。

三十七. 天　気

きょうは　ほんとうに　いい　天気です。空は　すっかり　はれて　いて，
風も　ほとんど　ありません。日が　よく　照って　いて，空には　ほと
んど　雲が　ありません。

おととい　雨が　ひどく　降ったので　ほこりは　たちません。

あまり　暑くは　ありませんが，急いで　歩くと　少し　汗が　出ます。
上着を　ぬいで　歩けば　ちょうど　いいくらいです。

おとといは　あらしで　風も　ずいぶん　強く　吹きました。

きのうは　一日中　くもっていて，日は　出ていませんでした。

そのかわり　きょうより　ずっと　涼しくて　ちっとも　暑くは　あ
りませんでした。くもっては　いましたが，風は　なかったし　涼しか
ったので　働くのには　いい日でした。

きょうは　いい天気だし　日曜なので　散歩に　でかけました。

かなり　歩いて　つかれたし，のども　かわいたし，　足も　少し　い
たいので，この店へ　寄って　紅茶を　一杯　飲んで　いるところです。
六キロ　近くも　歩いたので，少し　おなかも　すきましたが，もう四
時すぎですから　うちへ　帰ってから　何か　食べましょう。

漢字읽기━━━━━━━━━━

本当　空　晴れる　風　照る　雲　暑い　急ぐ　汗　脱ぐ
ほんとう　そら　は　かぜ　て　くも　あつ　いそ　あせ　ぬ

嵐　強い　吹く　一日中　曇る　代わり　渇く　寄る　紅茶
あらし　つよ　ふ　いちにちじゅう　くも　かわ　かわ　よ　こうちゃ

一杯
いっぱい

第37課　날　씨

오늘은 정말로 좋은 날씨입니다. 하늘은 말끔히 개어 있고 바람도 거의 없습니다. 햇볕
이 잘 쬐고 있고, 하늘에는 거의 구름이 없습니다.

그저께 비가 지독하게 내렸기 때문에 먼지는 일지 않습니다.

그다지 덥지는 않지만, 급히 걸으면 좀 땀이 납니다.

웃저고리를 벗고 걸으면 꼭 좋을 정도입니다.

그저께는 폭풍우로 바람도 상당히 세게 불었읍니다.

어제는 하루 종일 흐려 있었고, 햇볕은 나 있지 않았읍니다.

그 대신 오늘보다 훨씬 서늘하여 조금도 덥지는 않았읍니다.

흐리고는 있었지만 바람은 없었고 서늘했기 때문에 일하기에는 좋은 날이었읍니다.

오늘은 좋은 날씨이기도 하고 일요일이기 때문에 산책하러 외출했읍니다.

꽤 걸어서 피곤해지기도 하고 목도 마르고 다리도 좀 아프기 때문에 이 상점에 들러서 홍차를 한 잔 마시고 있는 중입니다. 6킬로 가까이나 걸었기 때문에 좀 배도 고파졌읍니다만, 벌써 네 시가 지났으므로 집에 돌아가서 뭔가 먹읍시다.

낱 말 풀 이

ほんとうに：형동 정말로 〈「ほんとうだ」
　의 連用形〉

そら(空)：명 하늘

は(晴)れる：자하1 개이다

かぜ(風)：명 바람

ひ(日)：명 해

て(照)る：자5 (볕이) 쬐다

くも(雲)：명 구름

ひどく：형 몹시, 지독하게 〈「ひどい (심
　하다, 지독하다)」의 連用形〉

ほこり：명 먼지

た(立)つ：자5 일다

いそ(急)ぐ：자5 서두르다

あせ(汗)：명 땀

ぬ(脱)ぐ：타5 벗다

あらし：명 폭풍우

ずいぶん：부 매우, 상당히

つよ(強)く：형 세게, 강하게 〈「つよ(強)い
　(세다, 강하다)」의 連用形〉

ふ(吹)く：자5 불다

いちにちじゅう(一日中)：명 하루종일

くも(曇)る：자5 흐리다

か(代)わり：명 대신

ずっと：부 훨씬

なかったし：없었고 〈「ない＋た(過去의 助
　動詞)＋し 조 (〜고, 〜며)」의 꼴〉

〜ので：조 〜므로　예 風が強いのでほこ
　りがひどい。(바람이 세므로 먼지가 심하
　다.)

はたら(働)くのには： 일하기에는 〈「はた
　らく＋の＋に＋は」의 꼴〉

かわ(渇)く：자5 마르다

よ(寄)る：자5 들르다

こうちゃ(紅茶)：명 홍차

いっぱい(一杯)：명 한 잔

ちか(近)くも： 가까이나 〈「ちかく명 ＋も」
　의 꼴〉

おなか：명 배

す(空)く：자5 (배가)고프다

〜すぎ：접미 〜지나감　예 もう四時すぎ
　です。(벌써 네 시 지났읍니다.)

한 자 풀 이

晴
- はれる：晴(は)れる 개이다
- はらす：晴(は)らす 풀다
- セイ：晴天(セイテン) 청천

照
- てる：照(て)る 쬐다
- てらす：照(て)らす 비추다
- てれる：照(て)れる 수줍어하다
- ショウ：照明(ショウメイ) 조명

雲
- くも：雲(くも) 구름
- ウン：風雲(フウウン) 풍운

急
- いそぐ：急(いそ)ぐ 서두르다
- キュウ：急行(キュウコウ) 급행

汗
- あせ：汗(あせ) 땀
- カン：発汗(ハッカン) 발한

脱
- ぬぐ：脱(ぬ)ぐ 벗다
- ぬげる：脱(ぬ)げる 벗겨지다
- ダツ：脱衣(ダツイ) 탈의
- 脱出(ダッシュツ) 탈출

嵐
- あらし：嵐(あらし) 폭풍우
- ラン：青嵐(セイラン) 상쾌한 바람

吹
- ふく：吹(ふ)く 불다
- スイ：吹奏(スイソウ) 취주

曇
- くもる：曇(くも)る 흐리다
- ドン：曇天(ドンテン) 담천

代
- かわる：代(か)わる 바뀌다
- かえる：代(か)える 대신하다
- よ：代(よ) 시대
- しろ：代物(しろもの) 물건
- ダイ：代理(ダイリ) 대리
- タイ：交代(コウタイ) 교대

渇
- かわく：渇(かわ)く 마르다
- カツ：渇望(カツボウ) 갈망

紅
- べに：紅(べに) 연지
- くれない：紅(くれない) 주홍색
- コウ：紅茶(コウチャ) 홍차
- ク：真紅(シンク) 진홍

杯
- さかずき：杯(さかずき) 술잔
- ハイ：祝杯(シュクハイ) 축배
- 一杯(イッパイ) 한 잔

해 설

■「ほんと」(정말, 사실)는「ほんとう」라고도 한다.「ほんとに(＝ほんとうに)」는 副詞
的인 用法이 되어「정말로」라는 뜻이 된다.

　　　金さんが死んだという話はほんと(＝ほんとう)です。

　　　(김씨가 죽었다는 이야기는 정말입니다.)

　　　ほんと(＝ほんとう)の皮じゃありません。(진짜 가죽이 아닙니다.)

　　　きょうはほんとに(＝ほんとうに)暑いです。(오늘은 정말로 덥습니다.)

■照る……(볕이) 쬐다. 下一段活用動詞가 아니고 五段活用動詞이다.

　　　照る ⟶ 照らない　　照ります　　照って

　　　　　　　　照るから　　照るようだ　照れば

■ひどく……지독하게, 심하게. 基本形은「ひどい(지독하다, 심하다)」이고, 좋은 상태
에는 使用하지 않는다.

　　　去年ひどい暑さでした。(작년은 지독한 더위였읍니다.)

　　　雨がひどく降っている。(비가 지독하게 오고 있다.)

■「強く (세게, 강하게)」의 基本形은「強い (세다, 강하다)」이고, 그 反対語는「弱い (약하다)」이다.

■ ～ので (助詞)‥‥‥原因 또는 理由 등을 나타낸다. 우리말의「～므로(으므로), ～하기 때문에」등에 해당된다.

　　用言 및 助動詞의 連体形에 연결된다.

　　　　雨が降るので (비가 오기 때문에)　　きのう着いたので (어제 도착했기 때문에)
　　　　風が強いので (바람이 강하므로)　　川が深かったので (강이 깊었기 때문에)
　　　　元気なので (건강하기 때문에)　　同じなので (같으므로)
　　　　天気なので[1] (날씨이므로)　　雪なので (눈이기 때문에)

■ 助詞「ので」와 助詞「から」의 차이

　　① 「ので」나「から」나 理由・原因을 나타낸다.

　　② 「ので」앞에는 用言 및 助動詞의 連体形이 오고,「から」앞에는 用言 및 助動詞의 終止形이 온다.

　　　　{ 行くので　　{ いたいので　　{ たべたので　　{ すきなので　　{ 本なので
　　　　{ 行くから　　{ いたいから　　{ たべたから　　{ すきだから　　{ 本だから

　　　　{ 本だろうので…이런 말은 없다.
　　　　{ 本だろうから[2]…이런 말은 가능하다.

　　③ 「ので＋だ (です)」라고는 하지 않고「から＋だ (です)」라고 한다.

　　　　{ とまるのでです…이런 말은 없다.
　　　　{ とまるからです (멈추기 때문입니다)

　　즉,「～하기 때문이다 (때문입니다)」라고 할 때는 꼭「～から＋だ (です)」라고 해야 한다.

　　④ 「ので」는 일반적으로 어떠한 일로 자연히 그 다음 일이 일어나게 되는 경우, 다시 말하면 그러한 이유라면 말하는 사람만이 아니라 누구나가 다 그렇게 생각하는 것이 보통이라고 생각되는 경우에 쓴다.

　　　　風が強いので, ほこりがひどいです。(바람이 세므로 먼지가 대단합니다.)
　　　　雨が降ったので, 出かけませんでした。(비가 왔기 때문에 외출하지 않았읍니다.)
　　　　夏なので, みんな海や山へ行きます。(여름이므로 모두 바다나 산으로 갑니다.)

　　「から」는 主観的인 기분이 강할 경우, 즉 그 판단이 主観에 속하는 면이 강한 意志나 推測을 나타내는 表現,「いい」「わるい」「すきだ」「きらいだ」등의 개인적인 感覚・感情에 지배받는 表現, 정당한 이유로서 상대에게 어떠한 행위를 요구하는 命令・禁止・勧誘・依頼, 기타 이와 비슷한 表現 등에 主로 使用한다고 볼 수 있다.

──────────

1) 「天気なので」의「な」는 助動詞「だ (이다)」의 連体形이다. 助動詞「だ」의 連体形인「な」가 쓰이는 경우는 助詞「の」「ので」「のに (～한데, ～는데도)」가 붙을 때뿐이라 할 수 있다.
2) 「だろう」는「でしょう」의 낮춤말로서 推測을 나타낸다.

風が強い**から**, 来ないと思います。

(바람이 세므로 오지 않을 것이라고 생각합니다.)

雨が降った**から**, 出かけなかったでしょう。

(비가 왔기 때문에 외출하지 않았겠지요.)

夏だ**から**, 海へ行きましょう。(여름이니, 바다로 갑시다.)

그러나, 여자인 경우는 「から」를 써야 타당할 경우에도 表現을 부드럽게 하기 위해서 「ので」쪽을 많이 使用하는 경향이 있다.

⑤ 「から」로 表現된 従属文 中에 다시 원인·이유를 나타내는 사항이 있을 경우에는 그 表現은 반드시 「ので」로써 表現되어야 한다.

病気なので学校へ行けませんから, どうぞよろしくお願いします。

(병이므로 학교에 갈 수 없으니, 아무쪼록 잘 부탁합니다.)

■ **～中(接尾語)** ······時間이나 場所를 나타내는 名詞에 붙여서 「그 전체」란 뜻을 나타낸다.

一日中(하루 종일)　　　　夏休み中(여름 방학 내내)

一年中(1년 내내)　　　　世界中(온 세계)

学校中(학교 전체)　　　　家中(집안 전부)

■ **形容詞의 過去**

形容詞에 過去를 나타내는 助動詞 「た」를 연결시킬 때에는 形容詞의 基本形의 語尾「い」를 「かっ」으로 変形시켜 「た」를 연결시키면 된다.

ない(없다) ⟶ **なかった**(없었다)

痛い(아프다) ⟶ **痛かった**(아팠다)

難しい(어렵다) ⟶ **難しかった**(어려웠다)

존대말일 경우에는 「です」를 붙이면 되는데, 「です」를 붙여서 쓰는 것보다는 「のです(＝んです)」를 붙여서 쓰는 것이 일반적이라고 볼 수 있다.

痛いです(아픕니다) ⟶ 痛かったのです(아팠읍니다)

難しいです(어렵습니다) ⟶ 難しかったんです(어려웠읍니다)

形容詞와 活用이 같은 助動詞의 경우에도 上記와 같다.

会わない ⟶　　　会わなかった ⟶　　　会わなかったんです

(만나지 않는다)　　(만나지 않았다)　　　(만나지 않았읍니다)

走りたい ⟶　　　走りたかった ⟶　　　走りたかったんです

(달리고 싶다)　　(달리고 싶었다)　　　(달리고 싶었읍니다)

■ **～し(助詞)** ······① 어떤 일이 동시에 겹치는 경우에 쓴다. 우리말의 語尾 「～고」에 해당된다. 用言 및 助動詞의 終止形에 연결된다.

家はきれいだ**し**, 庭は広い**し**, ほんとにいい。

(집은 깨끗하고, 정원은 넓고, 정말로 좋다.)

たまには映画も見たい**し**, 音楽もききたい。

(간혹 영화도 보고 싶고 음악도 듣고 싶다.)

いい天気だし，日曜なので，散歩にでかけました。

(좋은 날씨이고 일요일이므로 산책하러 외출했읍니다.)

② 한 가지 예를 들어 다른 일을 암시하는 기분을 나타낸다. 우리말의 語尾「〜고, 〜니」에 해당된다.

お茶は飲んだし，もう帰りましょう。(차는 마셨으니, 이젠 돌아갑시다.)

近いんですし，時々遊びに来てください。

(가까운 데니 때때로 놀러 와 주십시오.)

■「晴れる(개다)，曇る(흐리다)，疲れる(피로하다)，渇く(마르다)，おなかがすく(배가 고프다)」등과 같이 狀態를 나타내는 動詞는 基本形을 그대로 使用하면 未來의 狀態를 뜻하게 되고, 現在의 狀態를 말할 때에는 「動詞의 連用形＋た (또는 ている)」의 形으로 말해야 한다.

未來의 狀態 ──→ おなかがすく。(배가 고파진다.)

現在의 狀態 ──→ おなかがすいた＝おなかがすいている。(배가 고프다.)

過去의 狀態 ──→ おなかがすいていた。(배가 고팠었다.)

■ ～杯(助数詞)……그릇에 넣은 액체나 밥 등을 셀 때 사용한다.

우리말의 「～그릇, ～잔」등에 해당된다.

何杯　一杯　二杯　三杯　四杯　五杯　六杯　七杯　八杯　九杯　十杯

■「ちかく」(가까이) 가 数詞에 연결될 때에는 바로 연결된다.

私はもう十年ちかくこの会社につとめています。

(나는 벌써 10년 가까이 이 회사에 근무하고 있읍니다.)

一時間ちかくも待ちました。(한 시간 가까이나 기다렸읍니다.)

■ ～すぎ(接尾語)……① 시간이나 나이 등을 나타내는 말에 붙어 「지나감」「넘음」의 뜻을 나타낸다.

今四時すぎだと思います。(지금 네 시 지났다고 생각합니다.)

来月の十日すぎなら，どうでしょうか。(내달 10일 지나서라면 어떨까요?)

あの人はもう四十すぎだそうです。(저 사람은 이미 마흔이 넘었다고 합니다.)

② 「動詞의 連用形＋すぎ」의 形으로 「도가 지나침」의 뜻을 나타낸다.

酒の飲みすぎが原因です。(술을 과음한 것이 원인입니다.)

あなたは少し太りすぎです。(당신은 좀 지나치게 살쪘읍니다.)

〰〰〰〰〰〰〰 연습문제 〰〰〰〰〰〰〰

1 다음 글을 日本語로 번역하시오.

1. 어제는 하루 종일 비가 왔기 때문에 아무 데도 못 갔읍니다.

2. 오늘은 날씨는 좋지만, 바람이 불기 때문에 散步하기에는 그다지 좋지 않습니다.

3. 이 구두는 좀 작기 때문에 이것을 신

으면 발이 아파서 걸을 수가 없습니다.

4. 다리도 아프고 배도 고파졌기 때문에, 거기에 있는 작은 빵집에 들러서 빵을 먹었습니다.

5. 그러나 그다지 맛이 없어서 조금밖에 먹지 않고, 그 대신 牛乳를 마셨습니다.

6. 時間이 조금밖에 남아 있지 않으니까

빨리 써 주십시오.

7. 오늘은 休日이기도 하고 따뜻하기도 하니까, 많은 사람들이 하이킹(ハイキング) 하러 갑니다.

8. 뭐 좋은 일이라도 있습니까?

9. 아니오, 아무것도 좋은 일이 없습니다.

10. 전차도 버스도 없는 곳이므로 걸어갈 수밖에 없습니다.

② 다음 動詞의 活用形을 말해 보시오.

原　　形	種　　類	未　然　形	連　用　形	仮　定　形
1. はれる		(　)ない	(　)ます (　)て	(　)ば
2. てる		(　)ない	(　)ます (　)て	(　)ば
3. いそぐ		(　)ない	(　)ます (　)て	(　)ば
4. ぬぐ		(　)ない	(　)ます (　)て	(　)ば
5. のむ		(　)ない	(　)ます (　)て	(　)ば

◁해답▷

1

1. きのうは一日中雨が降ったので, どこへも行けませんでした。　2. きょうは天気はいいけれど風が吹くので, 散歩するのにはあまりよくありません。3. この靴は少し小さいので, これを履くと, 足が痛くて歩けません。4. 足も痛いし, おなかもすいたので, そこにある小さなパン屋に寄って, パンを食べました。　5. しかし, あまりおいしくないので, 少ししか食べないで, その代わり牛乳を飲みました。㊟ 맛이 없다…おいしい (맛이 있다) 의 否定은 おいしくないい다.³⁾ 먹지 않고…食べないでみ고 해야 한다.⁴⁾　6. 時間が少ししか残っていませんから, 速く書いてください。　7. きょうは休みだし, 暖かいので, 沢山の人がハイキングに行きます。　8. なにかいいことでもありますか。　9. いいえ, なんにもいいことがありません。　10. 電車もバスもないところですから, 歩いて行くしかありません。㊟ 걸어갈 수밖에 없다…歩いて行くしかない。「~할 수밖에 없다. (즉, ~이외의 방법이 없다)」라고 할 때에는「動詞의 連体形＋しかない」라고 한다. 먹을 수밖에 없다…食べるしかない。

---

3) 形容詞의 낮춤말의 否定 表現에 대해서는 39과에서 설명한다.
4) 41과에서 설명한다.

2

原　　形	種　　類	未 然 形	連 用 形	仮 定 形
1. はれる	下一段	はれ(ない)	はれ(ます) はれ(て)	はれれ(ば)
2. てる	五 段	てら(ない)	てり(ます) てっ(て)	てれ(ば)
3. いそぐ	五 段	いそが(ない)	いそぎ(ます) いそい(で)	いそげ(ば)
4. ぬぐ	五 段	ぬが(ない)	ぬぎ(ます) ぬい(で)	ぬげ(ば)
5. のむ	五 段	のま(ない)	のみ(ます) のん(で)	のめ(ば)

三十八. 五本の　指

　ごらんなさい。ゆかの上に　何か　あります。

　だれが　おとしたのですか。

　　あなたが　おとしたのです。

　私は　それを　ひろいます。私が　今　ひろったのは　三角の　紙です

か，四角の　紙ですか。

　　三角の紙でも　四角の紙でも　ありません。まるい紙です。

　この　紙は　赤いですか，青いですか。

　　赤くも　青くも　ありません。白いです。

　私が　今　紙を　ひろった時　使ったのは　どちらの　手でしたか。

　　右の　手でした。

　ご飯を　食べる時，箸を　持つ　方の　手は　右の　手で，茶碗を　持

つ　方の　手は　左の　手です。

　物を　さす時　使うのは　右の　手の　人さし指です。

　あなたは　五本の　指の　名前を　知って　いますか。

　　はい，知って　います。親指，人さし指，中指，薬指，小指です。

　五本の　指の　中では　親指が　いちばん　太くて，小指が　いちばん

細いです。

　指輪を　はめるのは　ふつう　親指ですか，人さし指ですか。

　　親指でも　人さし指でも　ありません。薬指です。

漢字읽기───────────
　指　床　拾う　御飯　箸　茶碗　親指　中指　薬指　小指
　太い　細い　指輪　普通

第38課 다섯 개의 손가락

보십시오. 마루 위에 무언가 있읍니다.

누가 떨어뜨린 것입니까?   당신이 떨어뜨린 것입니다.

나는 그것을 줍습니다. 내가 지금 주은 것은 세모 종이입니까? 네모 종이입니까?

　세모 종이도 네모 종이도 아닙니다. 둥근 종이입니다.

이 종이는 빨갛습니까, 파랗습니까?   빨갛지도 파랗지도 않습니다. 흽니다.

내가 지금 종이를 주웠을 때 사용한 것은 어느 쪽 손이었읍니까?

　오른 손이었읍니다.

밥을 먹을 때 젓가락을 드는 쪽 손은 오른손이고, 밥공기를 드는 쪽 손은 왼손입니다.

물건을 가리킬 때 사용하는 것은 오른쪽 손의 집게손가락입니다.

당신은 다섯 개의 손가락 이름을 알고 있읍니까?

　예, 알고 있읍니다. 엄지손가락, 집게손가락, 가운뎃손가락, 약손가락, 새끼손가락
입니다.

다섯 개 손가락 중에서는 엄지손가락이 가장 굵고, 새끼손가락이 가장 가늡니다.

반지 끼는 것은 보통 엄지손가락입니까, 집게손가락입니까?

　엄지손가락도 집게손가락도 아닙니다. 약손가락입니다.

═날╲말╲풀╲이═

ゆか(床)：名 마루

お(落)とす：他5 떨어뜨리다

ひろ(拾)う：他5 줍다

ごはん(御飯)：名 밥

はし(箸)：名 젓가락

ひとさ(人差)しゆび(指)：名 집게손가락

おやゆび(親指)：名 엄지손가락

なかゆび(中指)：名 가운뎃 손가락

くすりゆび(薬指)：名 약손가락

こゆび(小指)：名 새끼손가락

ふと(太)い：形 굵다

ほそ(細)い：形 가늘다

ゆびわ(指輪)：名 반지

はめる：他下1 끼다

═한╲자╲풀╲이═

床 {
　とこ：床(とこ) 잠자리
　ゆか：床(ゆか) 마루
　ショウ：起床(キショウ) 기상
}

拾 {
　ひろう：拾(ひろ)う 줍다
　シュウ：拾得(シュウトク) 습득
　ジュウ：拾万(ジュウマン) 십만
　収拾(シュウシュウ) 수습
}

箸 {
　はし：箸(はし) 젓가락
　チョ
　チャク
}

親 {
　おや：親(おや) 양친
　したしい：親(した)しい 친하다
　したしむ：親(した)しむ 친하게 하다
　シン：親族(シンゾク) 친족
}

細	ほそい：細(ほそ)い 가늘다		**輪**	サイ：細心(サイシン) 세심
	ほそる：細(ほそ)る 가늘어지다			わ：輪(わ) 고리
	こまか：細(こま)か だ 잘다			リン：車輪(シャリン) 차륜
	こまかい：細(こま)かい 자세하다			輪番(リンバン) 윤번

해 설

■ 何(なに)かあります……무언가 있읍니다. 이 助詞「か」는 「何」「だれ」「なぜ」「いつ」 등과 같은 의문의 뜻을 나타내는 말, 또는 다른 여러 가지 말에 붙어 확실히 모르는, 또는 확실치 않다는 기분을 나타낸다. 우리말의 「～인지, 인가」에 해당된다.

となりの部屋(や)にだれかいますか。(옆 방에 누군가 있읍니까?)

きょうはなぜか忙(いそが)しいんです。(오늘은 웬지 바쁩니다.)

いつかいっしょに行(い)きましょう。(언젠가 함께 갑시다.)

見(み)たことがないとか言(い)っていました。

(본 적이 없다는 둥 말하고 있었읍니다.)

夜(よる)のためかよく見(み)えません。(밤 때문인지 잘 보이지 않습니다.)

いくらで買(か)ったのか分(わ)かりません。(얼마에 샀는지 모르겠읍니다.)

どれが適当(てきとう)なのか聞(き)いてみましょう。(어느 것이 적당한지 물어봅시다.)

|||||||||||||||| 연습문제 ||||||||||||||||

다음 글을 日本語로 번역하시오.

1. 이 하얀 손수건은 누가 떨어뜨린 겁니까?

2. 아까 여기에 왔던 여자분이 떨어뜨린 것 같습니다.

3. 그 분보다 먼저 왔던 내 친구의 것인지도 모르겠습니다.

4. 당신은 木村氏를 언제 만난 겁니까?

5. 三日 前에 집에 가는 길에서 만났어요.

6. 내가 만난 것은 그보다 훨씬 前입니다.

7. 저 상자 속에 무엇인지 좋은 것이 들어 있을지도 모릅니다.

8. 글쎄요, 무엇이 들어 있는지는 모르겠읍니다만, 그 상자는 꽤 크니까 무엇인지 많이 들어 있겠지요.

9. 여기서부터 十分쯤 똑바로 걸어가면 왼쪽에 江이 보입니다.

10. 당신은 요전 日曜日에 어디엔가 갔었읍니까?

◁해답▷

1. この白(しろ)いハンカチはだれが落(お)としたのですか。 2. さっきここへ来(き)た女(おんな)のかたが落(お)としたようです。 3. そのかたよりさきに来(き)た私(わたし)の友達(ともだち)のかも知(し)れません。 㹰 먼저…さきに。 먼저 돈을 지불하여 주십시오.…さきにお金(かね)を払(はら)ってください。 4. あなたは木村(きむら)さんにいつ会(あ)ったのですか。 5. 三日前(みっかまえ)に家(いえ)へ帰(かえ)る途中(とちゅう)で会(あ)ったのです。 6. 私(わたし)が会(あ)ったのはそれよりずっと前(まえ)です。 㹰 그보다…それより。 助詞「より」는 「こ(そ, あ, ど)の」 에 붙지 않는다. ずっと…훨씬. 그것은 훨씬 전의 일입니다.…それはずっと前(まえ)の事(こと)です。 7.

あの箱の中に何かいいのが入っているかもしれません。㉠좋은 것…いいの。「좋은 물건」이란 뜻이므로 「いいもの」라고 해도 좋다.　**8.** さあ, 何が入っているかは分りませんけど, その箱はかなり大きいから何か沢山入っているでしょう。　**9.** ここから十分ぐらいまっすぐ歩いて行くと, 左の方に川が見えます。　**10.** あなたはこの前の日曜日に どこかへ行きましたか。㉠어딘가 갔읍니다…どこかへ行きました。　어디엔가 있읍니다… どこかにあります。　어디선가 하고 있읍니다…どこかでしています。

三十九. 田中さんとの 会話

田中さんは 私の 友だちです。時々 私の うちへ 遊びに 来て,
いろいろな 話を します。

田中さんは 映画や しばいが 大好きで たびたび 見に 行きます。

私は 時々 田中さんと 一しょに 映画を 見に 行きますが, まだ
日本の しばいを 見た ことが ありません。

私は 前から ぜひ かぶきを 見たいと 思って いました。すると
きのう 田中さんが さそいに 来ました。

私は 来週の 月曜の 晩に かぶきを 見に 行く つもりです。

次は 田中さんとの 会話です。

田中 「あなたは かぶきを 見た ことが ありますか。」

私　 「いいえ, まだ 見たことが ありませんから, ぜひ 一度 見た
　　　いです。」

田中 「私は 明晩 かぶき座へ 行く つもりですから 一しょに 行
　　　きませんか。」

私　 「ありがとうございます。でも, 友だちが うちへ 来る はずで
　　　すから, 行くことができません。来週の 月曜なら ひまです。」

田中 「そうですか。私は 明晩 行く つもりでしたが, そんなら 月
　　　曜に しましょう。では 月曜日の 午後 五時ごろ 迎えに
　　　来ます。」

私　 「どうぞ お願い します。」

田中 「あなたは この間の 音楽会に 行きましたか。」

私　 「行きたかったんですが, 用事が あって 行くことが できませ
　　　んでした。」

田中 「休みだったので 私も 行きたかったんですが, かぜを ひいて
　　　行くことが できませんでした。」

私　 「黒田さんや 西村さんは 行ったでしょうね。」

田中 「黒田さんは 行った そうですが, 西村さんは 行かなかった
　　　そうです。」

私　 「どうしてでしょう。」

田中 「行く はずでしたが お客が あって 行けなかった そうです
　　　よ。」

私　 「大へん よかった そうですね。」

田中 「黒田さんの 話では あんまり よく なかった そうですよ。」

私　 「そうですか。新聞に よると 高山さんの ピアノは 大へん
　　　上手だった そうですがね。」

田中 「そうですか。それは 知りませんでした。」

漢字읽기

田中	会話	映画	芝居	歌舞伎	誘う	歌舞伎座	迎える
たなか	かいわ	えいが	しばい	かぶき	さそう	かぶきざ	むかえる

願う	音楽会	用事	黒田	西村	客
ねがう	おんがくかい	ようじ	くろだ	にしむら	きゃく

第39課 다나카 씨와의 회화

다나카 씨는 내 친구입니다. 때때로 우리 집에 놀러 와서 여러 가지 이야기를 합니다.
다나카 씨는 영화랑 연극을 대단히 좋아해서 자주 보러 갑니다.
나는 때때로 다나카 씨와 함께 영화를 보러 갑니다만, 아직 일본 연극을 본 적이 없읍니다. 나는 전부터 꼭 가부키(日本古来의 독특한 연극)가 보고 싶다고 생각하고 있었읍니다. 그러자, 어제 다나카 씨가 권유하러 왔읍니다.
나는 내주 월요일 밤에 가부키를 보러 갈 생각입니다.
다음은 다나카 씨와의 회화입니다.
다나카 「당신은 가부키를 본 적이 있읍니까?」
나　　「아니오, 아직 본 적이 없으므로 꼭 한 번 보고 싶습니다.」
다나카 「나는 내일 밤 가부키 극장에 갈 생각이니 함께 가지 않겠읍니까?」
나　　「감사합니다. 허지만, 친구가 집에 올 예정이므로 갈 수가 없읍니다. 내주 월요일이면 한가합니다.」

다나카 「그렇습니까? 나는 내일 밤 갈 생각이었는데, 그렇다면 월요일로 하지요. 그러면, 월요일 오후 다섯 시 경에 모시러 오겠읍니다.」

나   「아무쪼록 부탁합니다.」

다나카 「당신은 요전날의 음악회에 갔었읍니까?」

나   「가고 싶었는데, 볼일이 있어 갈 수가 없었읍니다.」

다나카 「휴일이었기 때문에 나도 가고 싶었는데, 감기가 들어 갈 수가 없었읍니다.」

나   「구로다 씨랑 니시무라 씨는 갔겠군요.」

다나카 「구로다 씨는 갔다는데, 니시무라 씨는 가지 않았답니다.」

나   「어째서일까요?」

다나카 「갈 예정이었는데 손님이 있어 가지 못했대요.」

나   「대단히 좋았다지요?」

다나카 「구로다 씨의 이야기로는 그다지 좋지 않았대요.」

나   「그렇습니까? 신문에 의하면 다카야마 씨의 피아노는 대단히 잘했다고 하던데요.」

다나카 「그렇습니까? 그것은 몰랐읍니다.」

낱 말 풀 이

かいわ(会話) : 뗑 회화

えいが(映画) : 뗑 영화

しばい(芝居) : 뗑 연극

ぜひ : 뿐 꼭

さそ(誘)う : 타5 권유하다 「연극

かぶき(歌舞伎) : 뗑 일본의 전통적 민중

つもり : 뗑 ～작정, ～생각

かぶきざ(歌舞伎座) : 뗑 가부키를 공연하는 극장

ありがとうございます : 감사합니다 〈「ありがたい(고맙다)＋ございます」의 꼴〉

でも : 젭 하지만

はず : 뗑 예정, ～리

そんなら : 젭 그렇다면

むか(迎)える : 타하1 마중하다, 맞이하다

おねがいします : 부탁합니다 〈「お＋ねが(願)う(바라다)＋する＋ます」의 꼴〉

おんがくかい(音楽会) : 뗑 음악회

いきたかったんですが : 가고 싶었는데 〈「いく＋たい＋た＋の(ん)＋です＋が」의 꼴〉

ようじ(用事) : 뗑 용건

おきゃく(客) : 뗑 손님

い(行)けなかったそうですよ : 갈 수 없었데요 〈「い(行)く의 可能動詞い(行)ける＋ない＋た＋そうです＋よ 죄」의 꼴〉

よかったそうですね : 좋았다지요 「よい＋た＋そうです＋ね」의 꼴〉

よくなかったそうですよ : 좋지 않았데요 〈「よい＋ない＋た＋そうです＋よ」의 꼴〉

よ(依)る : 자5 의하다

じょうず(上手)だったそうですがね : 잘했다고 하던데요 〈「じょうずだ＋た＋そうです＋が＋ね」의 꼴〉

한 자 풀 이

映 {
うつる：映(うつ)る 비치다
うつす：映(うつ)す 비치게 하다
はえる：映(は)える 빛나다
エイ：映画(エイガ) 영화
}

画 {
ガ：画家(ガカ) 화가
カク：計画(ケイカク) 계획
}

芝 {
しば：芝(しば) 잔디
芝居(しばい) 연극
}

居 {
いる：居(い)る 있다
キョ：居住(キョジュウ) 거주
}

歌 {
うた：歌(うた) 노래
うたう：歌(うた)う 노래부르다
カ：歌曲(カキョク) 가곡
}

舞 {
まう：舞(ま)う 흩날리다
まい：舞(まい) 춤
ブ：舞台(ブタイ) 무대
}

誘 {
さそう：誘(さそ)う 권유하다
ユウ：誘惑(ユウワク) 유혹
}

伎 {
わざ：伎(わざ) 솜씨
キ：歌舞伎(カブキ) 가부끼
ギ：伎楽(ギガク) 고대무용극
}

座 {
すわる：座(すわ)る 앉다
ザ：座席(ザセキ) 좌석
}

迎 {
むかえる：迎(むか)える 맞이하다
ゲイ：歓迎(カンゲイ) 환영
}

願 {
ねがう：願(ねが)う 원하다
ガン：志願(シガン) 지원
}

楽 {
たのしい：楽(たの)しい 즐겁다
たのしむ：楽(たの)しむ 즐기다
ガク：音楽(オンガク) 음악
楽器(ガッキ) 악기
ラク：楽園(ラクエン) 낙원
}

用 {
もちいる：用(もち)いる 사용하다
ヨウ：使用(ショウ) 사용
}

客 {
キャク：客車(キャクシャ) 객차
カク：客死(カクシ) 객사
}

해 설

■「動詞의 連用形＋たことがない」의 形으로「～한 적이 없다」의 뜻으로 쓰인다.

遊んだことがない。(논 적이 없다.)

入れたことがあります。(넣은 적이 있습니다.)

飛んだことはありません。(난 적은 없습니다.)

出したこともあります。(낸 적도 있읍니다.)

行ったことはないそうです。(간 적은 없답니다.)

■ 希望을 나타낼 경우에는「ぜひ」를 쓰고, 추측을 나타낸다든가, 잊지 말고 ～해 달라든가 할 때는「きっと」를 쓰며, 딱 들어맞을 때에는「ちょうど」를 쓴다.

ぜひ会いたいです。(꼭 만나고 싶습니다.)

ぜひ来てください。(꼭〈제발〉와 주십시오.)

きっと雪が降るでしょう。(꼭〈틀림없이〉눈이 내리겠지요.)

きっと帰って来なさい。(〈잊지 말고〉꼭 돌아와 주십시오.)

ちょうど同じです。(꼭 같습니다.)

　　　ちょうどいいところへ来ました。(꼭〈마침〉좋은 곳에 왔습니다.)

■ ～つもり……形式名詞로서 마음 속에 생각하고 있는 것, 또는 계획하고 있는 것을 나
타낸다. 「생각(뜻), 예정, 작정, 속셈」 등의 뜻이 된다.

　　　使うつもりです。(사용할 생각입니다.)

　　　買うつもりはなかったんです。(살 생각은 없었습니다.)

　　　そんなつもりで言ったんじゃないです。(그런 뜻으로 말한 것이 아닙니다.)

　　　映画を見たつもりで本を買いました。(영화를 본 셈 치고 책을 샀습니다.)

■ ～はず……形式名詞로서 일이 당연히 그래야 할 것임을 나타내기도 하고, 약속 또는
예정이 되어 있는 것을 나타내기도 하며, 이치・까닭을 나타내기도 한다. 「～할 예정,
～할 터, 당연히 ～할 것, ～할 리」 등의 뜻이 된다.

　　　私も行くはずです。(나도 갈 예정입니다.) 또는 (나도 가기로 되어 있습니다.)

　　　高校を出たから, 新聞は読めるはずです。

　　　(고등 학교를 나왔으므로 신문은 읽을 수 있을 것입니다.)

　　○ 여기서는 「당연히」라는 기분이 내포된다.

　　　待っているはずだから, はやく行ってごらんなさい。

　　　(기다리고 있을 터이니 빨리 가 보십시오.)

　　　汽車は十時に出るはずです。(기차는 열 시에 출발할 예정입니다.)

　　○「はずがない」의 形으로「～할 리가 없다」의 뜻이 된다.

　　　わかるはずがない。(알 리가 없다.)

　　　みがくはずはありません。(닦을 리는 없습니다.)

■「体言＋に＋する」의 形으로「～으로 한다. 즉, ～으로 정한다.」의 뜻이 된다.

　　　あの人を社長にしましょう。(저 사람을 사장으로 합시다.)

　　　いつにしましたか。(언제로 했습니까?)

　　　この椅子を寝台にして眠りました。(이 의자를 침대로 해서 잠들었습니다.)

　　　月曜にしましょう。(월요일로 하지요.)

■「動詞의 連体形＋ことにする」의 形으로「～하기로 하다」의 뜻이 된다.

　　　この仕事は私がやることにしました。(이 일은 내가 하기로 했습니다.)

　　　私は英語の勉強をすることにしています。

　　　(나는 영어 공부를 하기로 하고 있습니다.)

　　　次の駅で降りることにしましょう。(다음 역에서 내리기로 합시다.)

■「行きたかったんです(가고 싶었습니다)」는 「行きたいんです(가고 싶습니다)」의 過
去이다.[1]

■ 助動詞「だ(이다)」및 形容動詞의 過去

　　　助動詞「だ」에 過去의 助動詞「た」를 연결시킬 때에는「だ」를「だっ」으로 変形시

----

1) 37과 해설 形容詞의 過去 참조.

켜 「た」를 연결시키면 된다. 形容動詞의 경우에도 마찬가지이다.

休みだ(휴일이다) ⟶ 休みだった(휴일이었다)

病気だ(병이다) ⟶ 病気だった(병이었다)

手紙だ(편지이다) ⟶ 手紙だった(편지였다)

好きだ(좋아하다) ⟶ 好きだった(좋아했다)

上手だ(능숙하다) ⟶ 上手だった(능숙했다)

元気だ(건강하다) ⟶ 元気だった(건강했다)

■ **～よ(助詞)**……会話体로서 文의 끝에 使用한다. 強調의 뜻을 나타내는데, 아래의 用例를 잘 보고 익혀 두기 바란다.

あなたが行かなくても, 私は行くよ。(당신이 가지 않아도 나는 갈 거야.)

そのりんごより, このほうが大きいよ。(그 사과보다 이 쪽이 더 커.)

田中さんはまだ帰らないんですよ。(타나카 씨는 아직 안 돌아왔어요.)

行けなかったそうですよ。(가지 못했대요.)

どうしたんだよ, こんなにおそく。(웬일이야. 이렇게 늦게.)

私の言うことをよく聞きなさいよ。(내가 하는 말을 잘 들어요.)

はやく食べましょうよ。(빨리 먹읍시다그려.)

■ 「形容詞의 連用形＋ない」의 形으로 「否定」을 나타낸다. 形容詞의 基本形의 語尾 「い」를 「く」로 変形시켜 「ない」를 연결시킨다.

よい ⟶ よくない(좋지 않다) よくなかった(좋지 않았다)

強い ⟶ 強くはない(강하지는 않다)

さむい ⟶ さむくないでしょう(춥지 않겠지요)

むずかしい ⟶ むずかしくなくて(어렵지 않고, 어렵지 않아서)

おもい ⟶ おもくなければ(무겁지 않으면)

やすい ⟶ やすくなければなりません(싸지 않으면 안 됩니다)

大きい ⟶ 大きくなくてもいいです(크지 않아도 됩니다)

ふかい ⟶ ふかくないです＝ふかくありません(깊지 않습니다)

■ **～がね**……助詞 「が」에 助詞 「ね」가 붙어서 된 것으로, 文의 끝에 붙어 확실히 말하는 것을 꺼리는 기분으로 가볍게 주장하거나 다짐하는 기분을 나타낸다. 우리말의 「～데요」의 뜻이 된다.

上手だったそうですがね。(잘 했다고 하던데요.)

すみませんがね。(미안한데요.)

洗うはずですがね。(씻을 텐데요.)

いいと思いますがね。(좋다고 생각하는데요.)

ⅠⅠⅠⅠⅠⅠⅠⅠⅠⅠⅠⅠ 연습문제 ⅠⅠⅠⅠⅠⅠⅠⅠⅠⅠⅠⅠ

다음 글을 **日本語로** 번역하시오.

1. 나는 연극을 참 좋아하지만 좋은 연극을 볼 기회가 그다지 없습니다.

2. 요사이 좋은 연극을 어디에선가 하고 있읍니까?

3. 드라마센터에서 하고 있는 「햄릿」이라는 연극이 참 좋다고 하던데요.

4. 그렇습니까? 그러면 오늘 저녁에 함께 가지 않겠읍니까?

5. 나도 가고 싶지만 내일 **試驗**이어서 공부하지 않으면 안 되기 때문에 갈 수가 없읍니다.

6. 그러면 나는 지금부터 木村氏보고 같이 가자고 말하러(さそいに) 가기로 하겠읍니다.

7. 나는 映畵를 참 좋아해서 거의 1週에 한 번씩 보러 갑니다.

8. 대개 친구하고 같이 갑니다만 어떤 때는 혼자서 갑니다. 지금도 막 나가는 참입니다.

9. 어제도 黑田氏가 **勸誘**하러 와서 前부터 보고 싶다고 생각하고 있었던 프랑스 영화를 보러 갔읍니다.

10. 来週 水曜日 밤에는 음악회에 갈 생각입니다. 만약 한가하시면 함께 갑시다.

◁ **해답** ▷

1. 私は芝居が大好きですが, いい芝居を見る機会があまりありません。　**2.** このごろいい芝居をどこかでしていますか。　**3.** ドラマセンターでしている「ハムレット」という芝居がとてもいいそうですがね。圉 ~いらる~ …~という~。야마다라는 사람…山田という人。과일이라는 것…くだものというもの。　**4.** そうですか。では, 今晩いっしょに行きませんか。　**5.** 私も行きたいんですけれど, あした試験なので勉強しなければなりませんから, 行けません。圉 시험이어서…試験なので。(즉, 시험이기 때문에)　**6.** それでは, 私はこれから木村さんを誘いに行くことにします。圉 지금부터…これから。現在에서 未来의 경우는 「いまから」보다는 「これから」를 主로 使用한다. 지금부터 가겠읍니다… これから行きます。

7. 私は映画が大好きで, ほとんど一週間に一度ずつ見に行きます。**8.** 大抵友達といっしょに行きますが, 或る時はひとりで行きます。いまもちょうどでかけるところです。**9.** きのうも黒田さんが誘いに来て前から見たいと思っていたフランスの映画を見に行ったのです。**10.** 来週の水曜の晩には音楽会へ行くつもりです。もしおひまなら, いっしょに行きましょう。圉 한가하시면…「한가하다」는 「ひまだ」이다. 「ひまだ」의 仮定은 「ひまなら」가 된다. 공손하게 말해서 接頭語 「お」를 붙여 「おひまなら」라고 한다.

四十. 小　包

金さんは　事務所へ　でかける前に　お手伝いさんの　花さんを　呼ん
で　話を　しています。

金　「これから　でかけますが，るすに　だれか　来たら，六時ごろで
　　なければ　かえらないと　言って　ください。」

花　「一日中　事務所ですか。」

金　「いいえ，きょうは　横浜へ　行きますから　おひるすぎで　なけ
　　れば　帰りません。それから　もしかすると　山本さんから　電話
　　が　あるかも　知れませんが，もし　電話が　あったら，あすの　晩
　　は　つごうが　悪くて　だめですから　あさっての　晩　来る　よう
　　に　言ってください。」

花　「なん時ごろ　いらっしゃる　ように　言いましょうか。」

金　「七時半すぎなら　なん時でも　けっこうですと　言って　くださ
　　い。」

その時　玄関で　ベルが　鳴りました。

金　「玄関に　だれか　来たようです。ちょっと　行って　見て　くだ
　　さい。」

少し　たって　花さんは　紙包みを　持って　はいって　来ながら　言
いました。

花　「郵便屋さんです。小包です。」

金　「どこから　来たのですか。」

花　「神戸の　昭和堂と　いう　本屋からです。」

金　「なんでしょうね。あけて　見て　ください。」

花　「この　ひもは　かたく　しばって　あって　なかなか　ほどけま

せん。」

金　「はさみで　切って　しまう　方が　いいでしょう。」

花　「大丈夫です。あ，ほどけました。」

金　「あ，本ですね。分かりました。神戸の　友だちが　買って　送って
　　くれたのです。」

花　「なんの　本ですか。」

金　「朴さんが　書いて　大村さんが　訳した　会話の　本です。事務
　　所の　人に　買って　あげたかったのですが，ここで　買えなかっ
　　たので，友だちに　頼んで　買って　もらったのです。」

漢字읽기――――――――
お手伝い　呼ぶ　留守　山本　電話　都合　玄関　鳴る　紙包み　郵便屋
神戸　昭和堂　堅(固)い　縛る　切る　大丈夫　送る　大村　訳する
上げる　頼む

第40課　소 포

김씨는 사무실에 나가기 전에 가정부인 하나 씨를 불러 말을 하고 있습니다.

김　「지금부터 나가겠는데 부재중에 누군가 오거든 6시경이 아니면 돌아오지 않는다
　　고 말해 주십시오.」

하나　「하루 종일 사무실입니까?」

김　「아니오, 오늘은 요코하마에 가므로 점심 시간이 지나지 않으면 돌아오지 않습
　　니다. 그리고, 어쩌면 야마모토 씨에게서 전화가 있을지도 모르는데, 만약 전화
　　가 있거든 내일 밤은 형편이 나빠서안 되므로 모레 밤에 오도록 말해 주십시오.」

하나　「몇 시경에 오시도록 말할까요?」

김　「7시 반 지나면 몇 시든지 괜찮다고 말해 주십시오.」

그 때 현관에서 벨이 울렸습니다.

김　「현관에 누군가 온 모양입니다. 잠깐 가 보아 주십시오.」

조금 지나서 하나 씨는 종이 꾸러미를 들고 들어오면서 말했습니다.

하나　「우편 집배원입니다. 소포입니다.」

김　「어디서 온 것입니까?」

하나　「코오베의 쇼오와도오라고 하는 책방에서입니다.」

김　「무엇일까요? 열어 보아 주십시오.」

하나　「이 끈은 단단히 묶여져 있어 좀처럼 풀리지 않습니다.」

김　「가위로 잘라 버리는 편이 좋겠지요.」

하나　「걱정 없습니다. 아! 풀어졌읍니다.」

김　「아! 책이군요. 알았읍니다. 코오베의 친구가 사서 보내 준 것입니다.」

하나　「무슨 책입니까?」

김　「박씨가 쓰고 오오무라 씨가 번역한 회화책입니다. 사무실에 있는 사람에게 사 드리고 싶었었는데, 여기서 살 수 없었기에 친구에게 부탁해서 사 받은 것입니다.」

낱 말 풀 이

おてつだいさん：图 가정부

これから：이제부터

るす(留守)：图 부재중

き(来)たら：오거든, 오면 〈「く(来)る＋助動詞 た의 仮定形 たら」의 꼴〉

おひるすぎ：图 正午 지남

もしかすると：图 어쩌면

あす：图 내일

つごう(都合)：图 형편, 사정

だめだ：形動 안된다, 못쓴다

いらっしゃる：自5 오시다, 가시다, 계시다 〈「くる」「いく」「いる」의 존경어〉

～ように：助動 ～하도록 예 来るように いいましょうか。(오도록 말할까요?)

～でも：助 ～이라도, ～든지 예 お茶でも飲みましょう。(차라도 마십시다.)

けっこうだ：形動 괜찮다

げんかん(玄関)：图 현관

ベル：图 종

な(鳴)る：自5 울리다

ちょっと：图 잠깐, 좀

かみづつみ(紙包み)：图 종이꾸러미

～ながら：助 ～하면서 예 新聞を読みながらラジオを聞きます。(신문을 읽으면서 라디오를 듣습니다.)

ゆうびんや(郵便屋)さん：图 우편 집배원

ほんや(本屋)：图 책방, 서점

ひも：图 끈

かた(堅)い：形 단단하다

しば(縛)る：他5 동여매다

なかなか：图 좀처럼

ほどける：自下1 풀어지다

き(切)る：他5 자르다

き「切)ってしまう：잘라 버리다 〈「き(切)る＋て＋しまう(～해 버리다)」의 꼴〉

だいじょうぶ(大丈夫)だ：形動 염려없다

おく(送)る：他5 보내다

くれる：他下1 주다(남이 나에게)

やく(訳)する：他サ 번역하다

かってあげたかった：사 드리고 싶었다 〈「か(買)う＋て＋あげる(드리다)＋たい＋た」의 꼴〉

たの(頼)む：他5 부탁하다

한 자 풀 이

伝
- つたわる：伝(つた)わる 전해지다
- つたえる：伝(つた)える 전하다
- つたう：伝(つた)う 타다
- デン：伝言(デンゴン) 전언

守
- まもる：守(まも)る 지키다
- もり：子守(こもり) 아기를 봄
- シュ：守備(シュビ) 수비
- ス：留守(ルス) 부재중

都
- みやこ：都(みやこ) 서울
- ト：都心(トシン) 도심
- ツ：都合(ツゴウ) 형편

合
- あう：合(あ)う 맞다
- あわす：合(あ)わす 맞추다
- あわせる：合(あ)わせる 맞추다
- ゴウ：合同(ゴウドウ) 합동
- ガッ：合宿(ガッシュク) 합숙
- カッ：合戦(カッセン) 전투

玄
- ゲン：玄関(ゲンカン) 현관
- 幽玄(ユウゲン) 유현

関
- せき：関(せき) 관문
- カン：関係(カンケイ) 관계

鳴
- なく：鳴(な)く 울다
- なる：鳴(な)る 울리다
- ならす：鳴(な)らす 울리다
- メイ：悲鳴(ヒメイ) 비명

神
- かみ：神(かみ) 신
- かん：神主(かんぬし) 신주
- こう：神々(こうごう)しい 성스럽다
- シン：神聖(シンセイ) 신성
- ジン：神通力(ジンツウリキ) 신통력

堂
- ドウ：堂々(ドウドウ)と 당당히
- 殿堂(デンドウ) 전당

堅
- かたい：堅(かた)い 단단하다
- ケン：堅固(ケンゴ) 견고

固
- かためる：固(かた)める 굳히다
- かたまる：固(かた)まる 굳다
- かたい：固(かた)い 단단하다
- コ：固定(コテイ) 고정

縛
- しばる：縛(しば)る 묶다
- バク：束縛(ソクバク) 속박

送
- おくる：送(おく)る 보내다
- ソウ：送別(ソウベツ) 송별

訳
- わけ：訳(わけ) 까닭
- ヤク：翻訳(ホンヤク) 번역

頼
- たのむ：頼(たの)む 부탁하다
- たのもしい：頼(たの)もしい 믿음직하다
- たよる：頼(たよ)る 의지하다
- ライ：依頼(イライ) 의뢰
- 信頼(シンライ) 신뢰

해 설

■ お手伝(てつだ)いさんの花(はな)さん…가정부인 하나 씨. 이 경우의 「の」는 同格을 나타낸다.
　　友達(ともだち)の金先生(친구인 김 선생님)

■ ～たら(助動詞)……過去完了의 助動詞 「た」의 仮定形으로서 「～하면, ～하거든, ～했으면, ～했거든, ～했더니」 등의 뜻이 되며 現在・未来・過去에 두루 쓰인다.
　　だれか来(き)たら言ってください。(누군가 오면〈오거든〉 말해 주십시오.).
　　頂上(ちょうじょう)に着(つ)いたら, おひるにしましょう。(정상에 도착하면 점심을 하기로 합시다.)
　　それが重(おも)かったら, これをお持ちなさい。(그것이 무겁거든, 이것을 드십시오.)

私だったら, そんなことはしません。(나라면 그런 일은 하지 않겠읍니다.)

本を買ったら, お金がなくなりました。(책을 샀더니, 돈이 없어졌읍니다.)

■ **助動詞「たら」・助詞「ば」・助詞「と」の 用例의 差異**

① 接続이 다르다.「たら」는 連用形에,「ば」는 仮定形에,「と」는 終止形에 連結된다.

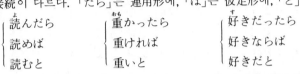

② 순수한 仮定의 경우에「たら」「ば」「と」어느 것을 使用해도 된다.

この本を $\left\{\begin{array}{l}読んだら \\ 読めば \\ 読むと\end{array}\right\}$ その問題が分ります。

(이 책을 읽으면 그 문제를 알 수 있읍니다.)

③ 仮定이기는 하지만 主節이 勧誘・許可를 나타낼 경우에는「と」는 使用할 수 없다.

仕事が $\left\{\begin{array}{l}(○)終ったら \\ (○)終れば \\ (×)終ると\end{array}\right\}$ 早く帰る方がいいです。

(일이 끝나면 빨리 돌아가는 것이 좋습니다.)

先生が $\left\{\begin{array}{l}(○)来たら \\ (○)来れば \\ (×)来ると\end{array}\right\}$ 帰ってもいいです。(선생님이 오시면 돌아가도 좋습니다.)

④ 仮定이기는 하지만 主節이 命令을 나타낼 경우에는「と」는 使用할 수 없고,「ば」는 使用할 수 있는 경우와 없는 경우가 있다.

その本を $\left\{\begin{array}{l}(○)読んだら \\ (×)読めば \\ (×)読むと\end{array}\right\}$ 私にください。(그 책을 읽었으면 나에게 주십시오.)

위의 例와 같이 動作・作用이 完了의 뜻을 강하게 나타낼 경우에는「たら」만을 使用한다.

その本が $\left\{\begin{array}{l}(○)おもしろかったら \\ (○)おもしろければ \\ (×)おもしろいと\end{array}\right\}$ 貸してください。

(그 책이 재미있으면 빌려 주십시오.)

彼が入院 $\left\{\begin{array}{l}(○)したら \\ (○)すれば \\ (×)すると\end{array}\right\}$ 知らせてください。(그가 입원하면 알려 주십시오.)

위의 例와 같이 従属節이 状態를 나타내거나, 仮定의 뜻이 강한 命令文의 경우에는

「たら」「ば」 양쪽 다 可能하다.

⑤ 過去의 習慣・習性이 되풀이해서 일어날 경우에는 「たら」「ば」「と」 세 가지 다 使用할 수 있다. 그러나, 단 한 번만 일어날 경우에는 「ば」는 使用할 수 없다.

あの頃はビールを { 飲んだら / 飲めば / 飲むと } よくジンマシンが出ました。

(그 때는 맥주를 마시면 자주 두드러기가 났습니다.)

きのうビールを { (○) 飲んだら / (×) 飲めば / (○) 飲むと } ジンマシンが出ました。

(어제 맥주를 마셨더니 두드러기가 나왔습니다.)

⑥ 同一 人物에 의해서 한 動作이 行하여졌을 경우에 잇따라서 곧 다른 動作이 일어날 경우에는 「と」만을 쓴다.

彼女はそれを { (×) 聞いたら / (×) 聞けば / (○) 聞くと } すぐ帰ってしまった。

(그 여자는 그것을 듣더니 곧 돌아가 버렸다.)

⑦ 「と」는 「たら」「ば」와 비교해 볼 때 당연한 결과를 나타내는 성격이 강하고, 어떤 조건 밑에서는 당연히 그렇게 된다고 할 때에 主로 使用한다.

春になると, 花が咲きます。(봄이 되면 꽃이 핍니다.)

위의 例의 경우에는 「ば」「たら」도 可能은 하다.

以上을 綜合하면 仮定을 포함하여 넓은 뜻을 가지는 것이 「たら」, 仮定의 성격을 강하게 나타내는 것이 「ば」, 그리고 必然性을 나타내는 것이 「と」라고 말할 수 있다.

■ 一日中事務所ですか……직역하면 「하루 종일 사무실입니까?」 즉, 「하루 종일 사무실에 계십니까?」의 뜻이다.

今先生は学校です。(지금 선생님은 학교에 계십니다.)

■ 六時ごろでなければかえらない……여섯 시경이 아니면 돌아오지 않는다. 즉, 「여섯 시경이라야 돌아온다」의 뜻이다.

이런 경우 日本語는 肯定으로 말하는 表現이 없고 항상 否定으로 表現해야 한다.

ビールでなければ飲みません。

(맥주가 아니면 마시지 않겠읍니다=맥주라야 마시겠읍니다.)

あしたでなければ分りません。

(내일이 아니면 모릅니다=내일이라야 압니다.)

■ もし電話があったら……「もし電話がかかってきたら」와 같다.「만약 전화가 있거든, 즉 만약 전화가 걸려 오거든」의 뜻이다.

■「あす」와「あした」는 같은 뜻이다.「내일」

■ いらっしゃる……「くる (오다)」「いく (가다)」「いる (있다)」의 존경어로서, 여기에서는「くる」의 존경어로서「오시다」의 뜻이다.[1]

■「動詞의 連体形＋ように」의 形으로 目的을 나타낸다. 우리말의「～하도록」에 해당된다.

　　　よく分るように教えてください。(잘 알 수 있도록 가르쳐 주십시오.)
　　　風邪を引かないようにしてください。(감기 들지 않도록 해 주십시오.)
　　　待つように言いましょうか。(기다리도록 말할까요? ＝기다리라고 할까요?)
　　　日本の新聞が読めるようになりました。(일본 신문을 읽을 수 있게 되었읍니다.)

■ ～でも (助詞)……体言이나 의문의 뜻을 나타내는 말에 붙어「～이라도」「～이든지」의 뜻을 나타낸다.

　　　お茶でも飲みましょう。(차라도 마십시다.)
　　　今からでも遅くはありません。(지금부터라도 늦지 않습니다.)
　　　なんでも好きなものをお取りなさい。(무엇이든지 좋아하는 것을 집으십시오.)
　　　いつでもあなたのつごうのいい時でけっこうです。
　　　(언제라도 당신의 형편이 좋을 때라면 됩니다.)

■ けっこうです……좋습니다.「いいです」라는 말보다 좋은 말이다.

　　　けっこうなおうちですね。(좋은 집이군요.)
　　　けっこうなものをありがとうございます。(좋은 물건을 주셔서 감사합니다.)
　　　コーヒーをもう一杯どうですか。もうけっこうです。
　　　(코오피를 더 한 잔 어떻습니까? 이젠 충분합니다.)

■ ～ながら (助詞)……「動詞의 連用形＋ながら」의 形으로 두 動作이 同時에 行하여진다는 뜻을 나타낸다. 우리말의「～하면서」에 해당된다.

　　　はいって来ながら言いました。(들어오면서 말했읍니다.)
　　　新聞を読みながら御飯を食べる。(신문을 읽으면서 밥을 먹는다.)
　　　コーヒーでも飲みながら話しましょう。(코오피라도 마시면서 이야기합시다.)

■「かたく」의 基本形은「かたい…단단하다, 질기다」이고, 그 반대는「やわらかい…부드럽다, 연하다」이다.

■ なかなか……밑에 否定이 올 때는「좀처럼」의 뜻이고, 肯定이 올 때는「상당히, 꽤, 어지간히」의 뜻이 된다.

　　　なかなかほどけません。(좀처럼 풀어지지 않습니다.)
　　　なかなか遠いです。(상당히 멉니다.)

■ 切る……五段活用動詞로서「자르다」의 뜻이다.

■ しまう……単独으로 使用하면「집어 넣다, 챙기다, 끝내다, (가게 등을) 닫다」의 뜻

―――――――――――――

1) 44 과에서 자세히 설명한다.

이 된다.

本を本箱にしまいました。(책을 책장에 집어 넣었읍니다.)

仕事をしまいなさい。(일을 끝내시오.)

店は毎日午後六時にしまいます。(상점은 매일 오후 여섯 시에 닫습니다.)

■「動詞의 連用形＋て＋しまう」의 形으로「～해 버리다」의 뜻이 된다.

こわれてしまいました。(깨져〈망가져〉 버렸읍니다.)

切ってしまいましょう。(잘라 버립시다.)

死んでしまった。(죽어 버렸다.)

見えなくなってしまう。(보이지 않게 되어 버린다.)

■「くれる」……다른 사람이 자기에게「주다」의 뜻이다.

この切符は妹が私にくれました。

(이 표는 누이 동생이 나에게 주었읍니다.)

■「動詞의 連用形＋て＋くれる」……다른 사람이 자기에게「～해 주다」의 뜻이 된다.

女中が切符を買って来てくれました。(식모가 표를 사 와 주었읍니다.)

■「くださる」……「くれる」의 존경어로서 손윗사람이 나에게「주시다」의 뜻이 된다.

先生がこの切符をくださいました。(선생님이 이 표를 주셨읍니다.)

■「動詞의 連用形＋て＋くださる」……손윗사람이 자기에게「～해 주시다」의 뜻이 된다.

この手紙は先生が書いてくださいました。(이 편지는 선생님이 써 주셨읍니다.)

■「やる」……자기가 혹은 다른 사람이 남에게「주다」의 뜻이 된다.

私は弟に手袋をやりました。(나는 동생에게 장갑을 주었읍니다.)

■「動詞의 連用形＋て＋やる」……자기가 혹은 다른 사람이 남에게「～해 주다」의 뜻이 된다.

私は弟に日本語を教えてやりました。

(나는 동생에게 일본어를 가르쳐 주었읍니다.)

■「あげる」……「やる」의 겸양어로서 자기 혹은 다른 사람이 손윗사람에게「드리다」의 뜻인데, 말 자체를 품위 있게 하기 위해서 손아랫사람에게도 사용한다.

お好きならあなたにあげましょう。(좋아하시면 당신에게 드리지요.)

私の字引を友達にあげました。(내 사전을 친구에게 주었읍니다.)

■「動詞의 連用形＋て＋あげる」……자기 혹은 다른 사람이 손윗사람에게「～해 드리다」의 뜻인데, 말 자체를 품위 있게 하기 위하여 손아랫사람에게도 사용한다.

父に時計を買ってあげました。(아버님께 시계를 사 드렸읍니다.)

母が子供に本を読んであげます。(어머님이 자식에게 책을 읽어 줍니다.)

■「もらう」……자기가 혹은 다른 사람이 남으로부터「받다」의 뜻이 된다.

友達から小包をもらいました。(친구에게서 소포를 받았읍니다.)

■「**動詞의 連用形＋て＋もらう**」……자기가 혹은 다른 사람이 남으로부터「～ 해 받다」의 뜻이 된다.

だれに来てもらいましたか。

(누구에게 와 받았읍니까? 즉, 누가 와 주었읍니까?)

■「**いただく**」……「もらう」의 겸양어로서 윗사람으로부터「받다」의 뜻이 된다.

これは先生にいただいた字引です。(이것은 선생님으로부터 받은 사전입니다.)

■「**動詞의 連用形＋て＋いただく**」……웃사람으로부터「～해 받다」의 뜻이 된다.

先生に教えていただきました。

(선생님에게서 가르쳐 받았읍니다. 즉, 선생님이 가르쳐 주셨읍니다.)

||||||||||||||||||| 연습문제 |||||||||||||||||||

다음 글을 日本語로 번역하시오.

1. 안 계실 때 누가 오면 뭐라고 말할까요?

2. 모레 저녁이 아니면 안 돌아온다고 말해 주시오.

3. 어쩌면 친구가 올지도 모릅니다만, 오거든 내 방에서 기다리도록 말해 주시오.

4. 어머니께 스웨터를 사 주십시오 하고 말했더니 이번 日曜日에 사 주신다고 말하였읍니다.

5. 이 사전은 入学記念으로 兄님이 사준 것인데, 작아서 갖고 다니기에 便利

합니다.

6. 이렇게 무거운 물건을 혼자서(ひとりで) 들고 갈 수 있읍니까?

7. 네, 걱정 없읍니다. 그것의 二倍쯤 되는 것이라도 들고 갈 수 있읍니다.

8. 이 책은 日本에 있는 친구가 사서 보내 준 것인데, 어려워서 좀처럼 읽을 수 없읍니다.

9. 이 글자를 읽을 수 없었기 때문에 先生님에게 가르쳐 받았읍니다.

10. 친구 집에 갔는데 집에 없어서 만날 수가 없었읍니다.

◁해답▷

1. お留守に誰か来たら何と言いましょうか。　2. あさっての晩でなければ帰らないと言ってください。㊟「晩」은 저녁부터 수시간 동안을 뜻한다.　3. もしかすると友達が来るかも知れませんが，来たら私の部屋で待つように言ってください。　4. 母に「セーターを買ってください」と言ったら，今度の日曜日に買ってくれると言いました。5. この字引は入学の記念に兄から買ってもらったのですが，小さくて持って歩くのに便利です。㊟ 入学 기념으로… 入学の記念に。형님에게서… 兄に 또는 兄から 어느 쪽도 좋다。6. こんなに重い物をひとりで持って行けますか。　7. はい，大丈夫です。それの二倍ぐらいあるものでも持って行けます。㊟ 2倍쯤 되는 것… 무게를 나타내므로 이 경우의「되다」는「ある」라고 해야 한다. 즉，「二倍ぐらいあるもの」또는「二倍ぐらいの」와 같이「の」로 연결해도 된다。8. この本は日本にいる友達が買って送ってくれたのですが，むずかしくてなかなか読めません。　9. この字が読めなかったので，先生に教えていただきました。　10. 友達の家へ行ったのですが，家にいなくて会えなかったんです。

四十一. 書　取

教室で　先生が　生徒に　話して　います。

これから　書取の　試験を　します。本を　しまって　ください。

　先生, 鉛筆で　書いても　よう　ございますか。

いいえ, 鉛筆で　書いては　いけません。

万年筆　または　ボールペンで　お書きなさい。

　先生, 私は　万年筆を　わすれて　来ました。

わすれものを　しては　いけませんね。これからは　気を　つけなさい。

それでは　きょうは　私の　万年筆を　貸して　上げましょう。

　ありがとう　ございます。でも, 田村さんに　借りますから　よろしゅう　ございます。

そうですか。それでは　貸して　もらいなさい。

木村さん, あなたは　何を　して　いますか。

　紙を　さがして　います。

紙は　私が　上げます。紙に　名前を　わすれずに　お書きなさい。

私が　三度　読みますから, よく　気を　つけて　お聞きなさい。

いちばん　はじめは　書かないで, よく　聞いて　おいでなさい。

二度目は　ゆっくり　読みますから, その時　お書きなさい。

三度目に　なおして, 五分あとで　お出しなさい。

さあ, いいですか, はじめますよ。

　先生, 窓の　外が　やかましくて　聞きにくうございますから, 席を　かえても　よろしゅう　ございますか。

この　席の　方が　聞きやすいでしょう。　ここへ　来て　お書きなさい。

さあ, 早く しなさい。

牛山さん, あなたは いつも おそいですね。 もっと 早く しなくて
は だめです。

では, これから はじめます。

漢字읽기────────

書取 教室 試験 忘れる 忘れ物 気をつける 貸す 上げる
田村 借りる 捜す 牛山

第41課 받아쓰기

교실에서 선생님이 학생에게 말하고 있읍니다.

지금부터 받아쓰기 시험을 하겠읍니다. 책을 집어 넣어 주십시오.

　선생님, 연필로 써도 좋습니까?

아니오, 연필로 쓰면 안 됩니다. 만년필 또는 볼펜으로 쓰십시오.

　선생님, 저는 만년필을 잊어버리고 왔습니다.

물건을 잊어서는 안 되지요. 앞으로는 주의하십시오.

그러면 오늘은 내 만년필을 빌려 드리지요.

　감사합니다. 허지만, 타무라 씨에게 빌겠으니 괜찮습니다.

그렇습니까? 그러면 비시오.

키무라 씨, 당신은 무엇을 하고 있읍니까?　종이를 찾고 있읍니다.

종이는 내가 드리겠읍니다. 종이에 이름을 잊지 말고 쓰십시오. 내가 세 번 읽겠으니
잘 정신차려 들으십시오.

제일 처음엔 쓰지 말고 잘 듣고 계십시오.

두 번째는 천천히 읽겠으니 그 때 쓰십시오.

세 번째에 고쳐서 5분 후에 내시오.

자, 좋습니까? 시작하겠어요.

　선생님, 창문 밖이 시끄러워서 듣기 힘들므로 자리를 바꾸어도 괜찮습니까?

이 자리 쪽이(이 쪽 자리가) 듣기 쉽겠지요. 여기에 와서 쓰십시오.

자, 빨리 하십시오.

우시야마 씨, 당신은 늘 늦군요. 더 빨리 하지 않으면 안 됩니다.

그러면 이제부터 시작하겠읍니다.

━ 낱 ━ 말 ━ 풀 ━ 이 ━

かきとり(書取)：图 받아쓰기

きょうしつ(教室)：图 교실

しけん(試験)：图 시험

しまう：타5 집어넣다

ようございます：좋습니다 〈「よい＋ござ
　います」의 꼴〉

いけません：안 됩니다 〈いけない (안 된
　다)〉

わす(忘)れる：타하1 잊다

わすれもの(忘れ物)：잊은 물건

わすれものをする：물건을 잊다

き(気)をつける：주의하다, 정신차리다

か(貸)す：타5 빌려 주다

か(借)りる：타상1 빌리다

よろしゅうございます：괜찮습니다〈「よろ
　しい(괜찮다)＋ございます」의 꼴〉

さが(捜)す：타5 찾다

あ(上)げる：타하1 드리다 〈やる (주다)
　의 겸양어〉

わすれずに：잊지 말고 〈「わすれる＋ず＋
　に」의 꼴〉

~ず：조동 ~하지 않고, ~하지 말고 예
　勉強(べんきょう)せずに帰(かえ)りました。(공부하지 않고
　돌아갔습니다.)

か(書)かないで：쓰지 말고 〈「かく＋ない
　＋で」의 꼴〉

ゆっくり：부 천천히

さあ：감 자아

はじ(始)める：타하1 시작하다

やかましい：형 시끄럽다

き(聞)きにくうございます：듣기 어렵습
　니다.〈「き(聞)く＋にくい(~하기 어렵
　다, ~하기 힘들다)＋ございます」의 꼴〉

か(代)える：타하1 바꾸다

き(聞)きやすい：듣기 쉽다 〈「き(聞)く＋
　やすい(~하기 쉽다)」의 꼴〉

━ 한 ━ 자 ━ 풀 ━ 이 ━

室 { むろ：室(むろ) 방
　　 シッ：室内(シツナイ) 실내

試 { こころみる：試(こころ)みる 시도해
　　　　　　　　　보다
　　 ためす：試(ため)す 시험하다
　　 シ：試験(シケン) 시험

験 { ケン：経験(ケイケン) 경험
　　 ゲン：霊験(レイゲン) 영험

忘 { わすれる：忘(わす)れる 잊다
　　 ボウ：忘却(ボウキャク) 망각

貸 { かす：貸(か)す 빌려 주다
　　 タイ：貸与(タイヨ) 대여

借 { かりる：借(か)りる 빌리다
　　 シャク：借用(シャクヨウ) 차용

捜 { さがす：捜(さが)す 찾다
　　 ソウ：捜査(ソウサ) 수사

━━ 해 설 ━━━━━━━━━━

■ **ようございます**……「좋습니다」의 뜻으로 「いいです」 보다 공손한 말투이다. 「形容詞
＋です」의 表現보다 공손하게 말할 때에는 「形容詞의 連用形＋ございます」의 形을 使
用하는데, 「ございます」 위에 오는 形容詞의 連用形의 語尾 「く」가 「う」로 音便이

된다. 이 変化形을 形容詞의 音便形이라고 한다.

■ 形容詞의 音便形

　① 「ちかい(가깝다), ありがたい(고맙다), ちいさい(작다), くらい(어둡다)」등과 같이 「～ア段い」로 된 形容詞는 「ア段」을 「オ段」으로, 「い」를 「う」로 고쳐 「ございます」를 붙인다.

　　　ちかい → ちこうございます……가깝습니다

　　　ありがたい → ありがとうございます……감사합니다

　　　ちいさい → ちいそうございます……작습니다

　　助動詞「たい」등도 이에 준한다.

　　　食べたい → 食べとうございます……먹고 싶습니다

　② 「よろしい(좋다, 괜찮다), 大きい(크다), むずかしい(어렵다)」등과 같이 「～イ段い」로 된 形容詞는 「イ段」은 「イ段ゅ」로, 「い」는 「う」로 고쳐 「ございます」를 붙인다.

　　　よろしい → よろしゅう(ございます)……괜찮습니다

　　　大きい → 大きゅう(ございます)……큽니다

　　　難しい → 難しゅう(ございます)……어렵습니다

　　　男らしい → 男らしゅう(ございます)……남자답습니다

　③ 「寒い(춥다), 軽い(가볍다), 安い(싸다)」등과 같이 「～ウ段い」로 된 形容詞는 語尾「い」를 「う」로만 고쳐 「ございます」를 붙인다.

　　　寒い → 寒う(ございます)……춥습니다

　　　軽い → 軽う(ございます)……가볍습니다

　　　安い → 安う(ございます)……쌉니다

　④ 「よい(좋다), ひろい(넓다), あおい(파랗다)」등과 같이 「～オ段い」로 된 形容詞는 語尾「い」를 「う」로만 고쳐 「ございます」를 붙인다.

　　　よい → よう(ございます)……좋습니다

　　　ひろい → ひろう(ございます)……넓습니다

　　　あおい → あおう(ございます)……파랗습니다

　※「形容詞＋ございます」의 表現은 지금 現在는 몇몇 말을 제외하고는 별로 많이 쓰이지 않는다.

■ 「動詞의 連用形＋ては＋いけない(ならない, だめだ)」의 形으로 「～해서는(～하면) 안 된다」의 뜻이 된다.

　　　書いてはいけません。(써서는 안 됩니다.)

　　　遊んではなりません。(놀면 안 됩니다.)

　　　眠ってはだめです。(자서는 안 됩니다.)

　　　訪ねてはいけない。(방문하면 안 된다.)

　　　閉めてはならない。(닫으면 안 된다.)

やせてはだめだ。(여위면 안 된다.)

泣いてはいけません。(울어서는 안 됩니다.)

※「いけない」「だめだ」는 単独으로도 쓰이나, 「ならない」는 単独으로 쓰지 못한다.

あの人のどこがいけないんですか。(저 사람의 어디가 나쁩니까?)

だめなものはだめです。(안 되는 것은 안 됩니다.)

■ 気をつける……주의하다, 정신차리다.

■ 貸してもらいなさい……직역하면 「빌려 받으시오」인데, 빌려 주는 動作을 받으라는 뜻이므로 「비시오」라는 뜻이 된다.

■「動詞의 未然形＋ずに」의 形으로 「～하지 말고, ～하지 않고」의 뜻을 나타낸다. 「ず」는 否定의 뜻의 助動詞로서 文語体인데, 口語에도 쓰인다. 「する」에 연결될 때에는 「せ」에 연결된다.

名前を忘れずにお書きなさい。(이름을 잊지 말고 쓰십시오.)

勉強せずに何をしていますか。(공부하지 않고 무엇을 하고 있읍니까?)

どこにも行かずに家にいました。(아무 데도 가지 않고 집에 있었읍니다.)

■「動詞의 未然形＋ないで」의 形으로 「動詞의 未然形＋ずに」의 形과 뜻이 같다. 즉, 「～하지 말고, ～하지 않고」의 뜻이 된다.

名前を忘れないでお書きなさい。(이름을 잊지 말고 쓰십시오.)

仕事をしないで食べることができますか。

(일을 하지 않고 먹을 수가 있읍니까?)

遊んでばかりいないで少し勉強しなさい。

(놀고만 있지 말고 좀 공부하시오.)

■「動詞의 未然形＋ないでください」의 形으로 「～하지 말아 주십시오」의 뜻이 된다. 이 경우에는 「ずに」는 쓰지 못한다.

来ないでください。(오지 말아 주십시오.)

落とさないでください。(떨어뜨리지 말아 주십시오.)

急がないでください。(서두르지 말아 주십시오.)

■「動詞의 未然形＋なくて」의 表現은 原因・理由를 나타내는 경우에, 또는 「動詞＋なくて」 다음에 助詞 「の, は, ばかり, まで」 등이 연결될 경우에 使用한다. 우리말의 「～하지 않고, ～하지 말고」의 경우에는 항상 「動詞＋ないで」의 形을 쓰도록 하면 될 것이다.

仕事がはやく終らなくて困っています。(일이 빨리 끝나지 않아서 곤란합니다.)

洗わなくてはいけません。(씻지 않으면 안 됩니다.)

■「動詞의 連用形＋にくい」……「～하기 어렵다, ～하기 힘들다」

聞きにくい。(듣기 어렵다.)　　発音しにくい。(발음하기 어렵다.)

読みにくい漢字。(읽기 어려운 한자.)

■「動詞의 連用形＋やすい」……「～하기 쉽다」

こわれやすい。(깨지기 쉽다.)　　なおしやすいです。(고치기 쉽습니다.)
この字引は引きやすい。(이 사전은 찾기 쉽다.)

########### 연습문제 ###########

다음 글을 日本語로 번역하시오.

1. 이 책을 읽어도 좋습니까?
2. 아니오, 그 책을 읽으면 안 됩니다.
3. 그 대신 더 좋은 책을 빌려 드리겠읍니다.
4. 이 만년필은 친구에게서 빌렸던 것인데 아주 쓰기 편합니다.
5. 도시락을 잊지 말고 가지고 와 주십시오.
6. 너무 일하지 말고 좀 쉬십시오.
7. 그 돈으로 밀가루를 사서 빵을 굽지 않으면 안 됩니다.
8. 당신은 물건을 잘 잊어버리는군요. 그렇게 물건을 잘 잊어버리면 안 됩니다.(「わすれもの」와 「だめ」를 써서 말하라)
9. 물건 사러 가고 싶은데 두 시간쯤 外出해도 좋습니까?
10. 예, 괜찮습니다만, 나가기 前에 개에게 먹을 것을 주는 것을 잊지 말아 주십시오.

◁해답▷

1. この本を読んでもいいですか。　2. いいえ, その本を読んではいけません。3. その代わりもっといい本を貸して上げます。　4. この万年筆は友達から借りたのですが, 大変書きやすいです。　5. お弁当を忘れないで持って来てください。　6. あまり働かないで少しお休みなさい。　7. そのお金でメリケン粉を買ってパンを焼かなければなりません。　8. あなたはよく忘れ物をしますね。そんなに忘れ物をよくしてはだめです。9. 買い物に行きたいんですが, 二時間ぐらい出かけてもよろしいですか。　10. はい, けっこうですが, でかける前に犬に食べ物をやるのを忘れないでください。

四十二. ことばの 規則

日本語を 習う時，反対の ことばを 一しょに おぼえると 大へん
便利です。たとえば 「古い」と 「新しい」,「おいしい」と 「まずい」,
「上がる」と 「下がる」は 反対の ことばです。

また うちけしの 形を 一しょに おぼえると 便利です。たとえば
「いきます」の うちけしは 「いきません」で，「行く」の うちけしは
「いかない」です。「来ます」の うちけしは 「来ません」で，「来る」の
うちけしは 「こない」です。

「来て ください」と 「して ください」の うちけしは 「こないで く
ださい」と 「しないで ください」です。

「来ません」は 「こない」より ていねいです。文法では 「来ません」を
「敬体」と 言って，「来ない」を 常体と 言います。敬体は ていねい
な 言い方で，常体は 普通の 形です。

文法は ことばを 使う 規則です。文法の ことばは 普通の 話の
時には 使いませんが，勉強の 時には かなり 便利です。

また 受身と いう 形が あります。

みなさんが 上手に 日本語を 話すと 先生に ほめられますね。

この 「ほめられる」は 「ほめる」の 受身です。「よぶ」の 受身は 「よ
ばれる」で，「たのむ」の 受身は 「たのまれる」です。「する」の 受身は
「しられる」では なくて，ただの 「される」です。これだけが 例外です。

「しられる」は 「知る」の 受身です。

では,「見る」と 「しかる」の 受身を 言って ごらんなさい。

漢字읽기————————

規則　反対　例えば　古い　新しい　上がる　下がる　打消　形
_{き そく}

丁寧　敬体　常体　言い方　文法　受身　例外

第42課　말의 규칙

일본어를 배울 때 반대말을 함께 외면 대단히 편리합니다. 예를 들면, 「낡았다」와 「새롭다」, 「맛있다」와 「맛없다」, 「오르다」와 「내리다」는 반대말입니다.

또, 부정형을 함께 외면 편리합니다. 예를 들면, 「갑니다」의 부정은 「안 갑니다」이고, 「간다」의 부정은 「안 간다」입니다. 「옵니다」의 부정은 「안 옵니다」이고, 「온다」의 부정은 「안 온다」입니다.

「와 주십시오」와 「해 주십시오」의 부정은 「오지 말아 주십시오」와 「하지 말아 주십시오」입니다.

「안 옵니다」는 「안 온다」보다 공손합니다. 문법에서는 「안 옵니다」를 「경체」라 하고, 「안 온다」를 「상체」라고 합니다. 경체는 공손한 말씨이고, 상체는 보통형입니다.

문법은 말을 사용하는 규칙입니다. 문법 말은 보통 말할 때에는 사용하지 않습니다만, 공부할 때에는 꽤 편리합니다.

또, 수동이라는 형이 있습니다.

여러분이 능숙하게 일본어를 말하면 선생님에게 칭찬받지요.

이 「칭찬받다」는 「칭찬하다」의 수동입니다. 「부르다」의 수동은 「불리다」이고, 「부탁하다」의 수동은 「부탁받다」입니다. 「する(하다)」의 수동은 「しられる」가 아니고, 보통 「される(～되다, ～당하다)」입니다. 이것만이 예외입니다.

「しられる(알려지다)」는 「알다」의 수동입니다.

그러면, 「見る(보다)」와 「しかる(꾸짖다)」의 수동을 말해 보십시오.

━ 낱 말 풀 이 ━

きそく (規則) : 图 규칙

はんたい (反対) : 图 반대

たとえば : 團 예를 들면

ふる (古)い : 图 낡다

あたら (新)しい : 图 새롭다

おいしい : 图 맛있다

まずい : 图 맛없다

あ (上)がる : 困5 오르다

さ (下)がる : 困5 내리다

うちけし (打消) : 图 부정

かたち (形) : 图 꼴, 모양

ていねい (丁寧)だ : 혱동 공손하다

ぶんぽう (文法) : 图 문법

けいたい (敬体) : 图 경체

じょうたい (常体) : 图 상체

いいかた (言い方) : 图 말하는 법

うけみ (受身) : 图 수동

みなさん : 图 여러분

ほめられる : 칭찬받다〈「ほめる (칭찬하다) ＋られる (수동의 조.동사)」의 꼴〉

よばれる：불리우다 〈「よぶ＋れる(수동의 조동사)」의 꼴〉

たのまれる：부탁받다 〈「たのむ＋れる」의 꼴〉

ただ：圀囝 보통, 그냥, 공짜, 단지, 다만

される：「する」의 수동

れいがい(例外)：圀 예외

し(知)られる：알려지다 〈「し(知)る＋れる」의 꼴〉

しかる：囲5 꾸짖다

한 자 풀 이

規 ｛ キ ：規律(キリツ)규율
規格(キカク)규격

則 ｛ ソク：法則(ホウソク)법칙
変則(ヘンソク)변칙

反 ｛ そる：反(そ)る 휘다
そらす：反(そ)らす 휘게 하다
ハン：反対(ハンタイ) 반대
ホン：謀反(ムホン) 모반
タン：反物(タンもの) 옷감

対 ｛ タイ：対立(タイリツ) 대립
ツイ：一対(イッツイ) 한 쌍

古 ｛ ふるい：古(ふる)い 낡다
ふるす：使(つか)い古(ふる)す 써서 낡다
コ ：古代(コダイ) 고대

打 ｛ うつ：打(う)つ 때리다
ダ ：打撃(ダゲキ) 타격

消 ｛ きえる：消(き)える 꺼지다
けす：消(け)す 끄다
ショウ：消滅(ショウメツ) 소멸

寧 ｛ ネイ：丁寧(テイネイ) 공손함
安寧(アンネイ) 안녕

形 ｛ かた：形(かた) 모양
かたち：形(かたち) 꼴
ケイ：形成(ケイセイ) 형성
ギョウ：人形(ニンギョウ) 인형

敬 ｛ うやまう：敬(うやま)う 존경하다
ケイ：敬意(ケイイ) 경의

常 ｛ つね：常(つね)に 항상
とこ：常夏(とこなつ) 상하
ジョウ：常備(ジョウビ) 상비

文 ｛ ふみ：文(ふみ) 편지
ブン：文化(ブンカ) 문화
モン：天文学(テンモンガク) 천문학

法 ｛ ホウ：法律(ホウリツ) 법률
ハッ：法度(ハット) 금령(禁令)
ホッ：法主(ホッシュ) 법주

受 ｛ うける：受(う)ける 받다
うかる：受(う)かる 합격되다
ジュ：受験(ジュケン) 수험

身 ｛ み ：身(み) 몸
シン：身体(シンタイ) 신체

例 ｛ たとえる：例(たと)える 예를 들다
レイ：例外(レイガイ) 예외

해 설

■「動詞의 連用形＋方(かた)」의 形으로「～하는 方法, ～하는 方式」의 뜻이 된다.

読(よ)み方(かた)(읽는법)　　　　使(つか)い方(かた)(사용법)

言(い)い方(かた)(말하는 법, 말씨)　書(か)き方(かた)(쓰는 법)

見(み)方(かた)(보는 법, 견해)　　　走(はし)り方(かた)(달리는 법)

　　この漢字の読み方を教えてほしいんです。

　　　(이 한자 읽는 법을 가르쳐 주었으면 합니다.)

■「受動」을 나타내는 助動詞「れる」와「られる」

　① 接続:

「五段活用動詞의 未然形＋れる」

　　　　しかる(꾸짖다) ─→ しかられる(꾸중듣다)

　　　　呼ぶ(부르다) ─→ 呼ばれる(불리다)

　　　　書く(쓰다) ─→ 書かれる(씌어지다)

　　　　頼む(부탁하다) ─→ 頼まれる(부탁받다)

　　　　死ぬ(죽다) ─→ 死なれる(죽음을 당하다)

　　　　取る(집다) ─→ 取られる(빼앗기다)

「する의 未然形(さ)＋れる」

　　　　する(하다) ─→ される(되다, 당하다 등의 여러 가지 뜻)

「くる・上一段・下一段活用動詞의 未然形＋られる」

　　　　くる(오다) ─→ こられる(옴을 당하다)

　　　　見る(보다) ─→ 見られる(봄을 당하다)

　　　　ほめる(칭찬하다) ─→ ほめられる(칭찬받다)

　　　　あける(열다) ─→ あけられる(엶을 당하다)

　　　　捨てる(버리다) ─→ 捨てられる(버림받다)

　② 活用:

「れる」와「られる」는 下一段活用動詞와 같이 語尾가 変化한다.

基 本 形	未 然 形 ──ない	連 用 形 ──ます ──た	終 止 形 끝　남	連 体 形 ──とき	仮 定 形 ──ば
れる	れ	れ	れる	れる	れれ
られる	られ	られ	られる	られる	られれ

　③用例:

　　　　私は時々先生にしかられます。(나는 때때로 선생님에게 꾸중듣습니다.)

　　　　今度出された試験問題はちょっとむずかしかったんです。

　　　(이번에 출제된 시험 문제는 좀 어려웠읍니다.)

　　　　長い髪を切られて, 泣いています。(긴 머리를 잘려서 울고 있읍니다.)

　　　　昨晩は, 友達に遊びに来られて, 勉強できませんでした。[1]

　　　(어젯밤에는 친구가 놀러 와서 공부할 수 없었읍니다.)

　　　　じゃまされないように気をつけなさい。(방해받지 않도록 주의하십시오.)

---

1) 이 例文 以下의 것들은 상대방의 동작이나 작용에 의해서 피해를 입는 것을 나타낸 것으로, 이럴 경우에는 수동으로 표현하는 것이 자연스러운 日本語라고 할 수 있다.

台所においた魚を猫に食べられてしまいました。

(부엌에 둔 생선을 고양이에게 먹히어 버렸읍니다.)

この子は，父に死なれて，学校へも行けなくなりました。

(이 애는 부친이 돌아가셔서 학교에도 갈 수 없게 되었읍니다.)

※「父に死なれて」……즉, 「부친의 죽음을 당하여」라는 뜻.

今度の旅行は，雨にふられてしまってつまらなかったんです。

(이번 여행은 비가 와 버려서 재미 없었읍니다.)

今あなたに行かれると，みんなこまってしまいます。

(지금 당신이 가면, 모두 곤란하게 되어 버립니다.)

■ ～だけ (助詞) ……「～만」「～뿐」이라는 뜻을 나타낸다.

みんな出かけて，私だけうちにいます。

(모두 외출하고 나만 집에 있읍니다.)

これだけあれば，ほかにはなんにも要りません。

(이것만 있으면, 이 밖에는 아무것도 필요 없읍니다.)

読んでみただけです。(읽어 보았을 뿐〈따름〉입니다.)

|||||||||||||| 연습문제 ||||||||||||||

1 つぎの ことばの うけみを 言って ごらんなさい。

1. 書く　　　　　　　　　2. 取る
3. 言う　　　　　　　　　4. 教える
5. あける

2 つぎの ことばの うちけしを 言って ごらんなさい。

1. 話して ください　―で ください　　2. はしって ください　―で ください
3. 見て ください　―で ください　　　4. 買う　　　　　―ない
5. かえる　　　　―ない

3 다음 글을 日本語로 번역하시오.

1. 공부가 이제 곧 끝나니까 그 때까지 돌아가지 말고 기다리고 있어 주시오.
2. 좋은 일을 해서 남에게 칭찬받도록 하시오.
3. 길가에서 어린애가 울고 있는데, 어머니에게 꾸중을 들었는지도 모릅니다.
4. 어린애로부터 여러 가지 질문을 받았는데 나는 대답을 할 수 없었읍니다.
5. 어제의 비에 씻겨서 나무의 초록색이 깨끗합니다.
6. 나는 왜 그 사람이 모든 사람에게 나쁜 말을 듣는지 알 수 없읍니다.
7. 이 책은 요사이 젊은 사람들에게 널리 읽혀집니다.
8. 남에게 무슨 부탁을 받았을 때에 나로서 할 수 있는 일이라면 해 줍니다.
9. 이 애는 아버지가돌아가서(しぬ) 학교에 못 가게 되었읍니다.
10. 비가 와서 아무 데도 갈 수 없읍니다.

④ 다을 글을 읽고 한국말로 번역하시오.

1. 泣いて いる ところを 人に 見られる のは はずかしい。

2. 父に つれられて 展覧会を 見に 行って 有名な 画家に 紹介されました。

3. 私の 字引を 友だちに もって 行かれて しまいました。

4. あの人は 力の 強いことで 韓国一と 言われます。

◁解答▷

①

1. 書く → 書かれる 2. 取る → 取られる 3. 言う → 言われる 4. 教える → 教えられる 5. あける → あけられる

②

1. 話してください → 話さないでください 2. はしってください → はしらないでください 3. 見てください → 見ないでください 4. 買う → 買わない 5. かえる → かえらない

③

1. 勉強がもうすぐ終りますから，その時まで帰らないで待っていてください。 2. いいことをして，人にほめられるようにしなさい。 3. 道端で子供が泣いていますが，母にしかられたかも知れません。㈜울다…泣く 4. 子供にいろいろ質問されましたが，私は答えることができませんでした。㈜질문하다…質問する，질문을 받다…質問される，대답하다…答える 5. きのうの雨に洗われて，木の緑がきれいです。 6. 私はなぜ彼がみんなの人に悪く言われるのか分りません。㈜나쁜 말을 듣다…수동으로 表現하여 悪く言われる라고 한다. 7. この本はこの頃若い人たちに広く読まれます。 8. 人に何か頼まれた時，私に，できることならして上げます。㈜무슨 부탁을 받다…「부탁을 받다」는「たのむ」의 수동을 써「たのまれる」라고 하고，「たのまれる」는 動詞이므로「무슨」에 해당되는 말은「なんの」라 하지 않고「무엇인가」로 해서「なにか」라고 해야 한다. 9. この子は，父に死なれて，学校へ行けなくなりました。㈜아버지가 죽은 일이 자기에게 피해가 되므로, 이런 경우는 아버지가 죽다를「父に死なれる」라고 수동으로 한다. 10. 雨に降られて，どこへも行けません。㈜이것도 9번과 마찬가지다.

④

1. 울고 있는 장면을 남이 보는 것은 부끄럽다. ㈜はずかしい…부끄럽다 2. 아버지에게 끌려 전람회를 보러 가서 유명한 화가를 소개받았읍니다. ㈜展覧会…전람회. 有名な画家に紹介される…유명한 화가에게 소개되다, 화가를 소개받다. 3. 내 사전을 친구가 가지고 가 버렸읍니다. ㈜그래서 나에게는 피해가 되었다는 뉘앙스를 지닌 말이라고 볼 수 있다. 4. 저 사람은 힘이 센 것으로 한국 제일이라고 불립니다. ㈜力…힘. 韓国一…한국 제일.

四十三. アブラハム　リンカーン

　　アブラハム　リンカーンは，今から　百八十年ほど　前，アメリカ合
衆国　ケンタッキー州　ハーディン郡で　生まれました。リンカーンの
おじいさんは　千七百八十年ごろ　ヴァージニア州から　ケンタッキ
ー州に　うつり，リンカーンの　おとうさんは　千八百十六年ごろまで，
そこに　住んで　いて，それから　インディアナ州に　うつりました。
リンカーンは　小さい時から　学問が　すきでしたが，うちが　非常に
びんぼうだったので，あまり　学校へ　行く　ことが　できませんで
した。しかし　ぜひ　学問を　したいと　思って　ひとりで　よく　勉
強しました。
　　リンカーンは　家族が　千八百三十年に　イリノイ州に　うつってから
　　家を　出て，ある時は　人に　やとわれて　働き，　また　ある時は
　　商人に　なって　いろいろな　商売を　やりました。
　　それから　弁護士に　なって　だんだん　人に　知られ，とうとう
　　千八百六十年には　アメリカ合衆国の　大統領に　えらばれました。
　　リンカーンが　大統領に　なって　いた時，有名な　南北戦争が　おこ
　　って，南の　州と　北の　州が　たたかいました。この戦争は　千八百
　　六十一年から　六十五年まで　つづいたのですが，　とうとう　北の
　　州が　かって　南の　州が　まけました。
　　ですから　リンカーンは　はじめの　うちは　南の　州の　人たちには
　　よく　思われませんでした。また　ある　人たちからは　悪く　言わ
　　れました。
　　ある時　リンカーンが　フォーズ座へ　行った　時，ジョン　ブースと
　　いう　者に　ピストルで　頭を　うたれました。リンカーンは　すぐに

近くの　家へ　おくられて，医者の　手当を　うけましたけれども，と
うとう　千八百六十五年四月十四日に　なくなりました。

漢字읽기

がっしゅうこく　しゅう　ぐん　う　うつ　す　がくもん　ひじょう　びんぼう
合衆国　州　郡　生まれる　移る　住む　学問　非常に　貧乏

やと　しょうにん　しょうばい　べんごし　だいとうりょう　えら　ゆうめい　なんぼくせんそう
雇う　商人　商売　弁護士　大統領　選ぶ　有名　南北戦争

お　つづ　か　ま　もの　う　てあて　う　な
起こる　続く　勝つ，負ける　者　撃つ　手当　受ける　亡くなる

第43課 에이브러햄 링컨

에이브러햄 링컨은 지금부터 180년쯤 전, 아메리카 합중국 켄터키 주 하딘 군에서 태어났습니다. 링컨의 할아버지는 1780년경 버어지니아 주에서 켄터키 주로 옮겼으며, 링컨의 아버지는 1816년경까지 그 곳에서 살고 있다가 그 다음에 인디애나 주로 옮겼습니다. 링컨은 어릴 때부터 학문을 좋아했는데, 집이 대단히 가난했었기 때문에 그다지 학교에 갈 수가 없었습니다. 그러나, 꼭 학문을 하고 싶다고 생각하여 혼자서 열심히(잘) 공부했습니다. 링컨은 가족이 1830년에 일리노이 주로 옮기고 나서 집을 나와, 어떤 때는 남에게 고용되어 일했으며, 또 어떤 때는 상인이 되어 여러 가지 장사를 했습니다.

그리고 나서, 변호사가 되어 점점 남에게 알려졌으며, 마침내 1860년에는 아메리카 합중국의 대통령에 뽑혔습니다.

링컨이 대통령이 되어 있었을 때 유명한 남북 전쟁이 일어나서 남주와 북주가 싸웠습니다. 이 전쟁은 1861년에서 65년까지 계속되었는데, 마침내 북주가 이기고 남주가 졌습니다.

그러므로, 링컨은 처음 동안은 남주 사람들에게는 좋게 생각되지 않았습니다. 또 어떤 사람들로부터는 나쁜 말을 들었습니다.

어느 때 링컨이 포드 극장에 갔을 때, 존 부드라는 자에게 피스톨로 머리를 맞았습니다. 링컨은 곧 가까운 집으로 보내어져서 의사의 치료를 받았습니다만, 마침내 1865년 4월 14일에 돌아가셨습니다.

날 말 풀 이

がっしゅうこく(合衆国)：圏 합중국
しゅう(州)：圏 주
ぐん(郡)：圏 군
う(生)まれる：자하1 태어나다
おじいさん：圏 할아버지
うつ(移)る：자5 옮기다

おとうさん：圏 아버님
す(住)む：자5 거주하다
ちい(小)さいとき(時)：어릴 때
がくもん(学問)：圏 학문
ひじょう(非常)に：부 대단히
びんぼう(貧乏)だ：형동 가난하다

やと(雇)う：**타5** 고용하다

しょうにん(商人)：**명** 상인

しょうばい(商売)：**명** 장사

やる：**타5** 하다

べんごし(弁護士)：**명** 변호사

だんだん：**부** 점점

とうとう：**부** 드디어

だいとうりょう(大統領)：**명** 대통령

えら(選)ぶ：**타5** 뽑다.

ゆうめい(有名)だ：**형동** 유명하다

なんぼくせんそう(南北戦争)：**명** 남북 전쟁

お(起)こる：**자5** 일어나다

たたか(戦)う：**자5** 싸우다

つづ(続)く：**자5** 계속되다

か(勝)つ：**자5** 이기다

ま(負)ける：**자하1** 지다

うち(内)：**명** 동안

おも(思)われる：생각되다 〈「おも(思)う＋れる(수동의 조동사)」의 꼴〉

わる(悪)くい(言)われる：나쁜 말을 듣다 〈「わる(悪)い＋い(言)う＋れる(수동의 조동사)」의 꼴〉

もの(者)：**명** 자, 사람, 놈

ピストル：**명** 권총

う(撃)たれる：맞다 〈「う(撃)つ(쏘다)＋れる(수동의 조동사)」의 꼴〉

おく(送)られる：보내어지다 〈「おく(送)る＋れる(수동의 조동사)」의 꼴〉

てあて(手当)：**명** 치료

う(受)ける：**타하1** 받다

な(亡)くなる：**자5** 돌아가다, 죽다

====**한 자 풀 이**====

衆 {
シュウ：民衆(ミンシュウ) 민중
シュ：衆生(シュジョウ) 중생
}

州 {
シュウ：州議会(シュウギカイ) 주의회
ス：三角州(サンカクス) 삼각주
}

郡 {
グン：郡部(グンブ) 군부
　　郡(グン) 군
}

移 {
うつる：移(うつ)る 옮겨지다
うつす：移(うつ)す 옮기다
イ：移転(イテン) 이전
}

問 {
とう：問(と)う 묻다
とい：問(と)い 질문
とん：問屋(とんや) 도매점
モン：問題(モンダイ) 문제
}

非 {
ヒ：非難(ヒナン) 비난
　　是非(ゼヒ) 시비, 꼭
}

貧 {
まずしい：貧(まず)しい 가난하다
ヒン：貧富(ヒンプ) 빈부
}

{
ビン：貧乏(ビンボウ) 가난함
}

乏 {
とぼしい：乏(とぼ)しい 부족하다
ボウ：欠乏(ケツボウ) 결핍
}

雇 {
やとう：雇(やと)う 고용하다
コ：雇用(コヨウ) 고용
}

商 {
あきなう：商(あきな)う 장사하다
ショウ：商業(ショウギョウ) 상업
}

護 {
ゴ：護衛(ゴエイ) 호위
　　保護(ホゴ) 보호
}

統 {
すべる：統(す)べる 통괄하다
トウ：統一(トウイツ) 통일
}

領 {
リョウ：領土(リョウド) 영토
　　　要領(ヨウリョウ) 요령
}

選 {
えらぶ：選(えら)ぶ 뽑다
セン：選挙(センキョ) 선거
}

有 {
ある：有(あ)る 있다
ユウ：有益(ユウエキ) 유익
}

戦
- ウ：有無(ウム) 유무
- いくさ：戦(いくさ) 싸움
- たたかう：戦(たたか)う 싸우다
- セン：戦争(センソウ) 전쟁

争
- あらそう：争(あらそ)う 다투다
- ソウ：争議(ソウギ) 쟁의

勝
- かつ：勝(か)つ 이기다
- まさる：勝(まさ)る 낫다
- ショウ：勝敗(ショウハイ) 승패

負
- まける：負(ま)ける 지다
- まかす：負(ま)かす 지게 하다
- おう：負(お)う 짊어지다
- フ：負担(フタン) 부담

撃
- うつ：撃(う)つ 쏘다
- ゲキ：撃退(ゲキタイ) 격퇴

亡
- ない：亡(な)くなる 돌아가다
- ボウ：死亡(シボウ) 사망
- モウ：亡者(モウシャ) 망자

해 설

■ **連用形의 用法의 하나인 中止法에 対해서**

　　ある時は人に雇われて**働き**, またある時は商人になっていろいろの商売をやりました。(어떤 때는 남에게 고용되어서 일했으며, 또 어떤 때는 상인이 되어 여러 가지 장사를 했습니다.)

　　花が**咲き**, 鳥が歌います。(꽃이 피고 새가 노래부릅니다.)

　　山は**高く**, 川は清い。(산은 높고 강은 맑다.)

　　体は**丈夫で**, いつも元気です。(몸은 튼튼하고, 늘 건강합니다.)

　　店に**入り**, 本を買いました。(상점에 들어가서 책을 샀습니다.)

　위 文例의「働き」「咲き」「高く」「丈夫で」「入り」 등은 모두 用言의 連用形으로서 일단 文을 中止했다가 다음 文에 이어 주는 역할을 하고 있다. 이러한 用法을 中止法이라고 하는데, 中止法은 ① 同時에 일어나는 사항 또는 同時에 存在하는 상태를 나열해서 나타낼 경우, ② 시간적인 진행의 순서에 따라서 사항을 말하는 경우 등에 使用된다. 中止法은 ①의 경우가 많다.

　現代語에서는「店に入って, 本を買いました」처럼 助詞「て」를 使用하는 것이 보통이지만, 限定된 紙面에 사건·사항 등을 기재해 나갈 경우 등에는 中止法의 用法을 많이 使用한다.

　　北の州が**勝ち**, 南の州が負けました。
　　北の州が**勝って**, 南の州が負けました。

　　(북주가 이기고 남주가 졌습니다.)

■ **小さい時**……어릴 때

■ **商売をやる**……장사를 하다

■ **はじめのうち**……처음 동안

　　若いうちに勉強しなさい。(젊은 동안에 〈젊었을 때〉 공부하십시오.)

■ **手当をうける**……치료를 받다, **手当をもらう**……수당을 받다. 「うける」는 (던진 공,

교육, 보호, 명령, 인사 등을)「받다」라고 할 경우에 쓰고,「もらう」는 (상, 선물, 물건 등을)「받다」라고 할 경우에 쓴다.

■ 亡くなる……죽다, 돌아가다. 無くなる……(물건이) 없어지다. 居なくなる…… (사람, 동물이) 없어지다.

基　本　形	受　動
やとう (고용하다)	やとわれる (고용되다)
しる (알다)	しられる (알려지다)
えらぶ (뽑다)	えらばれる (뽑히다)
おもう (생각하다)	おもわれる (생각되다)
いう (말하다)	いわれる (말을 듣다)
うつ (쏘다)	うたれる (맞다)
おくる (보내다)	おくられる (보내어지다)

‖‖‖‖‖‖‖‖‖‖‖‖연습문제 ‖‖‖‖‖‖‖‖‖‖‖‖

1 다음 말을 넣어 짧은 글을 지어 보시오.

1. すき

2. ぜひ

3. ～したい

4. だんだん

5. とうとう

6. すぐに

2 다음 물음에 答하시오.

1. リンカーンは どこで 生まれましたか。

2. リンカーンは どうして 学校へ 行く ことが できませんでしたか。

3. リンカーンは とうとう 何に なりましたか。

4. 南北戦争で 南と 北と どちらが かち ましたか。

5. リンカーンは どうして なくなりまし たか。

3 다음 글을 日本語로 번역하시오.

1. 감기가 들어서 一週日이나 집에 있지 않으면 안 되었읍니다.

2. 그 때문에 꼭 가고 싶다고 생각하고 있었던 音楽会에도 가지 못했읍니다.

3. 어제 당신에게 써 받은 住所를 잃어 버렸기 때문에 미안하지만 다시 한 번 써 받을 수 없을까요? (なくす, すみ ません)

4. 그 사람은 권총에 맞은 것이라고 생 각되었으나 그렇지는 않았읍니다.

5. 원하면(갖고 싶으면) 사 드릴 테니까 사양 말고 말해 주시오. (ごえんりょなく)

6. 한국 전쟁은 三년간 계속되었다고 생 각됩니다.

7. 남에게 고용되어서 일하기보다는 자 기 스스로 장사를 하는 것이 좋다는 사람도 많습니다.

8. 이번 일요일에는 친구가 찾아오기로 되어 있으니까 함께 테니스 치러 갈 생각입니다.

9. 이웃 나라와의 사이에 전쟁을 해서는　10. 가난하기 때문에 새로운 옷은 살 수
안 됩니다.　　　　　　　　　　　　　　없는 모양입니다.

◁해답▷

1

1. あなたのすきな食べ物は何ですか。(당신이 좋아하는 음식은 무엇입니까?)　2.
一度でいいからぜひ日本へ行きたいです。(한 번으로 좋으니 꼭 일본에 가고 싶습니다.)
3. ここで運動をしたいんですが, だめでしょうか。(여기서 운동을 하고 싶은데, 안 될
까요?)　4. 日本語がだんだんむずかしくなります。(일본어가 점점 어려워집니다.) 5.
一時間以上待ちましたがとうとう来ませんでした。(한 시간 이상 기다렸읍니다만, 결국
오지 않았읍니다.)　　6. すぐに終りますから待っていてください。(곧 끝나니 기다리고
있어 주십시오.)

2

1. リンカーンはアメリカ合衆国ケンタッキ州ハーディン郡で生まれました。2. リンカー
ンは家が非常に貧乏だったので, 学校へ行けませんでした。3. リンカンはとうとう大統
領になりました。4. 南北戦争で北の方が勝ちました。　5. ジョン・ブースという者
にピストルで頭を撃たれて亡くなりました。

3

1. 風邪を引いて一週間も家に居なければなりませんでした。　2. そのためにぜひ行
きたいと思っていた音楽会にも行けませんでした。　3. きのうあなたに書いて頂いた宛
名をなくしたので, すみませんがもう一度書いて頂けませんか。㊟ 주소……「宛名」라고 해
도 되고 또는 「住所」라고 해도 된다. 잃어버리다…なくす 4. その人はピストルに撃たれたも
のだと思われましたが, そうではありませんでした。　5. ほしければ買って上げ
ますから, ごえんりょなく言ってください。　6. 韓国戦争は三年間続いたと思わ
れます。　7. 人に雇われて働くよりは自分で商売をやる方がいいという人も沢山
います。　8. 今度の日曜日には友達が訪ねて来るはずですから, いっしょにテニスをし
に行くつもりです。㊟ 찾아오기로 되어 있으니까…訪ねて来るはずですから。 약속이 되어있
으므로 「はず」를 써서 말하면 된다。　9. となりの国との間で戦ってはいけません。　㊟
전쟁을 하다…戦う 또는 戦争をする。　10. 貧乏なので, 新しい着物が買えないようです。

四十四. 日本語の 授業(一)

ある 生徒が 立って 話して います。

「この 学校の 日本語の 授業の ようすを お話しします。

先生は いつも 日本語で お話しに なります。

日本語の 外は ほとんど お使いに なりません。

先生は たくさん 質問 なさいます。

私たちは すぐ それに 答えます。

先生は また いろいろな ことを する ように おっしゃいます。

たとえば 先生が 立つ ように おっしゃると, 私たちは 立ちます。

窓の 所へ 行く ように おっしゃると, 窓の 所へ 行きます。

窓を あける ように おっしゃれば, 窓を あけますし, しめる ように

おっしゃれば, 窓を しめます。本を 読む ように おっしゃれば,

本を 読みます。

ひとりで 読む ことも ありますし, みんなで いっしょに 読む

ことも あります。

その 外 いろいろな ことを して 習います。

日本語の 勉強は むずかしいけれども, 大へん おもしろいと 思

います。」

漢字읽기─────────

授業 様子 質問 答える
じゅぎょう ようす しつもん こた

第44課 일본어 수업〈1〉

어떤 학생이 서서 말하고 있습니다.

「이 학교의 일본어 수업 상황을 말씀드리겠습니다.

선생님은 언제나 일본어로 말씀하십니다.

일본어 외에는 거의 사용하시지 않습니다.

선생님은 많이 질문하십니다.

우리들은 곧 그것에 대답합니다.

선생님은 또 여러 가지 일을 하도록 말씀하십니다.

예를 들면, 선생님이 일어서도록 말씀하시면 우리들은 일어섭니다.

창 있는 데로 가도록 말씀하시면 창 있는 데로 갑니다. 창문을 열도록 말씀하시면 창문을 열고, 닫도록 말씀하시면 창문을 닫습니다. 책을 읽도록 말씀하시면 책을 읽습니다. 혼자서 읽는 일도 있고, 모두 함께 읽는 일도 있읍니다.

그 밖에 여러 가지 일을 해서 배웁니다.

일본어 공부는 어렵지만 대단히 재미있다고 생각합니다.

＿낱＿말＿풀＿이＿

じゅぎょう(授業)：[명] 수업

ようす(様子)：[명] 모양, 상황

おはな(話)しします：말씀드리겠읍니다
〈「お＋はなす＋する＋ます」의 꼴〉

おはな(話)しになります：말씀하십니다
〈「お＋はなす＋に＋なる＋ます」의 꼴〉

おつか(使)いになりません： 사용하시지
않습니다 〈「お＋つかう＋に＋なる ＋ま
せん」의 꼴〉

なさる：[타5] 하시다 〈「する」의 존경어이
고 「ます」에 이어질 때는 「なさいます」
라고 한다.〉

しつもん(質問)：[명] 질문

こた(答)える：[자하1] 대답하다

おっしゃる：[타5] 말씀하시다 〈「言う」의
존경어, 「ます」에 이어질 때는 「おっし
ゃいます」라고 한다〉

おもしろい：[형] 재미있다.

＿한＿자＿풀＿이＿

授 ┤ さずける：授(さず)ける 하사하다
　　さずかる：授(さず)かる 주시다
　　ジュ：授与(ジュヨ) 수여

様 ┤ さま：様(さま) ～씨, ～님
　　ヨウ：様式(ヨウシキ) 양식
　　　　模様(モヨウ) 무늬, 모양

質 ┤ シツ：本質(ホンシツ) 본질
　　シチ：質屋(シチや) 전당포
　　チ ：言質(ゲンチ) 언질

答 ┤ こたえる：答(こた)える 답하다
　　こたえ：答(こた)え 답
　　トウ：応答(オウトウ) 응답

┌ 해　설 ┐─────────────

■ 敬語에 対해서

日本語에서도 우리말과 같이 敬語를 사용한다. 日本語의 敬語는 우리말의 敬語보다 좀더 복잡하다고 할 수 있다.

敬語의 表現 方式에는 特別한 名詞나 動詞를 使用한다든가, 또는 接頭語·接尾語를 使用한다든가, 또는 助動詞·補助動詞를 使用한다든가 하는 여러 가지 方法이 있다.

敬語는 그 使用하는 방법에 따라 세 가지로 区分하는데, 듣는 사람(읽는 사람) 또는 話題에 오른 人物을 直接 존경하는「**尊敬語**」, 말하는 사람(쓰는 사람) 자신을 낮춤으로써 상대나 話題의 人物을 존경하기도 하고 또는 話題의 人物을 낮춤으로써 相対 또는 다른 話題의 人物을 존경하기도 하는「**謙讓語**」,「～ます」「～です」 등과 같이 듣는 사람(읽는 사람)을 존대하는 마음에서 공손하게 말하는「**丁寧語**(공손한 말)」가 있다.

■「お＋動詞의 連用形＋になる」의 形으로 尊敬語의 表現이 된다.

使う(사용하다) ⟶ お使いになる(사용하시다)

読む(읽다) ⟶ お読みになる(읽으시다)

会う(만나다) ⟶ お会いになる(만나시다)

乗る(타다) ⟶ お乗りになる(타시다)

起きる(일어나다) ⟶ お起きになる(일어나시다)

見る(보다) ⟶ ごらんになる(보시다)[1]

居る(있다) ⟶ おいでになる(계시다)

来る(오다) ⟶ おいでになる(오시다)

行く(가다) ⟶ おいでになる(가시다)

■ 動作을 나타내는 漢字語로 된 名詞, 즉「する」와 합해져서 動詞가 되는 漢字語의 경우에는「御＋漢語名詞＋になる」또는「する」의 尊敬語인「なさる(하시다)」를 使用하여「(御)＋漢語名詞＋なさる」[2]의 形으로 尊敬語가 된다.

質問する(질문하다) ⟶ 御質問になる(질문하시다)

質問なさる(질문하시다)

卒業する(졸업하다) ⟶ 御卒業になる(졸업하시다)

卒業なさる(졸업하시다)

心配する(걱정하다) ⟶ 御心配になる(걱정하시다)

心配なさる(걱정하시다)

■ 보통말과 다른 특별한 말, 즉 동사 자체가 존경의 뜻을 가지고 있는 動詞로서 尊敬語를 表現하기도 한다.

「なさる」「くださる」「おっしゃる」「いらっしゃる」는「五段活用動詞」이지만「ます」에 연결될 때에는 語尾가「り」로 되어 연결되는 것이 아니고「い」로 되어서 연결된다.

なさる ⟶ なさいます

---

1) 見る·居る·来る·行く는 お見になる·お居になる·お来になる·お行きになる 라고는 하지 않으니 주의할 것.

2)「(御)＋漢語名詞＋なさる」의 경우에는「御」는 생략해도 된다.

くださる ──→ くださいます

おっしゃる ──→ おっしゃいます

いらっしゃる ──→ いらっしゃいます。

보 통 말	尊 敬 語
する(하다)	なさる(하시다)
くれる(주다)	くださる(주시다)
言う(말하다)	おっしゃる(말씀하시다)
行く(가다)	いらっしゃる(가시다)
来る(오다)	いらっしゃる(오시다)
居る(있다)	いらっしゃる(계시다)

또, 말의 끝에 와서 命令의 뜻이 될 때에는 다음과 같이 된다.

なさる ──→ なさい(하시오)   くださる ──→ ください(주시오)

おっしゃる ──→ おっしゃい(말씀하시오)

いらっしゃる ──→ いらっしゃい(오시오, 가시오, 계시오)

이 「なさい」「ください」「おっしゃい」「いらっしゃい」에 助動詞 「ます」의 命令形 「ませ, まし」를 붙여서 사용하면 더 공손한 말이 된다.

いらっしゃいませ 또는 いらっしゃいまし(오십시오)

■ **尊敬語의 例文**

あなたはいつも日本語で**お話しになり**ますか。

(당신은 언제나 일본어로 말씀하십니까?)

先生はあした**お帰りになり**ます。(선생님은 내일 돌아오십니다.)

金さんは去年卒業**なさっ**たそうです。(김씨는 작년에 졸업하셨답니다.)

あなたの**おっしゃっ**たことは本当ですか。(당신이 말씀하신 것은 정말입니까?)

そちらへ**いらっしゃっ**てはいけません。(그 쪽으로 가시면 안 됩니다.)

いらっしゃいませ。(어서 오십시오.)

■ 「お＋動詞의 連用形＋する」의 形으로 謙譲語의 表現이 된다.

会う(만나다) ──→ お会いする(만나 뵙다)

願う(바라다) ──→ お願いする(〈자기 등이〉 바라다)

待つ(기다리다) ──→ お待ちする(〈자기 등이〉 기다리다)

話す(말하다) ──→ お話しする(〈자기 등이〉 이야기하다)

訪ねる(찾아가다) ──→ お訪ねする(찾아 뵙다)

이 「お…する」는 日常会話에서 종종 공손한 말로 쓰이는 경향을 찾아볼 수 있다. 그러나 「お…する」의 表現은 어디까지나 謙譲語로서 工夫해 두는 것이 바람직하다고 생각한다.

あなたのおとうさんに**お会**いしたいと思います。

(당신 아버님을 만나 뵙고 싶다고 생각합니다.)

先生に**お願**いしたら, どうでしょうか。(선생님에게 부탁드리면 어떨까요?)

一時間ほどなら, ここで**お待**ちします。(한 시간 정도라면 여기서 기다리겠습니다.)

|||||||||||||||| 연습문제 ||||||||||||||||

다음 글을 日本語로 번역하시오.

1. 先生님이 책을 읽도록 말씀하셨습니다.

2. 어머니가 왼손으로 밥공기를 들도록 말씀하셨습니다.

3. 太郎氏는 아버지가 말씀하시면 무엇이든지 잘 듣습니다.

4. 山本氏는 六年 前에 学校를 卒業하셨읍니다.

5. 아침 일찍 일어나도록 말씀하셨습니다. 그렇지만 또 늦잠을 잤습니다.

6. 당신은 그 그림을 보셨읍니까?

7. 아직 보지 않았읍니다만 시간이 나면 보러 갈 생각입니다.

8. 이 버스를 타실 분은 빨리 타 주십시오.

9. 저 방에서 주무시고 계신 분은 누구십니까?

10. 잘 모르겠읍니다만 아마 우리 학교 국어 선생님일 것입니다.

◁해답▷

1. 先生が本を読むようにおっしゃいました。　2. 母が左の手で茶碗を持つようにおっしゃいました。　3. 太郎さんはおとうさんがおっしゃれば, なんでもよく聞きます。　4. 山本さんは六年前に学校を卒業なさいました。　5. 朝早く起きるようにおっしゃいました。　けれども, また朝寝坊をしました。　6. あなたはその絵をごらんになりましたか。

7. まだ見ませんが, ひまがあったら, 見に行くつもりです。㋐시간이 나다…ひまがある。

8. このバスにお乗りのかたは, はやくのってください。㋐타실 분…おのりになるかた 라고 해도 된다. 그러나 보통은 「おのりのかた」라고 한다. 버스를 타다…バスにのる。「に」에 주의할 것.　9. あの部屋で休んでいらっしゃるかたはどなたですか。㋐주무시고 계시다 …お休みになっていらっしゃる라고 해도 되지만 二重尊敬語는 피하는 것이 좋다.　10. よく知りませんが, 多分私の学校の国語の先生でしょう。

四十五. 日本語の 授業(二)

私は 日本語の 教師です。

日本語の 授業の時，私は いろいろな ことを 何度も 話して 聞かせます。

はじめは 本を 使わないで 話だけを します。

時々 品物や 絵を 見せて，いみを 分からせます。

しばらく 話を してから，本を 出させて 読ませます。

ひとりずつ 読ませる ことも ありますし，一しょに 読ませることも あります。

言葉や 文章を 書かせる ことも あります。

また いろいろな ことを させて 言葉を おぼえさせます。

品物を 持って 来させたり，窓の そばへ 行かせたり します。

また いろいろな 質問に 答えさせたり，いろいろな ことを 話させたりします。

たとえば 次の ような 問答を します。

「のどが かわいた 時には どう しますか。」

「水や お茶や お湯を のみます。」

「おなかが すいた 時には どう しますか。」

「いろいろな 物を 食べます。」

「あなたは 夜 おそく ねても，朝 早く 起きられますか。」

「いいえ，夜 おそく ねると，朝 早く 起きられません。」

「あなたは だれに へやの そうじを させますか。」

「お手伝いさんに させます。」

「靴は だれに みがかせますか。」

「大てい お手伝いさんに みがかせますが, 時々 自分でも みがきます。」

「食料品は だれに 買わせますか。」

「大てい お手伝いさんに 買わせますが, 自分で 買いに 行く ことも あります。店に 電話を かけて おいて お手伝いさんを 取りに やる ことも あります。」

「人を 待たせるのは いい ことですか。」

「いいえ, 悪い ことです。」

「人に 待たせられるのは すきですか。」

「いいえ, 待たせられるのは きらいです。」

「『待たせられる』と『待たされる』は 同じ 意味ですか, ちがう 意味ですか。」

「同じ 意味です。」

こうして 生徒は だんだん 上手に なるのです。

漢字읽기————

教師 品物 言葉 文章 問答 お湯 来させる 水

第45課 일본어 수업〈2〉

나는 일본어 교사입니다.

일본어 수업 때 나는 여러 가지 일을 몇 번이나 말해서 들려 줍니다.

처음엔 책을 사용하지 않고 이야기만을 합니다.

때때로 물건이나 그림을 보이고 뜻을 알게 합니다.

잠시 이야기를 하고 나서 책을 꺼내게 하고 읽힙니다.

한 사람씩 읽히는 일도 있고 함께 읽히는 일도 있습니다.

단어나 문장을 쓰게 하는 일도 있습니다.

또 여러 가지 일을 시켜서 말을 기억하게 합니다.

물건을 가지고 오게 하기도 하고, 창문 옆으로 가게 하기도 합니다.

또 여러 가지 질문에 대답하게 하기도 하고, 여러 가지 일을 이야기하게 하기도 합니다.

예를 들면 다음과 같은 문답을 합니다.

「목이 말랐을 때는 어떻게 합니까?」

　「물이나 차나 더운 물을 마십니다.」

「배가 고팠을 때에는 어떻게 합니까?」

　「여러 가지 음식을 먹습니다.」

「당신은 밤에 늦게 자도 아침에 일찍 일어날 수 있읍니까?」

　「아니오, 밤에 늦게 자면 아침에 일찍 일어날 수 없읍니다.」

「당신은 누구에게 방 청소를 시킵니까?」

　「가정부에게 시킵니다.」

「구두는 누구에게 닦게 합니까?」

　「대개 가정부에게 닦게 합니다만, 때때로 스스로도 닦습니다.」

「식료품은 누구에게 사게 합니까?」

　「대개 가정부에게 사게 합니다만, 자신이 사러 가는 일도 있읍니다. 가게에 전화를
　걸어 놓고 가정부를 가지러 보내는 일도 있읍니다.」

「남을 기다리게 하는 것은 좋은 일입니까?」

　「아니오, 나쁜 일입니다.」

「남을 기다리지 않으면 안 되는 것은 좋아합니까?」

　「아니오, 기다리지 않으면 안 되는 것은 싫어합니다」

「『待たせられる』와 『待たされる』는 같은 뜻입니까, 다른 뜻입니까?

　「같은 뜻입니다.」

이렇게 해서 학생은 점점 능숙하게 되는 것입니다.

＿낱＿말＿풀＿이＿

きょうし(教師)：⑲ 교사

き(聞)かせる：듣게 하다, 들려 주다〈「き
(聞)く＋せる(使役의 助動詞)」의 꼴〉

しなもの(品物)：⑲ 물건

み(見)せる：　타하１　보여 주다

わ(分)からせる：알게 하다〈「わ(分)かる
＋せる」의 꼴〉

しばらく：⑨ 한참

だ(出)させる：꺼내게 하다〈「だ(出)す＋
せる」의 꼴〉

よ(読)ませる：읽히다〈「よ(読)む＋せる」
의 꼴〉

ぶんしょう(文章)：⑲ 문장

か(書)かせる：쓰게 하다〈「書」く＋せる」
의 꼴〉

させる：시키다, 하게 하다〈「する＋せる」
의 꼴〉

おぼ(覚)えさせる：기억하게 하다〈「おぼ
(覚)える＋させる(使役의 助動詞)」의 꼴〉

こ(来)させる：오게 하다〈「く(来)る＋さ
せる」의 꼴〉

い(行)かせる：가게 하다〈「い(行)く＋せ
る」의 꼴〉

こた(答)えさせる：대답하게 하다〈「こた
(答)える＋させる」의 꼴〉

はな(話)させる：말하게 하다〈「はな(話)

す+せる」의 꼴〉

もんどう(問答):囤 문답

みず(水):囤 물, 냉수

おちゃ(茶):囤 차

おゆ(湯):囤 더운 물

お(起)**きられる**: 일어날 수 있다 〈「お(起)きる+られる(可能의 助動詞)」의 꼴〉

みがかせる: 닦게 하다 〈「みがく+せる」의 꼴〉

じぶん(自分)**でも**: 자기 스스로도

か(買)**わせる**: 사게 하다 〈「か(買)う+せ

る」의 꼴〉

でんわ(電話)**をかける**: 전화를 걸다

と(取)**りにやる**: 가지러 보내다

ま(待)**たせる**: 기다리게 하다 〈「ま(待)つ+せる」의 꼴〉

ま(待)**たせられる**: 기다리지 않으면 안 된다, 기다리지 않을 수 없다 〈「ま(待)つ+せる+られる(受動의 助動詞)」의 꼴〉

ま(待)**たされる**: 기다리지 않으면 안 된다 〈「ま(待)たす(기다리게 하다)+れる(受動의 助動詞)」의 꼴〉

こう:囵 이렇게

한 자 풀 이

師 { シ : 師範(シハン) 사범
教師(キョウシ) 교사

章 { ショウ : 憲章(ケンショウ) 헌장
勲章(クンショウ) 훈장

湯 { ゆ : 湯(ゆ) 더운 물
トウ : 湯治(トウジ) 탕치

해 설

■ 助動詞「せる」와「させる」

① 意味:使役을 나타내는 助動詞로서, 우리말의「~하게 하다, 하도록 하다, ~시키다」에 해당된다.

② 接続:

「五段活用動詞의 未然形+せる」

聞く(듣다) ── 聞かせる(듣게 하다, 들려 주다)

分る(알다) ── 分らせる(알게 하다)

出す(내다) ── 出させる(내게 하다)

読む(읽다) ── 読ませる(읽게 하다, 읽히다)

みがく(닦다) ── みがかせる(닦게 하다)

待つ(기다리다) ── 待たせる(기다리게 하다)

笑う(웃다) ── 笑わせる(웃게 하다, 웃기다)

「する의 未然形(さ)+せる」

する(하다) ── させる(하게 하다, 시키다)

「くる・上一段・下一段活用動詞의 未然形+させる」

来る (오다) ⟶ 来させる (오게 하다)

見る (보다) ⟶ 見させる (보게 하다)

着る (입다) ⟶ 着させる (입게 하다, 입히다)

食べる (먹다) ⟶ 食べさせる (먹게 하다, 먹이다)

答える (대답하다) ⟶ 答えさせる (대답하게 하다)

続ける (계속하다) ⟶ 続けさせる (계속하게 하다, 계속시키다)

③ 活用:「せる」「させる」는 下一段活用動詞와 같은 語尾変化를 한다.

基本形	未然形 ——ない	連用形 ——ます ——た	終止形 끝 남	連体形 ——とき	仮定形 ——ば
せる	せ	せ	せる	せる	せれ
させる	させ	させ	させる	させる	させれ

④ 用例:

先生は学生に本を読ませたり, 字を書かせたりします。

(선생님은 학생에게 책을 읽히기도 하고 글씨를 쓰게 하기도 합니다.)

あの人はいつも人を待たせる人です。

(저 사람은 언제나 사람을 기다리게 하는 사람입니다.)

社長はきっと, その仕事を私にさせてくださるでしょう。

(사장님은 꼭 그 일을 나에게 시켜 주시겠지요.)

自分は来ないで, ほかの人を来させたんです。

(자기는 오지 않고 다른 사람을 오게 했읍니다.)

※ 즉, 자기는 오지 않고 남만 오게 만들었다는 뜻.

勉強を続けさせることはできません。(공부를 계속 시킬 수는 없읍니다.)

家の中に居る人にドアを開けさせましょう。

(집 안에 있는 사람에게 문을 열게 합시다.)

■ 「見せる」는 下一段活用動詞로서 「남에게 보여 준다, 나타내어 보인다」의 뜻이고, 「見させる」는 使役으로서 「보도록 한다(즉, 보도록 만든다)」의 뜻이다. 表現하고자 하는 뜻의 차이는 있으나 「見させる」라고 해야 할 경우에도 그냥 「みせる」라고 흔히 쓴다.

この映画を子供に見させてもいいですか。

(이 영화를 어린이에게 보게 해도 됩니까?)

子供に見せてはいけません。(어린이에게 보여서는 안 됩니다.)

■ 「分らせる」는 「알게 한다(즉, 이해시킨다)」의 뜻이고 「知らせる」는 알게 한다 (즉, 알린다, 알려 준다)」의 뜻이다.

この言葉の意味を分らせます。(이 말의 뜻을 이해시킵니다.)

私のことを手紙で知らせます。(나에 대한 일을 편지로 알립니다.)

■ 助動詞「れる」와「られる」는 42과에서 説明한「受動」을 나타내는 뜻 外에「可能 (〜할 수 있다)」「自発(자연히 그렇게 된다)」「尊敬(〜하시다)」의 뜻을 나타내기도 한다.

「れる」「られる」는 接続이나 活用도「受動」의 경우와 같다.[1] 단,「可能」「自発」「尊敬」뜻을 나타낼 때는 命令形이 使用되지 않는다.

①「受動」을 나타낼 때[2]

②「可能」을 나타낼 때

動詞「する」에 可能의 助動詞「れる」가 연결된「される」는 使用하지 않고 그 대신「できる」를 使用한다.

きょうは都合が悪くて, 行かれません。[3]

(오늘은 형편이 나빠서 갈 수 없읍니다.)

となりの部屋がやかましくて, 眠られません。[4]

(옆 방이 시끄러워서 잠을 잘 수 없읍니다.)

夜遅く寝ると, 朝早く起きられません。

(밤에 늦게 자면 아침에 일찍 일어날 수 없읍니다.)

これはやわらかいから, だれでも食べられます。

(이것은 연하므로 누구든지 먹을 수 있읍니다.)

ここでも雪が見られます。(여기서도 눈을 볼 수 있읍니다.)

③「自発」을 나타낼 때

あなたからの手紙が何よりも待たれます。

(당신으로부터의 편지가 무엇보다도 기다려집니다.)

子供のころが思い出されます。(어린이 시절이 생각납니다.)

秋の気配が感じられます。(가을 기색이 느껴집니다.)

④「尊敬」을 나타낼 때

あのかたが帰られたのはいつごろですか。(그 분이 돌아가신 것은 언제쯤입니까?)

この絵はあのかたが書かれました。(이 그림은 저 분이 그리셨읍니다.)

あの先生はとうとう学校をやめられました。

(그 선생님은 결국 학교를 그만두셨읍니다.)

■ **「待たせられる」**……「상대방이 나를 기다리게 해서 나는 그것을 당한다」, 즉 남의 기다림을 당한다는 뜻으로「使役」에「受動」이 겹친 表現으로서 본의가 아닌 또는 귀찮은 일을 당한다라고 하는 경우에 使用한다. 이 表現은 韓國 사람들에게는 힘든 表現이라고 할 수 있다.

---

1) 42과 해설 참조

2) 42과 해설 참조

3) 4)「行かれません」「眠られません」이라고도 쓰이나, 보통은「行けません」「眠れません」과 같이 可能動詞를 쓴다.

行きたくないところへ行かせられました。

(가고 싶지 않은 곳에 가지 않으면 안 되었읍니다.)

人に待たせられるのはきらいです。(남을 기다려야 하는 것은 싫습니다.)

むずかしいことを答えさせられました。

(어려운 것을 대답하지 않으면 안 되었읍니다.)

よく読めないのに、いつも私だけ読ませられます。

(잘 읽지 못하는데 늘 나만 읽으라고 시킵니다.)

酒は人に飲ませられるときも沢山あります。

(술은 남이 억지로 권해서 마실 때도 많습니다.)

■「動詞의 連用形＋て＋おく」의 形으로「〜해 두다, 〜해 놓다」의 뜻이 된다.

電話をかけておきました。(전화를 걸어 두었읍니다.)

その本を読んでおきなさい。(그 책을 읽어 두십시오.)

|||||||||||||||||| 연습문제 ||||||||||||||||||

1 다음 글의 빈 곳에 적당한 말을 넣으시오.

1. 先生が おもしろい え本を 見(　)て
 くださいました。

2. おばあさんが まごに お話を 聞(　)
 ます。

3. 先生が 文章を よんで 私たちに 書
 (　)ます。

4. おやが こどもに 学問を (　)ます。

5. 先生が わたしに 本を よむように
 (　)いました。

6. あなたは 本を 読ませ(　)るのは す
 きですか。

2 다음의 動詞에「せる」또는「させる」를 連結시켜 보시오.

かぶる。　　　はたらく。　　　もつ。　　　たべる。　　　くらべる。　　　知る。

3 다음 글을 日本語로 번역하시오.

1. 이번에 새로 온 가정부에게 내 방 청
 소를 시켰더니 꽃병을 깨뜨렸읍니다.

2. 그 銀行은 언제나 사람을 기다리게 하
 니까 나는 싫어합니다.

3. 성냥이 다 없어졌군요. 가정부에게 사
 오게 하겠읍니다.

4. 친구를 기다리게 하지 않도록 해야 하
 겠으니까 이 다음 停留場에서 내려서
 택시로 갑시다.

5. 한 사람 한 사람 읽히기도 하고 쓰게
 하기도 하기 때문에 時間이 걸립니다.

4 다음 글을 우리말로 번역하시오.

1. 木村さんの 事務所で 長い 間 待たせ
 られたので 五時の 急行に 乗れません
 でした。

2. きのう デパートに 行って 買物を た

くさん したので 家へ とどけさせま
 した。

3. 呼ばれたら すぐ 来てください。来ら
 れない 時には そう 言って ください。

4. この前 妹と 一しょに 買物に 行きましたが, かなり 高い 指輪を 買わせられました。

5. 熱が 下がらないので きょうも 起きられません。

◁해답▷

1

1. 先生がおもしろいえ本を見(せ)てくださいました。(선생님께서 재미있는 그림책을 보여 주셨습니다.)　2. おばあさんがまごにお話を聞(かせ)ます。(할머니가 손자에게 이야기를 들려 줍니다.)　3. 先生が文章をよんで私たちに書(かせ)ます。(선생님이 문장을 읽고 우리들에게 쓰게 합니다.)　4. おやが子供に学問を(させ)ます。(부모가 자식에게 학문을 시킵니다.)　5. 先生がわたしに本をよむように(おっしゃ)いました。(선생님이 나에게 책을 읽도록 말씀하셨습니다.)　6. あなたは本を読ませ(られ)るのはすきですか。(당신은 책 읽히움을 당하는 것을 좋아합니까?)

2

かぶる(모자를 쓰다) → かぶらせる, はたらく(일하다) → はたらかせる, もつ(들다) → もたせる, たべる(먹다) → たべさせる, くらべる(비교하다) → くらべさせる, 知る(알다) → 知らせる。

3

1. 今度新しく来たお手伝いさんに私の部屋の掃除をさせたら, 花瓶を割りました。 죕깨뜨리다…割る　2. その銀行はいつも人を待たせるから, 私はきらいです。　3. マッチがすっかりなくなりましたね。お手伝いさんに買って来させましょう。　4. 友達を待たせないようにしなければなりませんから, この次の停留所でおりてタクシーで行きましょう。　5. ひとりひとり読ませたり, 書かせたりしますから, 時間がかかります。

4

1. 키무라 씨의 사무실에서 오랫동안 기다리지 않으면 안 되었기 때문에 다섯 시의 급행을 탈 수 없었습니다. 죕急行…급행　2. 어제 백화점에 가서 물건을 많이 샀기 때문에 집으로 배달시켰습니다. 죕とどける…배달하다, 닿게 하다, 보내다.　3. 불리거든 곧 와 주십시오. 올 수 없으면 올 수 없다고 말해 주십시오. 죕呼ばれる… 呼ぶ(부르다)의 受動, 来られる…来る(오다)의 可能.　4. 일전에 여동생과 함께 물건을 사러 갔는데, 꽤 비싼 반지를 사지 않으면 안 되었습니다. (사 주지 않을 수가 없었습니다.)　5. 열이 내리지 않으므로 오늘도 일어날 수 없습니다.

四十六. ある人を　たずねました

私は　用事が　あって　きのう　ある人を　たずねました。その　人は
五キロばかり　はなれた　町に　住んで　いるので，電車か　バスで　行
かなければ　なりません。私は　まだ　その人の　うちへ　行った　こ
とが　なかったので，どっちで　行くのが　便利なのか　分かりません
でした。
それで　どっちに　しようかと　思いましたが，電車で　行く　ことに
しました。むこうの　駅で　おりて，交番で　巡査に　聞くと，その人
の　所は　すぐ　分かりました。
駅から　歩いて　十五分ぐらいの　所で，バスでも　行かれました。私
は　バスで　行こうかとも　思いましたが，非常に　いい　天気だった
ので，歩いて　行くことに　しました。
その　人は　るすでした。仕事のために　三十分ほど　前に　出かけた
のだそうです。
　私は　がっかりしました。電報で　知らせて　おけば　よかったと
思いましたが，しかたが　ありません。
しかし　三四十分で　帰って　来るかも　知れないと　言うので，少し
待とうと　思いました。
私は　客間で　一時間近く　待ちましたが，帰って　来ないので　うち
へ　帰る　ことに　しました。その　家を　出ようと　した時　ちょう
ど　その　人が　帰って　来ました。
私は　また　客間へ　もどって　用事を　すませて，　うちへ　帰りま
した。

漢字읽기————————————

はな
離れる　　交番　　巡査　　電報　　客間　　戻る　　済ませる
こうばん　　じゅんさ　　でんぽう　　きゃくま　　もど　　す

第46課　어떤 사람을 찾아갔읍니다

나는 볼일이 있어서 어제 어떤 사람을 찾아갔읍니다. 그 사람은 5 km 가량 떨어진 동네에 살고 있기 때문에 전차나 버스로 가지 않으면 안 됩니다. 나는 아직 그 사람 집에 간 적이 없었으므로, 어느 쪽으로 가는 것이 편리한지 알 수 없었읍니다.

그래서 어느 쪽으로 할까 하고 생각했읍니다만 전차로 가기로 했읍니다. 그 쪽 역에서 내려서 파출소에서 순경에게 물었더니, 그 사람네 집은 곧 알 수 있었읍니다.

역에서 걸어서 15분쯤 되는 곳이고, 버스로도 갈 수 있었읍니다. 나는 버스로 갈까 하고도 생각했읍니다만, 대단히 좋은 날씨였기 때문에 걸어서 가기로 했읍니다.

그 사람은 부재중이었읍니다. 일 때문에 30분쯤 전에 나갔답니다. 나는 실망했읍니다. 전보로 알려 두었으면 좋았을 걸 하고 생각했읍니다만 하는 수가 없읍니다.

그러나, 3, 4십 분이면 돌아올는지도 모른다고 하기에, 좀 기다리기로 마음먹었읍니다. 나는 객실에서 한 시간 가까이 기다렸읍니다만, 돌아오지 않기 때문에 집에 돌아가기로 했읍니다. 그 집을 나오려고 했을 때 막 그 사람이 돌아왔읍니다.

나는 다시 객실로 되돌아가서 용건을 마치고 집으로 돌아갔읍니다.

날말풀이

~ばかり : 죄 가량, 쯤, 정도 예 千円ばかり貸してください。(천엔정도 빌려 주십시오.)
せんえん　か

はな(離)れる : 자하1 떨어지다

しようか : 할까?〈「する+よう(意志의 助動詞)+か」의 꼴〉

い(行)くことにする : 가기로 하다

こうばん(交番) : 명 파출소

じゅんさ(巡査) : 명 순경

き(聞)く : 타5 묻다, 듣다

い(行)かれる : 갈 수 있다〈「い(行)く+れる(可能)의 助動詞)」의 꼴〉

い(行)こうか : 갈까?〈「い(行)く+う(意志의 助動詞)+か」의 꼴〉

がっかりする : 자サ 실망하다

でんぽう(電報) : 명 전보

し(知)らせる : 타하1 알리다〈「し(知)る+せる」의 꼴〉

しかたがない : 하는 수 없다, 어쩔 수 없다

ま(待)とうとおも(思)う : 기다리려고 생각하다〈「ま(待)つ+う+と+おも(思)う」의 꼴〉

きゃくま(客間) : 명 객실

で(出)ようとする : 나오려고 하다〈「で(出)る+よう+と+する」의 꼴〉

もど(戻)る : 자5 되돌아가다(오다)

す(済)ませる : 타하1 끝마치다

한 자 풀 이

離 {
はなれる：離(はな)れる 떨어지다
はなす：離(はな)す 떼다
り：離別(リベツ) 이별
}

巡 {
めぐる：巡(めぐ)る 순회하다
ジュン：巡回(ジュンカイ) 순회
}

戻 {
もどす：戻(もど)す 되돌리다
もどる：戻(もど)る 되돌아가다
レイ：返戻(ヘンレイ) 반려
}

査 {
サ：査察(ササツ) 사찰
巡査(ジュンサ) 순경
}

報 {
むくいる：報(むく)いる 보답하다
ホウ：報告(ホウコク) 보고
}

済 {
すむ：済(す)む 끝나다
すます：済(す)ます 끝내다
サイ：救済(キュウサイ) 구제
経済(ケイザイ) 경제
}

해 설

■ **ばかり (助詞)** …… ① 「〜만」 「〜뿐」이라는 뜻을 나타낸다. [1]

学校では日本語ばかり習っています。(학교에서는 일본어만 배우고 있읍니다.)

② 数量을 나타내는 말에 붙어 대개의 分量·程度를 나타낸다. 우리말의 「쯤, 가량」 등에 해당된다. 「ぐらい」 「ほど」와 같은 뜻이다.

五キロばかりはなれた町。(5 km 가량 떨어진 읍.)

千円ばかり貸していただけませんか。(천엔쯤 빌려 줄 수 없읍니까？)

コップの中に水が半分ばかり入っています。

(컵 속에 물이 반쯤 들어 있읍니다.)

③ 「動詞의 連用形＋たばかり」의 形으로 「〜한 지 얼마 되지 않는다. 바로, 막 〜했다」 등의 뜻을 나타낸다.

去年生まれたばかりです。(바로 작년에 태어났을 뿐입니다.)

少し前に来たばかりです。(바로 조금 전에〈방금〉 왔읍니다.)

これはきのう買ったばかりの洋服です。(이것은 바로 어제 산 양복입니다.)

■ **助動詞 「う」와 「よう」**

① 意味：「う」와 「よう」는 같은 뜻으로서 「意志(〜하겠다, 〜하마)」 「勧誘(〜하자)」 「推測(〜하겠지, 〜할 것이다)」의 뜻을 나타낸다.

② 接続：

「五段活用動詞」의 未然形＋う」

「五段活用動詞」에 「う」가 연결될 때에는 「五段活用動詞」의 語尾 「ウ段」이 「ア段」으로 変한 것에 「う」가 연결되는 것이 아니고, 語尾 「ウ段」이 「オ段」으로 変한 것에 연결된다.

使う (사용하다) ⟶ 使おう (사용하마, 사용하자)

---

1) 30과 해설 참조

吹く(〈바람이〉불다) ──→ 吹こう(불겠지, 불 것이다)

貸す(빌려 주다) ──→ 貸そう(빌려 주마, 빌려 주자)

勝つ(이기다) ──→ 勝とう(이기겠다, 이기자)

死ぬ(죽다) ──→ 死のう(죽으마, 죽자, 죽을 것이다)

売る(팔다) ──→ 売ろう(팔겠다, 팔자)

「五段活用動詞 外의 動詞의 未然形＋よう」

する(하다) ──→ しよう(하겠다, 하자)

来る(오다) ──→ 来よう(오마, 오자)

起きる(일어나다) ──→ 起きよう(일어나마, 일어나자)

降りる(내리다) ──→ 降りよう(내리겠다, 내리자)

忘れる(잊다) ──→ 忘れよう(잊으마, 잊어버리자)

覚える(기억하다) ──→ 覚えよう(기억하겠다, 기억하자)

③ 活用：語形変化를 하지 않고, 終止形과 連体形으로만 쓰인다. 連体形으로 쓰일 경우에는 推測의 뜻만을 나타내며, 主로「こと・もの・はず・わけ」등의 形式名詞가 붙어서 쓰이는 경우밖에 없다.

④ 用例：「～ましょう」의 보통말로서 推測을 나타낼 경우에는 主로「だろう」「でしょう」쪽을 많이 쓴다.[2]

ⓐ 文章의 끝에 오는 경우

頭が痛いから, 学校を休もう。(머리가 아프므로 학교를 쉬겠다.)

あなたにこの雑誌を上げよう。(당신에게 이 잡지를 드리겠다.)

みんないっしょに遊びに行こう。(모두 함께 놀러 가자.)

あの映画を見よう。(저 영화를 보자.)

あしたは雨が降ろう＝あしたは雨が降るだろう。(내일은 비가 올 것이다.)

ⓑ 助詞「か」를 붙이는 경우

だれにしようか。(누구로 할까?)

そろそろ帰ろうか。(이제 슬슬 돌아가 볼까?)

こんなことがあろうか[3]＝こんなことがあるだろうか。

(이런 일이 있을 수 있을까?)

ⓒ 「と思う」를 붙이면「～하려고 생각하다, 마음먹다」가 된다.

すこし待とうと思いました。(좀 기다리려고 생각했읍니다.)

私も読んで見ようと思っています。(나도 읽어 보려고 생각하고 있읍니다.)

あさってから働こうと思います。(모레부터 일하려고 생각합니다.)

ⓓ 「～かと思う」를 붙이면「～할까 하고 생각하다」의 뜻이 된다.

---

2) 「ましょう」를 説明한 26과 해설 참조.

3) 反語의 뜻도 된다.

どっちにしようかと思いました。(어느 쪽으로 할까 하고 생각했읍니다.)

来月持って来ようかと思います。(내달 가지고 올까 하고 생각합니다.)

靴下を洗おうかと思っています。(양말을 빨까 하고 생각하고 있읍니다.)

ⓔ 「～とする」를 붙이면 「～하려고 하다」의 뜻이 된다.

そのうちを出ようとした時, その人が帰って来た。

(그 집을 나오려고 했을 때 그 사람이 돌아왔다.)

その人は夜になっても帰ろうとしなかった。

(그 사람은 밤이 되어도 돌아가려고 하지 않았다.)

授業が終ろうとしています。(수업이 끝나려고 하고 있읍니다.)

■ 「仮定形＋ばよかった」의 形으로 「～했으면 좋았다」의 뜻을 나타낸다.

電報で知らせておけばよかった。(전보로 알려 두었으면 좋았을걸.)

きょうでなく, きのう行けばよかった。(오늘이 아니고 어제 갔으면 좋았을걸.)

■ 動詞의 命令形을 除外하고는 動詞의 語尾変化形을 모두 배운 것이 되므로, 여기서는 命令形을 説明해 두고자 한다. 動詞의 命令形은 命令의 뜻으로 文章이 끝나는 形이다.

① 五段活用動詞의 命令形

基本形의 語尾「ウ段」을 「エ段」으로 고치면 된다.

習う (배우다) ⟶ 習え (배워라)

動く (움직이다) ⟶ 動け (움직여라)

捜す (찾다) ⟶ 捜せ (찾아라)

待つ (기다리다) ⟶ 待て (기다려라)

乗る (타다) ⟶ 乗れ (타라)

② 上一段・下一段活用動詞의 命令形

基本形의 語尾「る」를「ろ」 또는「よ」로 고치면 된다.

着る (입다) ⟶ 着ろ 또는 着よ (입어라)

降りる (내리다) ⟶ 降りろ 또는 降りよ (내려라)

ほめる (칭찬하다) ⟶ ほめろ 또는 ほめよ (칭찬하라)

寝る (자다) ⟶ 寝ろ 또는 寝よ (자라)

③ 「する」의 命令形

する (하다) ⟶ しろ 또는 せよ (하라)

④ 「くる」의 命令形

くる (오다) ⟶ こい (오라)

||||||||||||||||| 연습문제 |||||||||||||||||

다음 글을 日本語로 번역하시오.

1. 仁川에 가고 싶은데 汽車와 버스와 어느 쪽으로 가는 것이 편리한지 모르겠읍니다.

2. 버스로 갈까 하고 생각했는데 어머니가 汽車로 가도록 말씀하셨읍니다. 그래서 汽車로 아침 일찍 가기로 했읍니다.

3. 그 책을 읽으려고 했는데 아주머니가 그다지 재미가 없으니까 읽지 않는 것이 좋다고 말씀하셨기 때문에 읽지 않았읍니다.

4. 밤 늦게까지 공부를 하고 배가 고파졌기 때문에 빵을 사러 갔더니 벌써

빵집은 닫혀 있었읍니다.

5. 낮 동안에 사 두었더라면 좋았을걸 하고 생각했지만 하는 수가 없읍니다.

6. 과일가게는 열려 있어서 과일을 살까 하고 생각했지만 사지 않기로 했읍니다.

7. 집에 무엇인지 먹을 것이 있을지도 모르겠읍니다.

8. 편지를 쓰려고 했는데 만년필이 없어 그만두었읍니다. (やめる)

9. 내가 갔을 때에는 수업이 끝나려고 하고 있었읍니다.

10. 외출하려고 하여 현관까지 나왔더니 선생님이 찾아오셨읍니다.

◁ 해답 ▷

1. 仁川へ行きたいのですが, 汽車とバスとどっちで行くのが便利なのか分りません。2. バスで行こうかと思ったのですが, 母に汽車で行くようにと言われました。それで汽車で朝早く行くことにしました。㊟「어머니가(나에게) 말씀하시다」라고 할 경우에는, 어머님이 시키는 말을 내가 듣게 되는 경우에는 일반적으로 일본어는 受動表現을 使用하는 것이 보통이다. 즉, 母に言われる라고 한다. 내일까지 숙제를 해오도록 말하였다. (あしたまで宿題をしてくるように言われた。) 그래서…それで 3. その本を読もうとしましたが, おばにあまりおもしろくないから読まないほうがいいと言われたので, 読みませんでした。4. 夜遅くまで勉強をしておなかがすいたので, パンを買いに行ったら, もうパン屋はしまっていました。 5. 昼間買っておけばよかったと思いましたが, しかたがありません。 6. 果物屋はあいていたので, 果物を買おうかと思ったのですが, 買わないことにしたんです。7. 家に何か食べ物があるかも知れません。 8. 手紙を書こうとしましたが, 万年筆がないのでやめたんです。㊟ 그만두다…やめる 9. 私が行った時には授業が終ろうとしていました。 10. 出かけようとして, 玄関まで出たら先生が訪ねていらっしゃったのです。

四十七. おでかけですか

青木さんは　用事が　あって　前川さんを　たずねて　客間で　話を
しています。

この　ふたりは　古い　知り合いですが，かなり　ていねいな　言葉を
使って　います。

青木　「きょうは　どこかへ　おでかけですか。」

前川　「午前中は　どこへも　でかけませんが，午後に　品川まで　参り
　　　たいと　思って　おります。」

青木　「お友だちでも　おたずねですか。」

前川　「ちょっと　用事が　ございまして，金子さんの　所へ　上がらな
　　　ければ　なりません。」

青木　「さようで　ございますか。私は　金子さんには　しばらく　お目
　　　に　かかって　いませんが　よろしく　おっしゃって　ください
　　　ませんか。」

前川　「かしこまりました。もうし上げます。」

青木　「さあ，それでは　おいとまいたしましょう。　おじゃまいたしま
　　　した。」

前川　「まあ，よろしいでは　ございませんか。　もう　少し　あそんで
　　　いらっしゃって　ください。」

青木　「しかし　品川へ　おいでに　なる　前に　ご用が　おありでしょ
　　　う。」

前川　「いいえ，何も　ございませんので　どうぞ　ごえんりょなく。そ
　　　れに　もう　おひるですから　何も　ございませんが，ご飯を　上
　　　がって　いらっしゃって　ください。」

青木 「ありがとう　ございますが，きょうは　おいとまいたしましょう。
　　　この　次に　ちょうだい　いたします。」

前川 「さようで　ございますか。では　また　おいで　ください。」

青木 「ありがとう　ございます。近い　うちに　また　おじゃまに　う
　　　かがわせて　いただきます。」

前川 「さよなら。」

青木 「さよなら。」

漢字읽기────────

知り合い　午前中　品川　青木　前川　参る　金子　上がる　申し上げる
致す　邪魔　御用　有る　遠慮

第47課　외출하십니까

아오키 씨는 볼일이 있어 마에카와 씨를 찾아가 객실에서 이야기를 하고 있읍니다.
이 두 사람은 오래 전부터 아는 사이입니다만, 꽤 공손한 말을 사용하고 있읍니다.

아오키 「오늘은 어딘가 외출하십니까?」

마에카와 「오전 중은 아무 데도 외출하지 않습니다만, 오후에 시나가와까지 가고 싶다
　　　고 생각하고 있읍니다.」

아오키 「친구라도 찾아가십니까?」

마에카와 「좀 볼일이 있어서 카네코 씨네 집으로 찾아뵙지 않으면 안 됩니다.」

아오키 「그렇습니까?　나는 카네코 씨는 오랫동안 만나 뵙지 못했읍니다만, 안부
　　　말씀 전해 주시겠읍니까?」

마에카와 「잘 알았읍니다. 말씀드리겠읍니다.」

아오키 「자, 그러면 작별하겠읍니다. 폐를 끼쳐서 미안합니다.」

마에카와 「뭐, 괜찮지 않습니까?　좀더 놀고 가 주십시오.」

아오키 「그러나, 시나가와에 가시기 전에 볼 일이 있으시겠지요?」

마에카와 「아니오, 아무 일도 없으니 아무쪼록 사양하지 마십시오. 그리고 또, 벌써 점
　　　심 시간이니까 아무것도 없읍니다만 진지를 잡수시고 가 주십시오.」

아오키 「감사합니다만, 오늘은 작별하겠읍니다. 이 다음에 먹겠읍니다.」

마에카와 「그렇습니까?　그럼 다시 와 주십시오.」

아오키 「감사합니다. 근간 다시 실례를 무릅쓰고 찾아뵙겠읍니다.」

마에카와 「안녕히 가십시오.」

아오키 「안녕히 계십시오.」

낱말풀이

しりあい(知り合い)：명 아는 사람

おでかけですか：나가십니까?　외출하십니까?　〈「お＋でかける＋です＋か」의 꼴〉

ごぜんちゅう(午前中)：명 오전 중

まい(参)る：자5 行く(가다), 来る(오다)의 겸양어.

おる：자5 いる(있다)의 겸양어

おたずねですか：방문하십니까?　〈「お＋たずねる＋です＋か」의 꼴〉

ございます：있읍니다 〈「あります」보다 공손한 말〉

あ(上)がる：자5 行く・来る의 겸양어

さようでございますか：그렇습니까? 〈「そうですか」보다 공손한 말〉

おめ(目)にかかる：만나 뵙다 〈「あ(会)う」의 겸양어〉

よろしくおっしゃってくださいませんか：안부 말씀 전해 주시지 않겠읍니까?

かしこまりました：말씀 대로 하겠읍니다 〈「かしこまる(삼가 명령을 받들다)＋ました」의 꼴〉

もう(申)しあ(上)げる：타하1 말씀드리다

〈「い(言)う」의 겸양어〉

おいとまいたします：작별하겠읍니다. 〈「おいとまします」보다 공손한 말〉

おじゃまいたしました：폐를 끼쳐 실례했읍니다.

まあ：감 뭘요!

よろしいではございませんか：괜찮지 않습니까? 〈「よろしいではありませんか」보다 공손한 말〉

おいでになる：行く・来る・居る의 존경어, 가시다, 오시다, 계시다

ごよう(用)：명 용건(높임말)

おありでしょう：있으시지요?「〈あるでしょう」의 존경어〉

ごえんりょなく：사양마시고

あ(上)がる：타5 잡수시다 〈「た(食)べる」의 존경어〉

ちょうだいいたします：먹겠읍니다, 받겠읍니다 〈「ちょうだいします」「いただきます」보다 공손한 말〉

おじゃまにうかがわせていただきます：폐를 끼치러 찾아뵙겠읍니다

さようなら：감 작별의 인사말

한자풀이

参 {
まいる：参(まい)る 오다, 가다
サン：参加(サンカ) 참가
}

申 {
もうす：申(もう)す 말씀드리다
シン：申告(シンコク) 신고
}

致 {
いたす：致(いた)す 하다
チ：誘致(ユウチ) 유치
}

魔 {
マ：魔法(マホウ) 마법
邪魔(ジャマ) 방해
}

慮 {
リョ：遠慮(エンリョ) 사양
考慮(コウリョ) 고려
}

해설

■「お＋動詞의 連用形＋です」의 形으로 尊敬語의 表現이 된다. 이 表現은 現在만이

아니라 過去로도 使用한다.

　　どこかへおでかけですか。(어딘가 외출하십니까?)

　　お友達でもおたずねですか。(친구라도 방문하십니까?)

　　どなたをお呼びですか。(누구를 부르셨읍니까?)

　　お忘れですか。(잊으셨읍니까?)

■「お＋動詞의 連用形＋でしょう」의 形으로 推測에 대한 尊敬의 表現이 된다.

　　御用がお有りでしょう。(볼일이 있으시겠지요.)

　　おつかれでしょう。(피곤하시겠지요.)

　　おききでしょうね。(들으셨겠지요.)

■「ございます」는 基本形이「ござる」이다. 現代語에서는 基本形 自体로 쓰이는 일은 드물다.「ございます」가 独立해서 쓰이면「あります」보다 공손한 말이 된다.

　　あなたのかさはこちらにございます。(당신의 우산은 이 쪽에 있읍니다.)

　　ここにはなんにもございません。(여기에는 아무것도 없읍니다.)

　　おけがはございませんでしたか。(다친 데는 없었읍니까?)

　　用事がございまして，参りました。(용건이 있어서 왔읍니다.)

　「ございます」는「体言(또는 体言에 準하는 말)＋で＋ございます」,「形容動詞의 語幹＋で＋ございます」,「形容詞의 連用形＋ございます」의 形으로 쓰이면, 補助動詞로서「〜です」보다 공손한 말이 된다.

　　次は五階でございます。(다음은 오층입니다.)

　　さようでございますか[1] (그렇습니까?)

　　お上手でございます。(잘하십니다.)

　　お元気でございます。(건강하십니다.)

　　いつでもよろしゅうございます。(언제든지 괜찮습니다.)

■「よろしく」의 用例

　①「적당히, 적절히」의 뜻.

　　あなたがよろしく解決してください。(당신이 적절히 해결해 주십시오.)

　②「잘」의 뜻.

　　どうぞよろしくおねがいします。[2] (아무쪼록 잘 부탁합니다.)

　③「〜によろしく」의 形으로「〜에게 안부 전해 주십시오」하는 뜻.

　　みなさんによろしくお伝えください。[3] (여러분에게 안부 전해 주십시오.)

■よろしいではございませんか……「괜찮지 않습니까?」의 뜻으로 反語의 뜻이며, 여기서는 만류하는 말이다. 「〜ではございませんか」는「〜ではありませんか」보다 공손한

---

　1)「そうです(그렇습니다)」보다 공손한 말이다.

　2)「おねがいします」는 생략해서 말하기도 한다.

　3)「お伝えください」는 생략해서 말하기도 한다.

말로서, 「形容詞의 終止形＋ではありませんか」의 形은 否定이 아니고 反語이다.

　　これはいくらですか。(이것은 얼마입니까?)
　　一万円です。(1 만엔입니다.)
　　少し高いじゃありませんか。(좀 비싸지 않습니까?)
　　いいえ，高くありません。やすいです。(아니오，비싸지 않습니다. 쌉니다.)

■「おいで」의 用例

　　こっちへおいで (이 쪽으로 오렴.)

　　おいでなさい(오시오，가시오，계시오)

　　おいでになる (오시다，가시다，계시다)

　　おいでです (오십니다，가십니다，계십니다)

　　おいでください(와 주십시오)

■「使役形＋て＋いただく」의 形으로 直訳하면 「～을 하도록 해 주시는 것을 받는다」의 뜻으로 謙讓語의 表現에 속하며, 謙讓語 中에서도 가장 謙讓語에 속한다.

　　おじゃまにうかがわせていただきます。(찾아뵙겠읍니다.)
　　失礼させていただきます。(실례하겠읍니다.)
　　あしたは休ませていただきます。(내일은 쉬도록 해 주셨으면 합니다.)
　　切符を切らせていただきます。(표를 끊어 주십시오.)
　　会社をやめさせていただきます。(회사를 그만두게 해 주십시오.)

■「ちょうだい」의 用例

　　① 언제나 文末에 「ちょうだい」의 形으로 使用하여 「주어요」의 뜻이 된다. 어린이와 여자가 많이 使用한다.
　　　　お菓子をちょうだい。(과자를 주어요.)
　　　　その洋服をちょうだい。(그 양복을 주어요.)
　　②「動詞의 連用形＋て＋ちょうだい」의 形으로 「～해 주어요」의 뜻이 된다.
　　　　あした来てちょうだい。(내일 와 주어요.)
　　　　日本語を教えてちょうだい。(일본어를 가르쳐 주어요.)
　　③「ちょうだいする」의 形으로 「もらう(받다)」및 「たべる(먹다)・のむ(마시다)」의 謙讓語가 된다.
　　　　この手袋は父からちょうだいしました。(이 장갑은 아버지에게서 받았읍니다.)
　　　　お菓子をちょうだいしました。(과자를 먹었읍니다.)

■ 敬語를 나타내는 特別한 動詞[4]

　　参る(五段)…「行く・来る」의 謙讓語. 때로는 공손한 말로 쓰기도 한다.
　　おる…「いる」의 謙讓語. 때로는 공손한 말로 쓰기도 한다.

_____

4) 여기서는 47과 本文에 나온 것만 적기로 한다. 그 외의 것은 本教材 47과 解説을 참조할 것.

$$上がる…\begin{cases}「行く・来る」의 謙譲語.\\「食べる・飲む」의 尊敬語.\end{cases}$$

お目にかかる…「会う」의 謙譲語.

おっしゃる…「言う」의 尊敬語.

申し上げる…「言う」의 謙譲語.

いたす…「する」의 謙譲語.

いらっしゃる…「行く・来る・いる」의 尊敬語.

うかがう…「訪ねる(방문하다)」와「聞く(묻다・듣다)」의 謙譲語.

|||||||||||||| 연습문제 ||||||||||||||

1 다음 글을 日本語로 번역하시오.

1. 당신은 来日 어디 나가십니까? 만일 外出하신다면 몇 時頃에 돌아오십니까?

2. 来日은 아무 데도 안 나갑니다. 집에서 하루 종일 공부할 予定입니다.

3. 試験이라도 있으십니까? 그렇지 않으면 언제나 그렇게 공부하십니까?

4. 아니오, 그렇지는 않지만 熱心히 공부하지 않으면 안 된다고 어머니가 말씀하셨습니다.

5. 그러면 공부의 妨害가 되는 것 같으니까 이제 그만 作別하겠습니다.

2 다음의 動詞를 보기와 같이 고치시오.

1. (보기) よむ→およみになる

乗る　見える　貸す　分かる
会う　たずねる　切る　出す
遊ぶ　見る

2. (보기) 借りる→お借りする

聞く　見せる　待つ　ねがう
寄る　知らせる　呼ぶ　話す

持つ　つつむ

3. (보기) うかがう→うかがわせていただきます

拝見する　帰る　言う　行く
終る　休む　ぬぐ　切る
待つ　ならぶ

◁해답▷

1

1. あなたはあしたどこかへおでかけですか。もしおでかけでしたら, 何時頃お帰りですか。㊤ 외출하신다면…おでかけなら 또는 おでかけでしたら　2. あしたはどこへも でかけません。家で一日中勉強するつもりです。　3. 試験でもおありですか。そうじゃなければ, いつもそんなに勉強なさいますか。　4. いいえ, そうではありませんが, 熱心に勉強しなければならないと母に言われました。㊤ 열심히…熱心に　5. それでは, 勉強のじゃまになるようですから, もうこれでおいとまいたします。

2

1. のる→おのりになる, みえる→おみえになる, かす→おかしになる, わかる→おわかりになる, あう→おあいになる, 訪ねる→おたずねになる, 切る→お切りになる, 出す→お出しになる, 遊ぶ→おあそびになる, みる→ごらんになる　2. きく→おききする, みせる→おみせする, まつ→おまちする, ねがう→おねがいする, よる→およりする,

しらせる→おしらせする, よぶ→およびする, はなす→おはなしする, もつ→おもちする, つつむ→おつつみする　**3.** 拝見する(みる의 謙譲語)→拝見させていただきます, かえる→かえらせていただきます, いう→いわせていただきます, いく→いかせていただきます, おわる→おわらせていただきます, 休む→休ませていただきます, ぬぐ→ぬがせていただきます, 切る→切らせていただきます, 待つ→待たせていただきます, ならぶ→ならばせていただきます。

四十八. 家　　族(一)

山本さんは　東京の　ある　銀行に　つとめて　いて，青山に　住んで
います。山本というのは　みょうじで　名前は　はるおと　言います。
おくさんは　あき子と　言います。

山本さんは　子供が　三人あって，太郎，よし子，次郎と　言います。
太郎さんは　長男で，ことし　七つです。二番目の　よし子さんは　長
女で，ことし　五つです。

三番目の　次郎さんは　次男ですが，去年　生まれたばかりで，まだ
あかんぼうです。かぞえ年は　二つですが　誕生日が　先先月の　中ご
ろでしたから　まる一年と　二か月です。

この　三人は　きょうだいです。太郎さんは　よし子さんと　次郎さん
の　兄で，次郎さんは　太郎さんと　よし子さんの　弟です。よし子さ
んは　次郎さんの　あねで，太郎さんの　いもうとです。

山本さんは　子供たちの　父で，あき子さんは　母です。

山本さんと　おくさんは　子供たちの　親です。

太郎さんと　次郎さんは　むすこで，よし子さんは　むすめです。

山本さんの　おとうさんと　おかあさんは　子供たちの　おじいさんと
おばあさんで，子供たちは　まごです。

漢字읽기────────
銀行　青山　名字　あき子　太郎　次郎　長男　長女　次男
数え年　誕生日　兄弟　兄　弟　姉　妹　父　母　親　息子
娘　孫

第48課 가 족〈1〉

야마모토 씨는 도쿄의 어떤 은행에 근무하고 있고, 아오야마에 살고 있읍니다. 야마모토라고 하는 것은 성이고, 이름은 하루오라고 합니다.

부인은 아키코라고 합니다.

야마모토 씨는 어린애가 세 사람 있고, 타로, 요시코, 지로라고 합니다.

타로 군은 장남이고, 금년 일곱 살입니다. 두 번째인 요시코 양은 장녀이고, 금년 다섯 살입니다.

세 번째인 지로 군은 차남인데, 작년에 태어났을 뿐으로 아직 갓난아기입니다. 햇수로 세는 나이는 두 살이지만, 생일이 지지난달의 중순이었으므로 만 1 년과 2 개월입니다. 이 세 사람은 형제입니다. 타로 군은 요시코 양과 지로 군의 형(오빠)이고, 지로 군은 타로 군과 요시코 양의 동생입니다. 요시코 양은 지로 군의 누나이고, 타로 군의 여동생입니다. 야마모토 씨는 어린애들의 아버지이고, 아키코 씨는 어머니입니다.

야마모토 씨와 부인은 어린애들의 부모입니다.

타로 군과 지로 군은 아들이고, 요시코 양은 딸입니다.

야마모토 씨의 아버지와 어머니는 어린애들의 할아버지와 할머니이고, 어린애들은 손자입니다.

낱말풀이

ぎんこう(銀行) : 團 은행

みょうじ(名字) : 團 성(姓)

ちょうなん(長男) : 團 장남

ちょうじょ(長女) : 團 장녀

じなん(次男) : 團 차남

う(生)まれたばかり : 나서 얼마 안 됨〈「う(生)まれる＋た＋ばかり(題 : ～한지 얼마 안 됨)」의 꼴〉

かぞえどし(数え年) : 團 (햇수로) 세는 나이

たんじょうび(誕生日) : 團 생일

なかごろ(中頃) : 團 중순

まる : 接頭 만, 온통

きょうだい(兄弟) : 團 형제, 남매

あに(兄) : 團 형, 오빠

おとうと(弟) : 團 남동생

あね(姉) : 團 언니, 누나

いもうと(妹) : 團 여동생

ちち(父) : 團 아버지

はは(母) : 團 어머니

おや(親) : 團 양친, 부모

むすこ(息子) : 團 아들

むすめ(娘) : 團 딸

おかあさん : 團 어머님

おばあさん : 團 할머님

まご(孫) : 團 손자

한자풀이

銀 { ギン : 銀(ギン) 은
　　 銀行(ギンコウ) 은행

誕 { タン : 誕生(タンジョウ) 탄생
　　 生誕(セイタン) 생탄

郎 {	ロウ：新郎(シンロウ) 신랑		兄 {	あに：兄(あに) 형, 오빠

郎 { ロウ：新郎(シンロウ) 신랑

父 {
ちち：父(ちち) 아버지
フ：父母(フボ) 부모

母 {
はは：母(はは) 어머니
ボ：母性(ボセイ) 모성

息 {
いき：息(いき) 숨
ソク：休息(キュウソク) 휴식
むすこ：息子(むすこ) 아들

娘 {
むすめ：娘(むすめ) 딸
小娘(こむすめ) 소녀

孫 {
まご：孫(まご) 손자
ソン：子孫(シソン) 자손

兄 {
あに：兄(あに) 형, 오빠
ケイ：父兄(フケイ) 부형
キョウ：兄弟(キョウダイ) 형제

弟 {
おとうと：弟(おとうと) 남동생
テイ：弟妹(テイマイ) 제매
ダイ：兄弟(キョウダイ) 형제
デ：弟子(デシ) 제자

姉 {
あね：姉(あね) 언니, 누나
シ：姉妹(シマイ) 자매

妹 {
いもうと：妹(いもうと) 여동생
マイ：義妹(ギマイ) 의매
令妹(レイマイ) 영매

[해　설]────────────

■ 日本의 姓名에 関해서

日本의 姓名도 우리와 마찬가지로 姓을 먼저 말하고 이름을 나중에 말한다. 그런데 日本의 姓에 対한 概念은 韓国과는 다른 점이 많다. 即, 韓国의 姓은 오랜 옛 祖上으로부터 父系로 이어받아 그 子孫은 반드시 그 姓을 쓰며 絶対로 姓을 갈지 않는다. 日本에서는 女子가 시집을 가거나, 男子라도 데릴사위로 들어가거나, 또는 他姓의 집에 養子로 들어가면, 들어간 집 姓을 따른다. 또 옛날에는 平民은 姓이 없다가 明治 以後에 姓을 새로이 만들었으며, 지금도 自己가 願하면 一家 創設하고 姓을 새로 만들어 가질 수 있다.

이름에 있어서「太・一」은 長男을 나타내고,「次・二」는 次男,「三」은 三男을 나타낸다.

　　　「太郎・一郎・信一・忠太」「次郎・二郎・健二・賢次郎」「三郎(さぶろう)・雄三(ゆうぞう)」 等.

또「はるお」라는 이름의「お」는「男・雄・夫」等을 쓰며, 男子를 뜻한다.

女子의 이름에는 맨 밑에「子・江・枝」라는 글자를 많이 붙인다.

　　　「春子(はるこ)・敏子(としこ)・秋子(あきこ)・良子(よしこ)・静江(しずえ)・夏枝(なつえ)」 等.

■「～たばかり」…動詞의「連用形＋た ばかり」로서「～한 지 얼마 되지 않는다. 막 ～했을 뿐」의 뜻.

　　　すこし 前に きたばかりです…조금 전에 막 왔습니다.

　　　いま 起きたばかりです…방금 일어났습니다.

|||||||||||||| 연습문제 ||||||||||||||

다음 물음에 日本語로 答하시오.

1. 山本さんは どこに つとめて いますか。　2. 山本さんは どこに 住んで いますか。

3. 山本さんの おくさんの 名前は 何と
いいますか。

4. 山本さんの 長男の 名前は 何ですか。

5. 山本さんの 長女は ことし いくつで
すか。

6. 太郎さんは よし子さんの 何ですか。

7. よし子さんは 次郎さんの 何ですか。

8. 山本さんの おかあさんは 子供たちの
何ですか。

9. あなたは 何人兄弟ですか。

10. あなたの 家族は みんな どこに 住ん
でいますか。

◁해답▷

1. 山本さんは東京のある銀行につとめています。 　2. 山本さんは東京の青山に住んで
います。 　3. 山本さんのおくさんの名前はあき子といいます。 　4. 山本さんの長男の
名前は太郎です。 　5. 山本さんの長女はことし五つです。 　6. 太郎さんはよし子さん
の兄です。 　7. よし子さんは次郎さんの姉です。 　8. 山本さんのおかあさんは子供た
ちのおばあさんです。 　9. 私は〜人きょうだいです。 　10. 私の家族は〜に住んでい
ます。

四十九. 家　族(二)

山本さんは　三人きょうだいです。

にいさんと　妹さんが　ひとりずつ　あります。

ねえさんも　弟さんも　ありません。

にいさんは　山本さんより　年が　二つ　上で、　妹さんは　三つ　下です。

にいさんは　たけおと　言って　妹さんは　道子と　言います。

たけおさんは　太郎さんたちの　おじさんで、道子さんは　おばさんです。

たけおさんは　子供が　四人あります。

金一郎，雪江，銀二郎，新三郎と　言います。

この　子供たちは　太郎さんたちの　いとこです。

金一郎さん，　銀二郎さん，　新三郎さんは　山本さんの　おいで、雪江さんは　めいです。

山本さんの　おとうさんの　友三郎さんは　ことし　七十ですから、かなり　としよりです。

たけおさんの　家族と　一しょに　いなかに　住んで　います。

おかあさんは　おととし　なくなりました。

道子さんは　もう　結婚して、近くの　市に　住んで　います。

御主人は　川島としおと　言う　人です。

ぼっちゃんと　おじょうさんが　ひとりずつ　ありましたが、昨年　ぼっちゃんに　死なれたので　今では　おじょうさんが　ひとりだけです。

漢字읽기

<ruby>年<rt>とし</rt></ruby> <ruby>道子<rt>みちこ</rt></ruby> <ruby>金一郎<rt>きんいちろう</rt></ruby> <ruby>雪江<rt>ゆきえ</rt></ruby> <ruby>銀二郎<rt>ぎんじろう</rt></ruby> <ruby>新三郎<rt>しんさぶろう</rt></ruby> <ruby>甥<rt>おい</rt></ruby> <ruby>姪<rt>めい</rt></ruby> <ruby>友三郎<rt>ともさぶろう</rt></ruby>
<ruby>結婚<rt>けっこん</rt></ruby> <ruby>市<rt>し</rt></ruby> <ruby>御主人<rt>ごしゅじん</rt></ruby> <ruby>川島<rt>かわしま</rt></ruby> <ruby>昨年<rt>さくねん</rt></ruby> <ruby>死ぬ<rt>し</rt></ruby>

第49課 가 족〈2〉

야마모토 씨는 삼남매입니다.

형님과 누이동생이 한 사람씩 있읍니다.

누님도 남동생도 없읍니다.

형님은 야마모토 씨보다 나이가 두 살 위이고, 여동생은 세살 아래입니다.

형님은 타케오라고 하고, 여동생은 미치코라고 합니다.

타케오 씨는 타로오 씨들의 아저씨(백부)이고, 미치코 씨는 아주머니(고모)입니다.

타케오 씨는 어린애가 네 사람 있읍니다.

킨이치로오, 유키에, 긴지로오, 신사부로오라고 합니다.

이 어린애들은 타로오 씨들의 사촌입니다.

킨이치로오 씨, 긴지로오 씨, 신사부로오 씨는 야마모토 씨의 조카이고, 유키에 씨는 조카딸입니다.

야마모토 씨의 아버지인 토모자부로오 씨는 금년 일흔 살이므로 꽤 노인입니다.

타케오 씨의 가족과 함께 시골에 살고 있읍니다.

어머님은 재작년 돌아가셨읍니다.

미치코 씨는 벌써 결혼하여, 가까운 시에 살고 있읍니다.

주인은 카와시마 토시오라는 사람입니다.

도련님과 아가씨가 한 사람씩 있었읍니다만 작년 도련님이 죽었기 때문에, 지금에 와서는 아가씨 한 사람뿐입니다.

낱말풀이

にい(兄)さん：뗑 형님, 오빠
ねえ(姉)さん：뗑 누님, 언니
とし(年)：뗑 나이
おじさん：뗑 아저씨
おばさん：뗑 아주머니
いとこ：뗑 사촌
おい(甥)：뗑 조카
めい(姪)：뗑 조카딸
いなか：뗑 시골

おととし：뗑 재작년
けっこん(結婚)：뗑 결혼
し(市)：뗑 시
ごしゅじん(御主人)：뗑 남편, 주인
ぼっちゃん：뗑 도련님
おじょうさん：뗑 아가씨
さくねん(昨年)：뗑 작년
し(死)なれる：죽다 〈「し(死)ぬ(죽다) ＋れる(受動의 助動詞)」의 꼴〉

한자풀이

江	え	入(い)り江(え) 후미
	コウ	江湖(コウコ) 강호, 세상사람들
甥	おい	甥(おい) 조카
	セイ	甥姪(セイテツ) 생질
姪	めい	姪(めい) 조카딸
	テツ	甥姪(セイテツ) 생질
市	いち	市(いち) 시장
	シ	市民(シミン) 시민

結	むすぶ	結(むす)ぶ 잇다
	ゆう	結(ゆ)う 땋다
	ゆわえる	結(ゆ)わえる 매다
	ケツ	結論(ケツロン) 결론
婚	コン	婚約(コンヤク) 약혼
		新婚(シンコン) 신혼
死	しぬ	死(し)ぬ 죽다
	シ	死亡(シボウ) 사망

해 설

■ にいさんが ひとり あります…兄님이 한 사람 있읍니다.

「사람이 있다」의 경우「人が いる」라고 하는데, 여기에서와 같이 사람이 그 자리에 있는 것을 말하는 것이 아니고「兄が いる」(兄을 가지고 있다). 「친구가 있다」(친구를 가지고 있다) 의 뜻으로 쓰일 경우에는「ある」를 使用한다. 四十八과에서「子供が 三人 あって」라고 하는 것도 마찬가지이다.

■ にいさん・ねえさん…자기가 男子이든 女子이든 손위의 남자 동기를「にいさん」이라고 부른다. 남에게 말할 때에는「兄(あに)」라고 한다. 자기가 男子이든 女子이든 손위의 여자 동기를「ねえさん」이라고 부르며, 남에게 말할 때에는「姉(あね)」라고 한다.

■ 弟さん・妹さん…자기 동생을 남에게 말할 때는「弟・妹」라고 하고, 남의 동생인 경우에「さん」을 붙인다. 자기 동생을 부를 때에는 이름을 부르며, 愛稱으로「ちゃん」을 붙여서 부르기도 한다.

■ おじさん・おばさん…자기 父母와 같은 항렬의 男子는「おじ」이고 女子는「おば」이다. 그러니까 우리 나라에서 말하는「伯父(큰아버지)・叔父(작은아버지)・外三寸・고모부・이모부」等을 다「おじ」라고 하며, 漢子로 쓸 때에는 경우에 따라서「伯父・叔父」를 쓰고, 親族이 아닌 사람을 親愛하여 아저씨라고 하는 경우에는「小父」라고도 쓴다.

「おば」의 경우도 이와 마찬가지이다.

|||||||||||||| 연습문제 ||||||||||||||

다음 글을 日本語로 번역하시오.

1. 이 아기는 세는 나이로는 두 살이지만 작년 十二월에 나서 인제 얼마 되지 않으니까, 滿 四個月밖에 되지 않았읍니다.

2. 내 남동생인 基泰는 나보다 두 살 아래이지만 나보다 훨씬 더 큽니다.

3. 고모는 고모부의 別世 이후 시골에 있는 딸에게 가서 함께 살고 있답니다.

4. 나의 오빠는 벌써 結婚하고 五年이 됩니다만 아직 아이가 없습니다.

5. 우리 집에는 할아버지도 할머니도 돌아가셨기 때문에 老人은 없습니다.

6. 이웃집 아가씨는 작년에 대학을 졸업했는데 이제 곧 結婚한답니다.

7. 나는 서울에서 나서 서울에서 자랐기 때문에 시골에서 살아본 일이 없습니다.

8. 나의 祖母는 우리 집에서 二十킬로쯤 떨어진 곳에 살고 있는데, 나는 올 겨울에 祖母를 만나러 갈 생각입니다.

9. 시골에서 나온 지 얼마 안 되어 서울에 대한 일은 아직 잘 모릅니다.

10. 가족은 세 사람이므로 과일은 무엇이든지 세 개 있으면 충분합니다.

◁해답▷

1. この赤ちゃんは数え年は二つですが, 去年の十二月に生まれたばかりですから, まる四か月にしかなりませんでした. ㊤ 만 4個月…「만」은 「まる」 또는 「満」이라고 한다. 4個月밖에 안 됩니다…四か月にしかなりません. 注意할 것은 「四か月」다음에 꼭 助詞「に」를 붙여야 한다. 선생밖에 되지 않았습니다…先生にしかなりませんでした. 2. 私の弟の基泰は私より二つ下ですが, 私よりずっと大きいです. 3. おばはおじになくなられてから, いなかのむすめのところへ行っていっしょに住んでいるそうです. ㊤ 시골에 있는 딸에게 가다…「딸에게」는 「딸네 집에」라고 말해야 한다. 「いなかにいるむすめのところへ行く」 또는 「いなかのむすめのところへ行く」라고 한다. 4. 私の兄はもう結婚して五年になりますけど, まだ子供がありません. 5. 私の家にはおじいさんもおばあさんもなくなったので, 年寄はいません. 6. おとなりのおじょうさんは去年大学を卒業しましたが, もうすぐ結婚するそうです. 7. 私はソウルで生まれ, ソウルで大きくなったので, いなかで住んだことがありません. ㊤ 서울에서 나서 서울에서 크다…中止法을 使用하여 表現해도 되고, 助詞「て」로 連結시켜도 된다. 그리고, 서울에서 「크다」의 「크다」는 「자라다(育っ)」의 뜻이므로 ソウルで生まれ(또는 生まれて)ソウルで育ったので로 해도 된다. 8. 私の祖母は私の家から二十キロぐらい離れた所に住んでいますが, 私はことしの冬, 祖母に会いに行くつもりです. 9. いなかから出て来たばかりで, ソウルのことはまだよく分りません. ㊤ 서울에 대한 일…ソウルのこと, 당신에 관한 것을 말하고 있습니다. (あなたのことを言っています.) 10. 家族は三人ですから, 果物は何でも三つあれば沢山です.

五十. ぬすまれた 馬

むかし ある 村で 百姓が 一ぴきの 馬を 飼って いました。大へん いい馬で, 走る ことも 早いし, 仕事も よく するので, その 人は この 馬を 大へん かわいがって いました。

ところが ある 晩 どろぼうに この 馬を ぬすまれて しまいました。

翌朝 百姓が うまやへ 行って 見ると, 馬が 見えません。びっくりして 方々 さがしましたが, どうしても みつかりません。しかし 馬が いなくては 仕事が よく 出来ないので, どうしても 別の馬を 一ぴき 手に 入れなければ なりません。ある 日 近くの 町に 馬市が ありましたので, 新しい 馬を 買いに 行きました。

馬市では 馬を 売りに 来た 人たちが 馬を つれて ならんで いました。

馬を 買いに 来た 人たちは 馬の そばへ よって 馬を 見たり, 売手と 話したり して いました。馬を ぬすまれた 人は いい 馬を みつけようと 思って あちら こちら 見て 歩きました。すると たくさんの 馬の 中に この間 ぬすまれたのが いました。大へん おどろきましたが, 非常によろこんで 馬の そばへ よって,「これは 私の 馬です。この間 私が ぬすまれた 馬です。」と 言いました。

馬売りは びっくりしましたが, おこった 顔を して,「何を 言うんです。私は この 馬を 一年以上も 持って います。あなたは 外の 馬と まちがえたんでしょう。」と 言いました。

馬を ぬすまれた 人は, だまって すぐに 両手で 馬の 目を か

くして,「この 馬は 目が 悪いんです。長い間 お持ちなら, どっ
ちの 目が 悪いか 御存じでしょう。」と 言いました。

馬売りは どろぼうでした。馬を ぬすんだばかりですから よく 知
りません。返事に こまって でたらめに 「左の 目」と 答えまし
た。

馬を ぬすまれた 人は 笑いながら 「ちがいます。左の 目は ちっ
とも悪くは ありません。」と 言いましたから, どろぼうは あわて
て,「ああ, まちがいました。ほんとうは 右の 目が 悪いのでした。」
と 言いなおしました。 百姓は 両手を はなして,「いいえ, 右の
目も 悪くは ありません。実は この 馬の 目は ちっとも 悪く
は ないんです。あなたが ほんとうに この 馬を 一年以上も 持
って いたか どうか ためす ために そう 言ったのです。これで
あなたの うそが すっかり わかりました。あなたは この間の ど
ろぼうに ちがい ありません」と 言いました。

馬売りは うそを みつけられて もう 何も 言うことが できませ
ん。にげようと しましたが 大ぜいの 人に つかまえられて 役人
の 手に わたされました。

百姓は ぬすまれた 馬が 自分の 手に もどったので, 大よろこび
で その 馬を 引いて 自分の 家へ 帰って 行きました。

漢字읽기 ────────

昔	村	百姓	一匹	馬	飼う	泥棒	盗む	翌朝	馬屋
方々	出来る	別	馬市	売手	驚く	喜ぶ	馬売り	怒る
以上	黙る	両手	隠す	御存じ	返事	困る	笑う	離す
実	試す	逃げる	大勢	役人	渡す	引く	大喜び

第50課 도둑맞은 말

옛날 어떤 마을에서 농부가 한 마리의 말을 사육하고 있었읍니다. 대단히 좋은 말이어서 달리는 것도 빠르고, 일도 잘 하므로, 그 사람은 이 말을 대단히 귀여워하고 있었읍니다.

그런데, 어느 날 밤 도둑에게 이 말을 도둑맞아 버렸읍니다.

다음 날 아침 농부가 마구간에 가 보았더니 말이 보이지 않습니다. 깜짝 놀라서 여기저기 찾았지만 아무리 해도 발견되지 않습니다. 그러나, 말이 없어서는 일을 잘 할 수 없기 때문에 아무래도 다른 말을 한 마리 손에 넣지 않으면 안 됩니다. 어느 날, 가까운 읍에 말 시장이 있었으므로 새 말을 사러 갔읍니다.

말 시장에서는 말을 팔러 온 사람들이 말을 데리고 줄지어 있었읍니다.

말을 사러 온 사람들은 말 옆으로 가까이 가서 말을 보기도 하고 파는 사람과 이야기하기도 하고 있었읍니다. 말을 도둑맞은 사람은 좋은 말을 찾아내려고 생각하여 여기저기 보고 다녔읍니다. 그랬더니, 많은 말 중에 일전에 도둑맞은 것이 있었읍니다. 매우 놀랐읍니다만, 대단히 기뻐하며 말 옆으로 가까이 가서, 「이것은 내 말입니다. 일전에 내가 도둑맞은 말입니다.」라고 말했읍니다.

말 파는 사람은 깜짝 놀랐읍니다만, 노한 얼굴을 하고 「무슨 말을 하는 거요? 나는 이 말을 1년 이상이나 가지고 있읍니다. 당신은 다른 말과 착각했겠지요.」라고 말했읍니다.

말을 도둑맞은 사람은 잠자코 곧 양손으로 말 눈을 감추고 「이 말은 눈이 나쁩니다. 오랫동안 가지고 계셨다면 어느 쪽 눈이 나쁜지 아시겠지요?」라고 말했읍니다.

말 파는 사람은 도둑이었읍니다. 말을 훔친 지 얼마 안 되므로 잘 모릅니다. 대답이 곤란하여 엉터리로 「왼쪽 눈」하고 대답했읍니다.

말을 도둑맞은 사람은 웃으면서 「아닙니다. 왼쪽 눈은 조금도 나쁘지는 않습니다.」라고 말했으므로, 도둑은 당황해서 「아! 틀렸읍니다. 정말은 오른쪽 눈이 나쁜 것이었읍니다.」라고 고쳐 말했읍니다. 농부는 양손을 떼고, 「아니오, 오른쪽 눈도 나쁘지는 않습니다. 실은 이 말의 눈은 조금도 나쁘지는 않습니다. 당신이 정말로 이 말을 1년 이상이나 가지고 있었는지 어떤지 시험하기 위해서 그렇게 말한 것입니다. 이것으로 당신의 거짓말을 완전히 알았읍니다. 당신은 일전의 도둑임에 틀림없읍니다.」라고 말했읍니다.

말 파는 사람은 거짓말을 발각당해서 이젠 아무 말도 할 수가 없읍니다. 도망치려고 했읍니다만 많은 사람에게 잡혀서 관리의 손에 인도되었읍니다.

농부는 도둑맞은 말이 자기의 손에 되돌아왔기 때문에 대단히 기뻐하여 그 말을 끌고 자기 집으로 돌아갔읍니다.

▬날▬말▬풀▬이▬

むかし(昔) : 명 옛날	ひゃくしょう(百姓) : 명 농부
むら(村) : 명 마을	いっぴき(一匹) : 명 한 마리

うま(馬)：名 말

か(飼)う：他5 사육하다, 기르다

かわいがる：他5 귀여워하다

ところが：接 그런데

どろぼう(泥棒)：名 도둑

ぬすまれる：도둑맞다.〈「ぬす(盗)む (훔치다)＋れる(受動의 助動詞)」의 꼴〉

よくあさ(翌朝)：名 다음 날 아침

うまや(馬屋)：名 마구간

びっくりする：自サ 깜짝 놀라다

ほうぼう(方方)：名 여기저기

みつかる：自5 발견되다

うまいち(馬市)：名 말 시장

よ(寄)る：自5 접근하다

うりて(売手)：名 파는 사람

みつける：他下1 찾아내다

おどろ(驚)く：自5 놀라다

よろこ(喜)ぶ：自5 기뻐하다

うまう(馬売)り：名 말 파는 사람.

おこ(怒)る：自5 노하다, 화내다

まちがえる：他下1 잘못하다, 잘못 알다

だま(黙)る：自5 말을 하지 않다

かく(隠)す：他5 숨기다

おも(持)ちなら：가지고 계셨다면〈「お＋も(持)つ＋なら」의 꼴〉

ごぞん(御存)じでしょう：아시겠지요

こま(困)る：自5 곤란하다

でたらめだ：形動 엉터리다, 터무니 없다

わら(笑)う：自5 웃다

あわてる：自下1 당황하다

い(言)いなおす：他5 고쳐 말하다

はな(離)す：他5 떼다

じつ(実)は：副 실은

ため(試)す：他5 시험하다

うそ：名 거짓말

ちがいない：틀림없다

みつけられる：발각당하다〈「みつける＋られる(受動의 助動詞)」의 꼴〉

に(逃)げる：自下1 도망하다

おおぜい(大勢)：名 많은 사람

つかまえられる：붙잡히다〈「つかまえる (붙잡다)＋られる(受動의 助動詞)」의 꼴〉

やくにん(役人)：名 관리

わた(渡)される：인도되다〈「わた(渡)す (건네다)＋れる(受動의 助動詞)」의 꼴〉

おおよろこ(大喜)び：名 대단히 기뻐함

ひ(引)く：他5 끌다

한 자 풀 이

昔 {
むかし：昔(むかし) 옛날
セキ：昔日(セキジツ) 옛날
シャク：今昔(コンジャク) 지금과 옛
}

姓 {
セイ：姓名(セイメイ) 성명
ショウ：百姓(ヒャクショウ) 농부
}

匹 {
ひき：数匹(スウヒキ) 수 마리
ヒツ：匹敵(ヒッテキ) 필적
}

馬 {
うま：馬(うま) 말
バ：馬車(バシャ) 마차
}

飼 {
かう：飼(か)う 기르다
シ：飼育(シイク) 사육
}

泥 {
どろ：泥(どろ) 진흙
デイ：泥土(デイド) 이토
}

棒 {
ボウ：棒(ボウ) 막대
鉄棒(テツボウ) 철봉
}

盗 {
ぬすむ：盗(ぬす)む 훔치다
トウ：盗用(トウヨウ) 도용
}

おどろく：驚(おどろ)く 놀라다

驚
- おどろかす：驚(おどろ)かす 놀라게 하다
- キョウ：驚異(キョウイ) 경이

喜
- よろこぶ：喜(よろこ)ぶ 기뻐하다
- キ：喜劇(キゲキ) 희극

怒
- いかる：怒(いか)る 화내다
- おこる：怒(おこ)る 성내다
- ド：怒号(ドゴウ) 노호

黙
- だまる：黙(だま)る 침묵하다
- モク：黙殺(モクサツ) 묵살

隠
- かくす：隠(かく)す 숨기다
- かくれる：隠(かく)れる 숨다
- イン：隠居(インキョ) 은거

存
- ソン：存在(ソンザイ) 존재
- ゾン：保存(ホゾン) 보존

笑
- わらう：笑(わら)う 웃다
- えむ：笑(え)む 미소짓다
- ショウ：微笑(ビショウ) 미소

困
- こまる：困(こま)る 곤란하다
- コン：困難(コンナン) 곤란

実
- み：実(み) 열매
- みのる：実(みの)る 결실하다
- ジツ：実力(ジツリョク) 실력

逃
- にげる：逃(に)げる 도망치다
- にがす：逃(に)がす 놓아주다
- のがす：逃(のが)す 놓치다
- のがれる：逃(のが)れる 달아나다
- トウ：逃亡(トウボウ) 도망

勢
- いきおい：勢(いきお)い 기세
- セイ：勢力(セイリョク) 세력

役
- ヤク：役所(ヤクショ) 관청
- エキ：使役(シエキ) 사역

渡
- わたる：渡(わた)る 건너다
- わたす：渡(わた)す 건네다
- ト：渡航(トコウ) 도항
- 譲渡(ジョウト) 양도

[해 설]

■ ~匹(助数詞)……짐승・물고기・곤충 등을 셀 때에 사용하는 말로서 우리말의 「~마리」에 해당된다.

何匹 一匹 二匹 三匹 四匹 五匹 六匹 七匹 八匹 九匹 十匹
(なんびき)(いっぴき)(にひき)(さんびき)(よんひき)(ごひき)(ろっぴき)(ななひき)(はっぴき)(きゅうひき)(じっぴき)

■ ~がる(接尾語)……「形容詞 및 形容動詞의 語幹＋がる」의 形으로 「그렇게 느낀다, 그렇게 생각한다, 그러한 모습을 보인다」라는 뜻을 나타낸다.

さむい(춥다) ⟶ さむがる(추워하다)

かわいい(귀엽다) ⟶ かわいがる(귀여워하다)

ほしい(원하다) ⟶ ほしがる(갖고자 하다)

つよい(강하다) ⟶ つよがる(강한 체하다)

不思議だ(이상하다) ⟶ 不思議がる(이상해 하다)

■ そばに寄る……옆에 접근하다.

■ ~手(接尾語)……「動詞의 連用形＋手」의 形으로 「그 동작을 하는 사람」이라는 뜻을 나타낸다.

売り手(파는 사람)   買い手(사는 사람)

話し手(말하는 사람)   聞き手(듣는 사람)

　　　　書き手(쓰는 사람)　　　　　　　　もらい手(받는 사람)

■ **～顔をする**……～얼굴을 하다, 즉 ～기색을 하다, ～표정을 짓다.

　　　おこった顔をする。(성난 얼굴을 하다.)

　　　こまった顔をする。(난처한 기색을 짓다.)

　　　悲しい顔をする。(슬픈 표정을 짓다.)

　　　変な顔をする。(묘한 얼굴을 하다.)

■ **何を言うんです**……무슨 말을 하는 거요? 「か」는 생략된 表現이다. 「당치도 않다」는 뜻으로 말할 때에는 이렇게 말한다.

■ **何も言うことができません**……아무 말도 할 수가 없읍니다.

　다음 表現들을 잘 익혀 두기 바란다.

　　　何も言わなくても分ります。(아무 말 하지 않아도 알 수 있읍니다.)

　　　なにかを言いましたか。(무슨 말을 했읍니까?)

　　　なにか言うことがありますか。(무슨 할 말이 있읍니까?)

　　　なんにも言いませんでした。(아무 말도 안 했읍니다.)

　　　こんなことを言いました。(이런 말을 했읍니다.)

　　즉, 日本語에서는 「～한 말을 한다」라고 할 경우 「～을 말한다」와 같이 말하고「言う」를 使用하는 것에 注意해야 한다.

■ 「お＋動詞의 '連用形＋なら」의 形으로 仮定의 뜻으로서 尊敬語가 된다. 現在·未来·過去에 다 使用한다.

　　　お好きなら(좋아하시면)　　　　　　お持ちなら(가지고 계시면)

　　　お分りなら(아시면)　　　　　　　　お帰りなら(돌아가셨다면, 돌아가신다면)

　　　おつかれなら(피곤하시면)

■ **御存じでしょう**……아시겠지요. 「御存じだ」는 「知る」의 尊敬語이다.

■ 「**ちがう**」·「**まちがう**」·「**まちがえる**」의 比較

　「ちがう」와 「まちがう」,「まちがう」와 「まちがえる」는 서로가 같은 뜻으로 쓰이기도 하나, 일반적으로 볼 때「ちがう」는 우리 말의 「아니다·다르다」라고 할 경우에, 「まちがう」는 「틀리다·잘못되다」라고 할 경우에, 「まちがえる」는 「잘못되다· 착각하다」할 경우에 区分해서 쓰도록 하면 된다고 생각한다.

　　　これはあなたのものとはちがうようです。(이것은 당신 것과는 다른 것 같습니다.)

　　　私はまちがった答えを書いてしまいました。(나는 틀린 답을 써 버렸읍니다.)

　　　病院をホテルとまちがえました。(병원을 호텔로 착각했읍니다.)

■ 「**動詞의 連用形＋なおす**」의 形으로 「다시 ～하다, 고쳐 ～하다」의 뜻이 된다.

　　　書きなおす(다시 쓰다)　　　　　　やりなおす(다시 하다)

　　　言いなおす(고쳐 말하다)　　　　　見なおす(다시 보다)

　　　飲みなおす(다시 마시다)

■ 「**～かどうか**」……「～인지 어떤지」의 뜻.

もっていたか**どうか**ためす。(가지고 있었는지 어떤지 시험하다.)

いくか**どうか**分らない。(갈지 어떨지 모르겠다.)

おいしいか**どうか**, ちょっと食べて見ましょう。

(맛있는지 어떤지 좀 먹어 보지요.)

すきかどうか, 聞いて見ます。(좋아하는지 어떤지 물어 보겠읍니다.)

学校はあした休みか**どうか**, まだ分りません。

(학교는 내일 휴일인지 어떤지 아직 모릅니다.)

■「〜に**ちがいない**」……「〜에 틀림없다」의 뜻.

こんなことをしたら, きっとしかるに**ちがいありません**。

(이런 짓을 하면 반드시 꾸짖음에 틀림없읍니다.)

金さんが誘ったに**ちがいありません**。(김씨가 권유했음에 틀림없읍니다.)

牛肉は堅いに**ちがいありません**。(쇠고기는 질긴 것임에 틀림없읍니다.)

ちからが強かったに**ちがいありません**。(힘이 강했음에 틀림없읍니다.)

日本語が下手に**ちがいありません**。(일본어가 서투를 것임에 틀림없읍니다.)

このお金を落としたのはあの人に**ちがいありません**。

(이 돈을 떨어뜨린 것은 저 사람임에 틀림없읍니다.)

あの人は中国人に**ちがいない**。(저 사람은 중국인임에 틀림없다.)

||||||||||||||||| 연습문제 |||||||||||||||||

1 다음 動詞의 活用을 말해 보시오.

動　　　詞	未 然 形 —ない —う・よう	連 用 形 —ます —て	連 体 形	仮 定 形	命 令 形
1. 走る					
2. ぬすむ					
3. ならぶ					
4. うる					
5. みつける					
6. ちがう					
7. わらう					
8. わたす					
9. こまる					
10. かわいがる					

② 다음 글을 日本語로 번역하시오.

1. 할머니는 손자를 대단히 귀여워하여 옛날이야기를 해 주기도 하고 맛있는 것을 먹이기도 합니다.

2. 그 銀行에 가면 오랫동안 기다리게 하기 때문에 싫습니다.

3. 책을 사려고 생각하고 책방에 들어갔는데, 사고 싶은 책(원하는 책)이 발견되지 않았읍니다.

4. 한 사람씩 읽히기도 하고 쓰이기도 하기 때문에 시간이 걸립니다.

5. 비가 왔기 때문에 택시를 타려고 하였으나, 車가 없었기 때문에 걷지 않으면 안 되었읍니다.

③ 다음 動詞의 受動態를 말해 보시오.

売る。　　　笑う。　　　引く。　　　つれる。
かわいがる。　にげる。　　よろこぶ。　ためす。

④ 다음 動詞의 使役態를 말해 보시오.

走る。　　　ぬすむ。　　だまる。　　わかる。
買う。　　　ならぶ。　　よろこぶ。　くる。

◁해답▷

①

動　　　　詞	未 然 形 ――ない ――う	連 用 形 ――ます ――て	連 体 形 ――とき	仮 定 形 ――ば	命 令 形 끝　남
1. 走る	走ら 走ろ	走り 走っ	走る	走れ	走れ
2. ぬすむ	ぬすま ぬすも	ぬすみ ぬすん(で)	ぬすむ	ぬすめ	ぬすめ
3. ならぶ	ならば ならぼ	ならび ならん(で)	ならぶ	ならべ	ならべ
4. うる	うら うろ	うり うっ	うる	うれ	うれ
5. みつける	みつけ （ない） みつけ （よう）	みつけ	みつける	みつけれ	みつけろ みつけよ
6. ちがう	ちがわ ちがお	ちがい ちがっ	ちがう	ちがえ	ちがえ
7. わらう	わらわ わらお	わらい わらっ	わらう	わらえ	わらえ
8. わたす	わたさ わたそ	わたし	わたす	わたせ	わたせ
9. こまる	こまら こまろ	こまり こまっ	こまる	こまれ	こまれ
10. かわいがる	かわいがら かわいがろ	かわいがり かわいがっ	かわいがる	かわいがれ	かわいがれ

②

1. おばあさんは孫を大変かわいがっておとぎばなしをしてやったり。おいしいものを食

べさせたりします。图 옛날이야기…おとぎばなし　**2**. その銀行へ行くと長い間待たせるからきらいです。**3**. 本を買おうと思って本屋に入って行きましたが，ほしい本が見つかりませんでした。　**4**. ひとりずつ読ませたり書かせたりするので，時間がかかります。**5**. 雨が降ったので，タクシーに乗ろうとしましたが，車がなかったので，歩かなければなりませんでした。

3
売る→売られる，笑う→笑われる，かわいがる→かわいがられる，にげる→にげられる，引く→引かれる，つれる→つれられる，よろこぶ→よろこばれる，ためす→ためされる

4
走る→走らせる，ぬすむ→ぬすませる，買う→買わせる，ならぶ→ならばせる，だまる→だまらせる，わかる→わからせる，よろこぶ→よろこばせる，くる→こさせる

解説 索引

*「~」표시는 낱말 앞에 붙으면 조동사·조사·접미
어이고, 뒤에 붙으면 접두어임.
문법 용어는 한자로 표기했음.

▌약력

저자 | 박성원

일본 동경(東京)여자대학 졸업
전 한국 외국어대학교 부교수 · 일본어과 학과장
[저서] 표준 일본어교본 1 · 2
       표준 일본어교본 자습서 1 · 2
       해설된 표준 일본어교본 1 · 2
       박성원 표준 일본어회화

주해자 | 원영호

일본 메이지(明治)대학 졸업
한국 외국어대학교 대학원 졸업
청주대학교 일어일문학과 교수
현 동덕여자대학교 일어일문학과 교수

해설된 표준 일본어 교본 1

초판 인쇄 | 1986년 12월 10일
26쇄 발행 | 2021년 8월 15일

저   자 | 박성원

발 행 인 | 안광용

발 행 처 | (주)진명출판사

등   록 | 제10-959호(1994년 4월 4일)

주   소 | 서울특별시 마포구 양화로 156 LG 팰리스빌딩 1517호

전   화 | 02)3143-1336 / FAX 02)3143-1053

이 메 일 | book@jinmyong.com

JINMYONG PUBLISHERS.INC,. 1986

정가 15,000원